本书得到以下项目支持：
国家社科基金后期资助项目（20FJYB033）
农业农村部国际农业支持政策分析平台
河北省智库研究项目（HB21ZK11）
河北省乡村振兴研究中心
河北省农业经济发展战略研究基地

国际农业支持政策比较研究

宗义湘　崔海霞　张国梅　著

中国财经出版传媒集团
中国财政经济出版社

图书在版编目（CIP）数据

国际农业支持政策比较研究 / 宗义湘等著．--北京：中国财政经济出版社，2023.4

ISBN 978 -7 -5223 -1918 -6

Ⅰ.①国…　Ⅱ.①宗…　Ⅲ.①农业政策-对比研究-世界　Ⅳ.①F310

中国国家版本馆 CIP 数据核字（2023）第 022998 号

责任编辑：刘五书　　　　责任印制：张　健

封面设计：孙俪铭

国际农业支持政策比较研究

GUOJI NONGYE ZHICHI ZHENGCE BIJIAO YANJIU

中国财政经济出版社 出版

URL：http：//www. cfeph. cn

E - mail：cfeph@ cfemg. cn

社址：北京市海淀区阜成路甲 28 号　邮政编码：100142

营销中心电话：010 -88191522

天猫网店：中国财政经济出版社旗舰店

网址：https：//zgczjjcbs. tmall. com

北京文昌阁彩色印刷有限责任公司印刷　各地新华书店经销

成品尺寸：170mm×230mm　16 开　18.75 印张　278 000 字

2023 年 4 月第 1 版　2023 年 4 月北京第 1 次印刷

定价：75.00 元

ISBN 978 -7 -5223 -1918 -6

（图书出现印装问题，本社负责调换，电话：010 -88190548）

本社质量投诉电话：010 -88190744

打击盗版举报热线：010 -88191661　QQ：2242791300

前　言

农业全球化使得农产品市场发生了重大变化，各国农业政策也在不断调整。在政府预算资源有限前提下，政府均面临着政策资源如何最大化实现农业发展目标，提高政策效能的共性问题。探究农业政策演进内在逻辑和共性规律，具有重要学术价值。我国经过40多年的快速发展，已跃升为世界第二大经济体，综合国力和国际地位不断提升，世界影响力不断扩大。与此同时，由于世界经济发展不稳定不确定性增强，中国发展的内部条件和外部环境都发生了变化。新形势新问题要求我们准确把握国际形势，正确认识外部世界，精准制定国际战略。这就要求对世界主要国家和区域进行深刻、全面的研究，开展区域国别研究是我国经济发展的时代需要。

本书研究对象的选择遵循以下原则：该国农业发展模式具有一定的代表性；能够体现典型特征国家农业经济发展和转型的规律；具有代表性的农业经济形态；与中国农业经贸合作往来密切或具有发展潜力。以此为选择标准旨在探究世界农业政策发展的一般性规律，并期望对中国农业政策调整提供借鉴意义。

本书分为上中下三篇，共十九章。上篇为发达国家国内农业支持政策评估及政策选择，由第一章至第七章构成；中篇为新兴经济体国家国内农业支持政策评估及政策选择，由第八章至第十三章构成；下篇是国际农业对外合作项目贷款优惠政策比较研究，由第十四章至第十九章构成。

上篇主要内容包括：（1）发达国家农业产业发展状况比较研究。基于代表性、重要性原则，选取美国、欧盟、日本、韩国作为发达经济体的代表；基于系统思想，围绕各国基本情况、农业发展水平等方面，对各国资源禀赋及发展潜力进行比较分析，为后续农业政策研究奠定现实基础。

(2) 发达国家农业总支持水平及政策分析。根据世界银行数据库公布的“人均耕地面积”指标，将研究对象国分为“人少地多”“人地平衡”“人多地少”三个类别，分析不同农业发展水平国家的农业支持总水平与农业支持率的变动趋势。从分类视角，对比各国农业政策总支持水平、支持结构、政策比重角度衡量，评估各国农业政策实施特点、政策调整脉络与演进规律。(3) 发达国家农业支持专项研究。以 OECD 政策评估框架为分类标准，分析各国农业支持专项政策实施特点、政策调整脉络与演进规律。生产者支持方面，包含对各国商品产出的专项支持政策、投入使用的专项支持政策、基于耕地面积（或牲畜数量、收入、收益）的专项支持政策的比较研究；一般服务支持方面，包含各国对农业知识和创新的专项支持政策、农业检验检疫的专项支持政策、农业基础设施的发展和维护的专项支持政策、营销与促销的专项支持政策的比较研究；单项农产品支持方面，对比研究各国重点农产品专项支持政策及演进规律。

中篇主要内容包括：(1) 新兴经济体国家的选取与农业发展情况比较研究。考虑 OECD 数据库的追踪观察、与我国主导农业产业相似有一定的贸易合作基础等因素，选取阿根廷、巴西、俄罗斯、南非、乌克兰、印度、菲律宾、越南和中国为研究对象，围绕各国农业基本情况进行比较分析，为后文政策研究奠定基础。(2) 新兴经济体国家农业总支持水平及政策研究。分析不同农业发展水平国家的农业支持总水平与农业支持率的变动趋势。对比各国农业政策总支持水平、支持结构、政策比重角度衡量，评估各国农业政策实施特点、政策调整脉络与演进规律。(3) 新兴经济体农业支持专项研究。对研究对象的生产者支持政策、一般服务支持政策的支持水平、结构进行分析，并从公共服务政策角度，比较新兴经济体在绿色发展、数字农业、检验检疫等方面的政策工具。从粮食安全的角度出发，对比研究各国对粮食作物类农产品的单项支持政策，挖掘新兴经济体国家粮食产品支持的政策规律。

下篇主要内容包括：(1) 研究对象选取和研究范围界定。以美国、日本、韩国为研究对象，系统研究了各国在农业对外投资、农产品贸易领域合作的贷款优惠政策，涵盖出口信贷、贷款担保、贷款保险、贷款贴息以及对外援助等相关政策，并对合作中涉及的农业技术合作给予了关注。(2) 农业对外合作贷款优惠政策研究。对日本、韩国、美国贷款优惠政策的实施主体从资金来源、目标市场、支持对象、支持范围等方面进行了详细介绍，并对主体的具体实施细节包括申请者资格、贷款标准、贷款流程等进行了梳理。(3) 中国的对外农业合作贷款优惠政策研究。详细介绍了政府以及国家开发银行、中国进出口银行、中国出口信用保险有限公司等部门与机构出台的专项资金扶持政策，并结合现状从政策的实施效果、实施主体、支持力度等角度分析了存在的问题。(4) 国际比较及经验借鉴。将日本、韩国、美国农业对外合作贷款优惠政策进行比较，结合中国现行优惠政策存在的问题，得出启示与借鉴。在此基础上，提出了优化与调整我国对外农业合作贷款优惠政策的可行性方案。

项目主持人河北农业大学宗义湘教授负责本书整体思路和结构设计，河北农业大学崔海霞副教授、乔立娟教授，河北金融学院张国梅副教授、河北经贸大学孙玉竹副教授以及河北农业大学宋洋、高一丹、路程然、夏琪、王旭、谷博颖、孟泽鑫、李璨等博士生、硕士生参与撰写和校对工作，最后由宗义湘总纂定稿。自2017年农业农村部国际农业支持政策分析平台成立以来，宗义湘教授带领团队针对典型国家的农业支持政策进行了深入研究。在课题研究过程中，得到农业农村部农业贸易促进中心、农业农村部对外经济合作中心的大力支持，同时也得到国际农业政策监测平台专家的帮助与指导，本书还参考了诸多专家学者的学术文献，在此一并感谢。

本书可供政府农业部门决策者、管理人员和科研人员以及高等院校农业经济与管理和国际经济等专业教师与研究生以及本科生等读者参考。鉴于作者研究水平有限，写作时间仓促，书中不足和错误之处，敬请读者批评指正。

目　　录

上篇　发达国家国内农业支持政策评估及政策选择

中篇 新兴经济体国家国内农业支持政策评估及政策选择

下篇　农业对外合作项目贷款优惠政策的国际比较研究

上　篇

发达国家国内农业支持政策评估及政策选择

经济合作与发展组织（OECD）是由38个市场经济国家组成的政府间国际经济组织，成员国提供了全世界近60%的商品和服务。OECD多数成员通过各项农业政策对农业部门提供支持。特别是近年来，美国、欧盟、日本等成员国（组织）纷纷调整各自的农业支持方式应对贸易谈判，代表了发达国家农业政策改革的方向。本篇以OECD主要成员国为研究对象，运用OECD农业政策评估工具，通过对成员国中发达国家农业支持水平、结构的比较，总结发达国家农业政策演变规律，为我国政府优化和调整农业政策提供现实依据和对策建议。

第一章　OECD 农业支持政策评估工具概述

经济合作与发展组织（OECD）对每一个政策领域的统计和研究都非常深入。在农业支持政策方面，OECD 开发了评估农业支持水平的工具和测度方法。在乌拉圭回合谈判期间，OECD 国家支持水平的可比指标为谈判提供了必不可少的背景信息。

OECD 农业支持政策评价体系创建于 1847 年，将农业支持政策分为三大类：生产者支持估计值（Producer Support Estimate，PSE）、消费者支持估计值（Consumer Support Estimate，CSE）和一般服务支持估计值（General Services Support Estimate，GSSE）。随着各国农业政策的不断发展以及对农业政策分类标准的修改与扩充，OECD 对农业支持政策评价体系的分类经历了 4 次变革，使农业政策分类更加详细。

第一节　评估体系历史沿革

从 20 世纪 40 年代末开始，随着农业生产技术的进步以及 OECD 部分成员国对农业生产者给予的支持政策，促进了 OECD 一些成员国农产品产量大幅增长。与此同时，OECD 成员国之间在农产品贸易中采取的贸易壁垒措施，阻碍了农产品的顺利出口，进一步加剧了这些成员国国内农产品过剩的状况。由于农产品的过剩，这些国家储存农产品的成本随之大幅增加；政府为鼓励农产品出口所支付的补贴费用也在增加。直到 20 世纪 80 年代初，OECD 的部分成员国开始意识到需要采取及时的行动（如各国政府降低对本国农业的支持力度）改变这种困境，以促使农产品贸易顺利进行。OECD 农业支持政策评价体系的形成经历的四次变革：

第一次变革：1987 年 OECD 的一份题为《国家政策与农业贸易》的报告第一次提出了以生产者补贴等值（Producer Subsidy Equivalent，PSE）及其相关指标为基础的农业政策评价体系，并且应用该评价体系对 OECD 各成员国的农业政策进行了评价。这份研究充分认识到国内农业政策与贸易政策之间的联系，得出了“如果想改善农产品贸易环境，OECD 各成员国政府必须要消除贸易壁垒，同时各国应降低对本国农业支持水平”的结论。

第二次变革：1999 年 OECD 在 1987 年制定的农业政策评价体系的基础上，在四个方面进行了较大的修订：①“PSE”的含义由过去的“生产者补贴等值”调整为“生产者支持估计值（Producer Support Estimate）”；②生产者支持估计值（PSE）的具体分类由先前的五项变为七项；③新建了一个衡量所有为农业生产者提供支持的指标：一般服务支持估计值（GSSE）；④引进了一种新的计算生产者支持估计值（PSE）的方法。

第三次变革：为了适应近几年 OECD 各成员国农业政策的变化，2007 年 OECD 在 1999 年版“农业政策评价体系”的基础上在三个方面进行了较大的调整：①对生产者支持估计值（PSE）进行重新定义；②对生产者支持估计值（PSE）引入标示，这些标示对每项农业支持政策之中的更细致的内容给予了详细说明；③不再计算个别商品的生产者支持估计值（PSE），而是把一个国家总的 PSE 划分为个别商品转移（Single Commodity Transfers，SCT）、商品组转移（Group Commodity Transfers，GCT）、所有商品转移（All Commodity Transfers，ACT）及其他商品转移（Other Commodity Transfers，OCT）。

表 1-1 详细介绍了 1987—2007 年 OECD 关于农业支持政策评价体系中对生产者支持估计（PSE）的几次调整。

第四次变革：2014 年 OECD 监测评价报告对一般服务支持的定义做了修改，增设了子类目与细类目。修改后的一般服务支持被定义为“为私人农业部门发展创造有利条件的，对私人或公共服务、机构、基础设施的预算支出”，取代了以往更为广泛的“对提供私人或公共的农业一般服务的支出”概念，缩小了 GSSE 的统计口径。

表 1-1 生产者支持估计值（PSE）分类演变历程

1987 年第一版	1999 年第二版	2007 年第三版
A. 市场价格支持 B. 直接支付 C. 减少的投入成本 D. 一般服务 E. 其他支付	A. 市场价格支持 B. 基于产出的转移支付 C. 基于种植面积/牲畜数量的转移支付 D. 基于历史权利的转移支付 E. 基于投入使用的转移支付 F. 基于投入限制的转移支付 G. 其他支付	A. 基于商品产出的支持（市场价格支持和基于产出的支付） B. 基于投入使用的转移支付 C. 需要以生产为基础的基于当前的种植面积/牲畜数量/收入/收益（receipt/income）的转移支付 D. 需要以生产为基础的基于非当前的种植面积/牲畜数量/收入/收益的转移支付 E. 不需要以生产为基础的基于非当前的种植面积/牲畜数量/收入/收益的转移支付 F. 基于非商品标准为基础的转移支付 G. 其他支付

资料来源：OECD 数据库。

修改后的一般服务支持，仍保持其基本特征，即财政的转移并不是直接流向单个生产者和消费者，不直接影响农业收入和消费支出，而是间接的影响农产品的生产与消费。修改后的 GSSE 统计口径缩小了。

表 1-2 对以前和 2014 年修改后的 GSSE 类目和子类目进行了对比，主要的变化包括：

表 1-2 新旧一般服务支持（GSSE）类目对比

2014 最新分类标准		以前的分类标准
农业知识和创新体系	A	
农业知识的形成	A1	研究与开发
农业知识的转化	A2	农业教育
检验和控制	B	检验服务
农产品安全及检验	B1	
害虫和疾病的检查和控制	B2	
投入品控制	B3	

续表

2014 最新分类标准		以前的分类标准
基础设施的发展和维护	C	基础设施
水文基础设施	C1	
仓储、销售等物质性基础设施	C2	
制度基础设施	C3	
农场重建	C4	
营销与促销	D	营销与促销
加工和销售的合作社计划	D1	
农产品促销	D2	
公共储备	E	公共储备
其他	F	其他

资料来源：OECD 资料库“Overview of the Main Changes in the General Services Support Estimate (2014)”。

（1）对农业支持的范围缩小，对农产品深加工支持从 TSE 中排除，但是对农产品加工行业融资的支持仍包括在农业支持范围中。

（2）排除一些农村基础设施项目，以农民受益为基本原则。

（3）设定了更加详细的子类目、细类目，使一般服务支持的分类更加细致、清楚。

（4）增加了新的补贴项目，例如在“农业投入的检验和控制”项目下，增加了新的细类目“投入品控制”；在“农业知识收集和传播”项目下，增加了新的细类目“农业知识和创新体系”。

（5）由于 GSSE 衡量的是政策的力度，而不是政策的效果，所以对农业教育的支持仍包括在统计范围中。

（6）公共储备和其他项目没有改变。

最新的分类标准，使一般服务支持类目更加详细、清楚。子类目、细类目的增加，使 GSSE 数据的统计分类更加清晰明确。

第二节 主要农业支持水平评估指标

一、总支持水平评估指标

总支持水平估计值（Total Support Estimate，TSE）是衡量通过执行农业支持政策，每年从纳税人和农产品消费者转移到农业部门的总价值。农业支持总水平由三部分组成，分别为生产者支持估计值（PSE）、一般服务支持估计值（GSSE）、纳税人对消费者的转移支付[3]。由于绝大多数国家TCT不存在，或者非常小，所以本书对TCT没有进行分析，将重点放在了PSE与GSSE上。

农业总支持率（%TSE）表示一国对农业的总体支持水平（TSE）占该国当年GDP的比重，%TSE值越高表示该国的国内收入用于支持农业的开支越大。

二、生产者支持水平评估指标

生产者支持估计值（Producer Support Estimate，PSE）是指按照农户销售价格测算出来的、由农业补贴政策措施产生的、每年由消费者和纳税人转移到农业生产者的净现金转移额的指标，包括市场价格支持、产出品或投入品的价格差、免税和预算支付等。

生产者支持率（%PSE）表示的是生产者支持估计值（PSE）占农业总产值的百分比，表示通过农业支持政策，对农业生产者提供的转移支付占农业总收入的份额。例如2021年OECD成员国的%PSE为16%，这表示OECD成员国农业生产者的农业总收入中从政策方面获取的份额为16%，84%的农业总收入是从市场获得的。这一指标一般用于国际上农业政策对生产者支持水平的比较。

生产者名义支持系数（Producer Nominal Assistance Coefficient，NACp）是包含对生产者补贴的农业总收入与剔除生产者补贴的农业总收入之间的比率，用于测度政府补贴政策对农业生产干预的影响，即农业市场的开放程度[4]。

三、一般服务支持水平评估指标

一般服务支持估计值（General Services Support Estimate，GSSE）是政府向农业部门转移的所有一般性服务支付的货币总价值的一个指标，是提供给农业部门用于社会一般性服务方面的支持，而不针对某个生产者和消费者，例如农业基础设施建设、农产品营销与促销等的政策支持。

一般服务支持率（% GSSE）表示对农业一般服务提供的支持总价值（GSSE）占对农业总支持水平（TSE）的比重，即表示在总的农业支持（TSE）中，一般服务所占的份额，其余是对生产者和消费者个人的支持[5]。

四、单项农产品支持水平评估指标

单项产品生产者转移（Single Commodity Transfers，SCT）是衡量对某一种农产品生产者获得的补贴数额，属于生产者支持范畴。单项农产品支持率（% SCT）是指一国给予某种农产品生产者补贴数额（SCT）占该种农产品生产者所得收入的比重。

五、消费者支持估计值（CSE）

消费者支持估计值（consumer support Estimate，CSE）是衡量支持农业的政策措施每年给农产品消费者转移支付的货币价值总值的指标。具体包括的项目类别有：消费者向生产者的转移；消费者的其他外向转移；纳税人对消费者的转移（见表1-3）。

表1-3　OECD支持指标中的政策措施分类

I 生产者支持（PSE）
A. 基于商品产出的支持
A1. 市场价格支持 MPS
A2. 基于商品产出的支付
B. 基于投入使用的支付
B1. 可变投入使用
B2. 固定资本形成
B3. 农场服务

续表

C. 基于当前面积、牲畜数量、收入或收益，有生产需求的支付
D. 基于非当前面积、牲畜数量、收入或收益，有生产需求的支付
E. 基于非当前面积、牲畜数量、收入或收益，无生产需求的支付
F. 基于非商品标准的支付 F1. 长期资源退出 F2. 特定非商品产出 F3. 其他非商品标准
G. 杂项支付
II 一般服务支持（GSSE）
H. 农业知识和创新体系 H1. 农业知识的形成 H2. 农业知识的转化
I. 检验与控制 I1. 农产品安全及检验 I2. 害虫及疾病的检查和控制 I3. 投入品控制
J. 基础设施的发展和维护 J1. 水文基础设施 J2. 仓储、销售等物质性基础设施 J3. 服务机构设施 J4. 农场重建
K. 营销与促销 K1. 加工和销售的合作社计划 K2. 农产品促销
L. 公共储备
M. 其他
III 消费者支持（CSE）
对/从消费者的价格转移支付 对消费者的财政预算转移支付 消费补贴
IV 总支持水平（TSE）
总支持水平 = 生产者支持 + 一般服务支持 + 纳税人对消费者的转移支付

资料来源：The PSE Manual。

第三节 利用 OECD 政策评估工具的重要意义

OECD 农业政策评价体系的演变历程以及不断充实完备的农业政策评估数据库，对评估和分析各国农业政策具有重要的指导意义。

1. 以 OECD 分析框架为基础进行研究，有利于在相同政策评估标准下比较研究对象国农业政策的实施情况，对农业政策的分析更客观。以 OECD 农业政策评估体系为标准，对 OECD 成员国农业支持政策进行动态分析研究，有助于判断成员国或地区农业政策的演变及异同，使判断结果更具有可比性与客观性。同时可以对各国农业支持政策出台的一般背景、政策实施的一般规则、政策作用的基本规律等进行比较研究。

2. 以 OECD 农业政策评估体系中的时间序列数据为依据进行研究，有利于预测研究对象国未来农业政策趋势，为我国农产品贸易多边谈判提供参考。在农业贸易谈判中，是否对农业发展给予补贴，补贴多少是谈判的焦点。因此，科学合理地评估农业支持水平无论是对于开展多边贸易谈判还是对于监督农业政策改革来说都具有重要意义。关于农业补贴和支持政策的评价方法和指标体系，OECD 等国际机构已经做了大量的研究工作。本书以 OECD 的政策评价体系为研究工具，以 OECD 农业政策评估体系中的时间序列数据为重要依据，通过比较 OECD 成员国农业支持总水平变化的情况以及农业支持政策结构的演变，为我国政府农产品贸易多边谈判提供参考。

3. 对小麦、玉米、稻谷等单项农产品支持政策的研究，有利于我国完善重要农产品价格形成机制，完善国家粮食安全保障体系。保障国家粮食安全问题，把饭碗牢牢端在自己手上，一直是我国长期坚持的基本方针。任何时候都不能放松国内粮食生产，不断提升农业综合生产能力，确保谷物基本自给、口粮绝对安全。小麦、玉米、稻谷等作为主要的粮食类农产品，需要进行深入研究与重点关注。OECD 农业评价体系对于单项农产品的研究也有非常详细的分类，以此为基础，对于典型成员国单项农产品支持水平与支持政策的研究，有利于完善粮食等重要农产品价格形成机制，完善国家粮食安全保障体系。

4. 对OECD农业监测与评价报告以及数据库的深入研究，有利于为优化我国农业支持结构、调整农业支持政策提供具体的对策建议。通过历年的《OECD成员国农业政策监测和评价》报告，可以对研究对象国农业支持水平与支持政策演变的历程、实施政策目的、采取的主要支持方式等方面进行系统的比较，有助于把握各国（经济体）农业支持政策演变的方向，对我国农业支持措施发展趋势作出判断；有助于优化我国农业支持结构、调整农业支持政策。

第二章　研究对象选择及其农业产业发展

第一节　研究对象的选取

一、选取的原则

根据本书研究目标，选取研究对象国应该遵循以下原则：一是该国农业发展模式应该具有一定代表性，能够体现一般国家在经济发展中农业经济发展和转型的普遍规律，或者能够代表某种普遍的农业经济形态。二是该国经济也应该具有一定的独特性和代表性，或者在本区域有一定的发展代表性。三是选取的研究对象还要能够体现全球经济尤其是农业经济的整体布局和发展方向。四是研究对象国的选取还要考虑与中国的对照性，使得研究对中国有政策指导意义。

基于以上原则，本书所采用的样本国在经济发展水平上要体现出层次性，既要有典型经济发达国家，又要有新兴经济体国家。本章将在 OECD 成员国中选择具有代表性的发达国家和 OECD 监测的典型新兴经济体作为研究对象。

二、OECD 成员国研究对象的选取

本书通过运用 OECD 农业政策评价体系中的“生产者支持估计值占农业总产值的比重（%PSE）”指标，对 OECD 成员国农业支持政策的演变方式进行分类，如图所示 2－1，选取了 1995—2021 年中的 1995 年、2005 年以及最近的 2021 年进行比较，将 OECD 成员国农业支持政策的演

变方式分为四类：（1）新西兰、澳大利亚、智利属于一类；这一类国家的国内农业支持水平一直较低，% PSE 平均低于 10%。（2）美国、墨西哥、加拿大属于一类；% PSE 平均值处于 10%—20% 之间。（3）欧盟、土耳其和以色列属于一类；% PSE 值在 20%—40% 之间。（4）日本、瑞士、韩国、挪威和冰岛属于一类。这类国家属于生产者支持水平最高的一类，尽管% PSE 有下降的趋势，但是这些国家的% PSE 一直维持在 50% 以上。

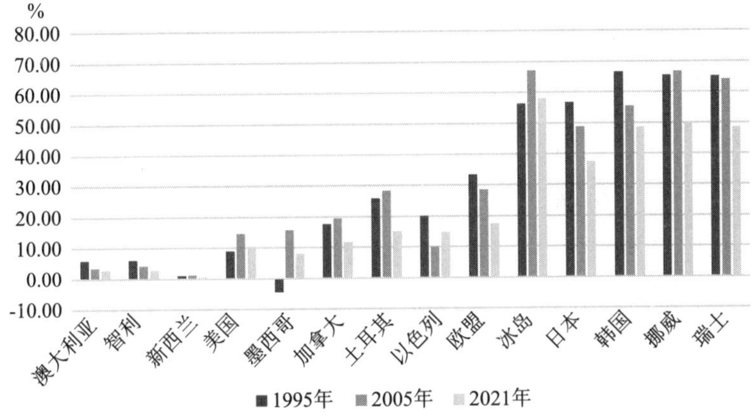

图 2－1　OECD 成员国（1995 年、2005 年、2021 年）的%PSE 值

资料来源：OECD 数据库。

根据以上分析，可以得出以下结论：

（1）在 1995—2021 年，由于新西兰和澳大利亚农业支持政策一直处于极低水平（或没有支持）的状态，因此研究这两个国家的农业补贴政策意义不大，因此不作为研究对象国。

（2）美国、加拿大、墨西哥一类中，美国的农业补贴政策最为全面，而且是发达国家的典范，农业竞争力也是全球最强的，因此，美国可以列为研究对象国。加拿大和美国类似，因此可以排除。相比美国，墨西哥的代表性不强，也可以排除。

（3）欧盟的共同农业政策很有代表性，而且作为一个经济体，欧盟绝对是世界经济结构中地位极为特殊的一员，而且欧盟的农业补贴政策系统完整，农业经济发展模式与美国相比也有区别，故而可以将欧盟作为主要研究对象。

（4）日韩是中国的近邻，有着相似的农耕文化，而且都是从农业国家转变为工业国家的代表。虽然日韩两国的农业发展状态和经营状态类似，但发展历史有所不同。因此，本书将日韩两国都列为研究对象国。

总之，在OECD国家中，本书选取美国、欧盟、日本和韩国作为研究对象国（地区），代表了不同的农业发展模式，日韩与中国存在很大相似性，都属于人多地少，耕地资源禀赋差的国家，与美国存在很大对照性，欧盟则代表着中国农业发展的远期模式。与中国不同的是，这些国家的发展阶段和经济发展状况与中国有很大不同，他们都实现了工业化和城市化，并不存在中国所面临的严峻的“三农问题”。

第二节 研究对象的农业产业发展状况比较分析

日本、韩国位于亚洲，美国位于美洲地区，欧盟成员国[①]位于欧洲西部、南部以及中部的一部分地区。美国、日本、欧盟作为老牌经济发达国家和地区，在世界经济中居于重要的主导地位，韩国属于新兴经济发达国家，近20年经济增长速度也非常快。下面将从几个方面对主要研究对象国的基本情况进行分析。

一、各国基本情况

（一）国土面积与人口

如表2-1所示，结合国土面积和人口数量，美国面积比较大，占世界比例超过7%，国土面积世界排名前五位；但是人口方面，美国人口仅为3.27亿人，占世界总人口比重4.21%，是人少地多型国家。欧盟是人地平衡型国家，日本和韩国有很大的相似性，均属于人多地少型国家，耕地资源禀赋差，是世界主要的粮食进口国。

① 欧共体创始国为法国、联邦德国、意大利、荷兰、比利时和卢森堡六国。目前欧盟共有27个成员国，正式官方语言有24种。他们是：法国、德国、意大利、荷兰、比利时、卢森堡、丹麦、爱尔兰、希腊、葡萄牙、西班牙、奥地利、瑞典、芬兰、马耳他、塞浦路斯、波兰、匈牙利、捷克、斯洛伐克、斯洛文尼亚、爱沙尼亚、拉脱维亚、立陶宛、罗马尼亚、保加利亚、克罗地亚。2020年1月英国脱欧，2020年欧盟数据不包括英国。

表 2－1　　2021 年各国国土面积和人口情况

国家	国土面积（平方千米）	占世界比例（%）	人口（亿人）	占世界比例（%）
韩国	100370	0.08	0.52	0.66
日本	377974	0.29	1.26	1.61
欧盟	4384317	3.32	4.47	5.7
美国	9831510	7.45	3.32	4.23
合计	14694171	11.14	9.57	12.2

资料来源：世界银行数据库。

（二）城镇化率

城镇化率是反映一国社会结构的重要指标。如图 2－2 所示，60 多年以来，4 个国家（地区）的城镇化率都呈现出上升的态势，但变动特点有所不同。最先实现工业化的美国和欧盟国家的城镇化率都相对较高，其中美国的城镇化率已经超过了 80%，城镇化率在近些年保持着相对稳定，变动幅度并不大。日本的城市人口比例近 10 年来增长迅速，2020 年其城镇化率已经超过美国、欧盟，高达 91.87%。60 年间，城镇化率变动最大的 OECD 国家是韩国。随着工业化的发展和社会经济结构的优化，韩国城镇化率由 1960 年的 27.71% 提高到 2021 年的 81.41%。城镇劳动力的大量积聚带来的是城镇失业和贫民窟的大量出现，促使了所谓的“拉美陷阱”问题的产生。

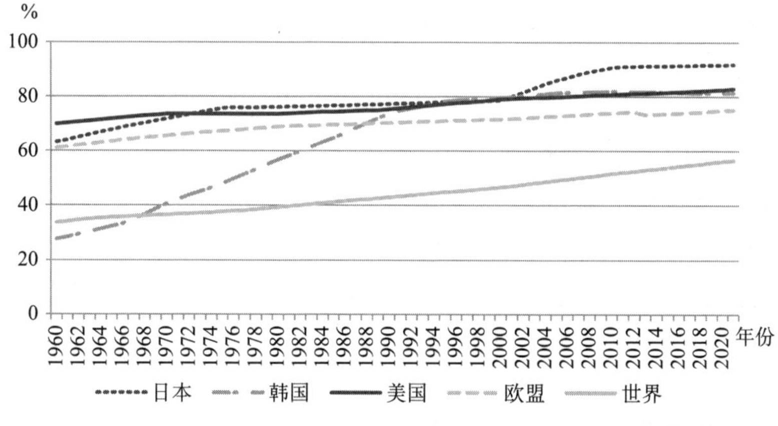

图 2－2　1960—2021 年各国城镇人口占总人口的比重

资料来源：世界银行数据库。

（三）主要经济指标

农业市场的状况在很大程度上受到宏观经济变量的影响，例如全球国内生产总值（GDP）的增长、失业率、通货膨胀率等。受2019年新冠疫情的影响，2020年全球GDP收缩超过3%，但2021年反弹，增长5.6%。到2021年底，大多数OECD国家的产出接近或高于疫情暴发前的水平。在OECD成员国中，日本的增长率仍低于2%。欧盟的增长率接近OECD的平均水平，为5.2%，但这并没有抵消2020年的经济收缩（-6.5%）。

OECD的失业率在2020年升至7.1%，在2021年下降了近一个百分点为6.2%，仍高于2019年。在许多国家，2020年为减轻新冠疫情对就业的负面影响，政府实施的大量干预措施在2021年继续实行，其中包括短期就业。受能源和食品价格上涨等因素的影响，OECD的平均通货膨胀率已连续数年下降，并在2020年降至1.5%，到2021年却升至3.5%。国际贸易也出现了全球经济复苏的迹象，在2020年萎缩8.4%之后，2021年同比增长超过9%（见表2-2）。

表2-2　　主要经济指标　　单位：%

年份	平均2006—2015	2016	2017	2018	2019	2020	2021
GDP增长率							
世界	3.6	3.1	3.7	3.5	2.8	-3.4	5.6
OECD	1.5	1.8	2.6	2.3	1.7	-4.7	5.3
美国	1.6	1.6	2.2	2.9	2.3	-3.4	5.6
欧盟	0.8	2.0	2.8	2.1	1.6	-6.5	5.2
日本	0.6	0.8	1.7	0.6	0.0	-4.6	1.8
非OECD	5.8	4.3	4.6	4.5	3.7	-2.2	5.8
失业率（OECD）	7.2	6.5	5.5	5.5	5.4	7.1	6.2
通货膨胀率（OECD）	1.8	1.1	2.3	2.6	1.9	1.5	3.5
贸易增长率（OECD）	4.5	2.4	5.5	3.9	1.4	-8.4	9.3

资料来源：OECD（2021a），OECD经济展望。

二、农业资源与经济发展水平

在对象国选择上，本书既考虑了各国%PSE的水平，也考虑了各个国家在农业发展上的特点和代表性。按照目前一般的观点，美国、欧盟和日本分别代表了三种不同类型的农业发展模式。决定模式形成的因素更多的是各个国家的农业发展条件。这些条件不仅决定了农业发展形态，也影响着各国政府在农业补贴政策上的选择。

（一）农业土地资源

土地资源是农业生产最基本的自然资源，农业土地资源禀赋直接影响着一国农业生产的形态。如表 2 – 3 所示，美国的农业土地资源禀赋最好，欧盟紧随其后，日本和韩国属于资源禀赋较差的国家。从人均占有量看，美国人均耕地面积远高于其他国家，人口密度较大的日本和韩国明显处于劣势。2020 年美国的人均可耕地面积为 0.48 公顷，是世界人均可耕地面积的 2.7 倍。作为小农经营典型的日韩两国的人均可耕地面积最少，仅为 0.03 公顷，不足世界平均水平的六分之一。从发展趋势看，全球农业用地面积占陆地面积的比重以及可耕地占陆地面积的比重在过去十几年中存在降低趋势，究其原因在于工业化的发展占用了大量农业用地。

表 2 – 3　　2000—2020 年各国农地资源比较

国家/地区	2000 年				2020 年			
	农业用地占土地面积比例（%）	耕地占土地面积比例（%）	人均农业用地面积（公顷）	人均可耕地面积（公顷）	农业用地占土地面积比例（%）	耕地占土地面积比例（%）	人均农业用地面积（公顷）	人均可耕地面积（公顷）
美国	45.23	19.14	1.47	0.62	44.4	17.24	1.24	0.48
日本	14.43	12.27	0.04	0.04	12.0	12.0	0.04	0.03
韩国	20.45	17.81	0.04	0.04	16.6	16.6	0.03	0.03
欧盟	47.11	27.34	0.41	0.24	41.0	24.74	0.37	0.22
世界	37.80	10.84	0.81	0.23	36.5	10.83	0.62	0.18

数据来源：世界银行数据库。

（二）农业劳动力资源

劳动力是重要的农业生产要素，对于农业而言，其重要程度不亚于农业土地。随着社会经济不断发展，城镇化改革的推进，农村人口所占比例逐年下降。如表 2 – 4 所示，在研究对象国家中，日本和韩国的农村人口所占比例下降速度较快，与 1980 年相比，降幅均超过 50%，而美国和欧盟则属于缓慢下降的趋势。与世界相比，自 20 世纪 80 年代起研究对象国的农村人口占总人口的比重均低于世界平均水平。

表 2－4　　1980—2021 年各国农村人口占总人口的比重　　单位：%

年份	1980	1990	2000	2010	2017	2018	2019	2020	2021
日本	23.83	22.66	21.35	9.19	8.47	8.38	8.3	8.22	8.13
韩国	43.28	26.16	20.38	18.06	18.50	18.54	18.57	18.59	18.59
美国	26.26	24.70	20.94	19.23	17.94	17.74	17.54	17.34	17.13
欧盟	31.09	29.58	28.23	25.99	25.89	25.69	25.26	25.04	24.81
世界	60.65	56.97	53.31	48.35	45.18	44.73	44.28	43.84	43.42

数据来源：世界银行数据库。

农业劳动力占总劳动力的比例在一定程度上体现了社会经济发展所带来的社会就业结构的变化，而农业劳动力的减少对于改善农业生产的人地结构，提高农业劳动生产率有着十分重要的意义。由于劳动力的生产周期长，短期内不易看出其变化趋势，所以选取了 1991 年至今的数据。通过图 2－3 可以看出，发达国家的农业劳动力就业比重均低于世界平均水平，美国、欧盟和日本均保持在个位数，变动幅度不大；韩国虽然作为发达国家，但相对于美国、日本，农业就业比重较高，但也呈现逐年下降的趋势，自 2000 年后也降到了 10% 以下。

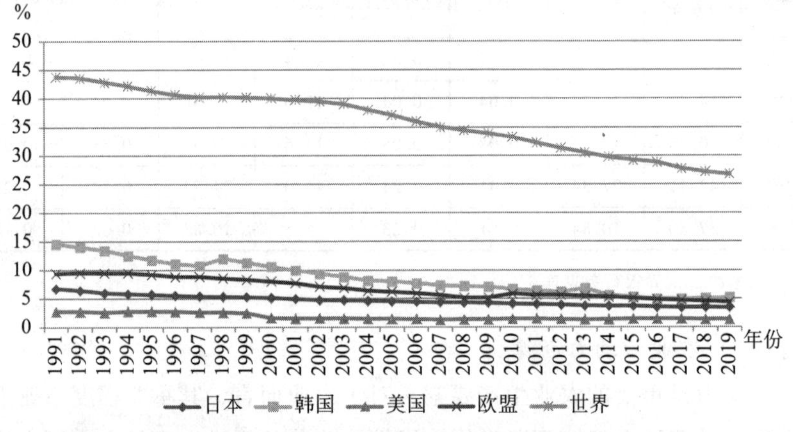

图 2－3　1991—2019 年各国农业劳动力占劳动力总数的比重

数据来源：世界银行数据库。

（三）农业发展水平

农业发展规模最重要的衡量指标就是农业增加值，反映的是农业部门的新增价值，考核农业发展的成果。如表 2－5 所示，全球农业增加值呈现不断增加趋势，2021 年达到 41654 亿美元，相对于 1990 年增加了 2 倍之多。所研究的对象国农业增加值之和平均占到全球农业增加值的比重由 2000 年的 34% 下降到 2020 的 15%，其中美国、日本、欧盟等增长速度较为缓慢，农业发展渐趋稳定，特别是日本近几年农业增加值不但没有增加反而呈下降趋势。

表 2－5　2000—2021 年各国农业增加值变化情况　单位：亿美元

年份	2000	2010	2017	2018	2019	2020	2021
日本	751	628	556	527	529	526	—
韩国	221	245	300	301	275	300	331
美国	1179	1563	1849	1867	1824	2214	—
欧盟	1715	2461	2557	2685	2496	2534	2781
世界	11240	25199	33013	34062	35125	37237	41654

注：以现价美元计算。

资料来源：世界银行数据库。

农业增加值占 GDP 的比重更能表示第一产业在整个国家经济增长中的贡献量。表 2－6 显示，全球农业增加值占 GDP 比重呈下降趋势，2021 年全球农业增加值占 GDP 比重为 4.33%。美国、欧盟、日本等老牌发达国家，农业对 GDP 贡献率不到 2%；新兴发达国家韩国，紧随发达国家的步伐，2016 年起也降至 2% 以下。

表 2－6　2000—2021 年各国农业增加值占 GDP 比重变化情况　单位：%

年份	2000	2010	2017	2018	2019	2020	2021
日本	1.54	1.10	1.13	1.04	1.03	1.04	—
韩国	3.86	2.14	1.85	1.75	1.67	1.83	1.84
美国	1.15	1.04	0.95	0.91	0.85	1.06	—
欧盟	2.12	1.63	1.69	1.61	1.59	1.66	1.63
世界	4.85	3.64	4.14	3.94	4.01	4.39	4.33

资料来源：世界银行数据库。

第三章　发达国家农业总支持水平及政策分析

本章根据2020年世界银行数据库公布的“人均耕地面积”指标，将研究对象国分为三大组，以便于分析不同农业发展水平国家的农业支持总水平与农业支持率的变动趋势。第一组（人均耕地面积大于0.3公顷）“人少地多”型，属于地广人稀，耕地资源丰富，代表国家为美国（0.48公顷）；第二组（人均耕地面积在0.1—0.3公顷之间）“人地平衡”型，代表国家法国、德国、英国等西欧国家，本章用欧盟（0.22公顷）代表，这类型的国家人地矛盾并不是非常突出；第三组（人均耕地面积小于0.1公顷）“人多地少”型，耕地资源禀赋差，是世界主要的粮食进口国，代表国家日本（0.03公顷）、韩国（0.03公顷）。

第一节　发达国家农业总支持水平

一、总支持水平分析

总支持水平估计值（TSE）是衡量通过执行农业支持政策，每年从纳税人和农产品消费者转移到农业部门的总价值。

表3-1显示了1995—2021年各国农业支持总水平的变化结果。对于“人少地多”型国家，解决农业生产力提高导致的生产过剩，同时稳定并提高农民收入是美国农业政策需要面对的关键问题，美国对农业的支持水平总量呈现稳定增长趋势，由1995年的408亿美元增加到2021年的1271亿美元，增加了2倍多。2014年美国农业新法逐步放弃政府对农业生产和农产品市场的直接干预，调控手段趋于市场化。

表 3－1　　1995—2021 年各国总支持水平（TSE）　　单位：百万美元

年份	1995	2000	2005	2010	2015	2019	2020	2021
日本	91275	63947	49662	58529	37982	47660	52929	42381
韩国	26655	20192	23728	21854	23709	23981	25085	26817
美国	40776	71687	71626	79447	91523	106493	107458	127087
欧盟	133390	91166	134726	117094	107218	118186	119152	112919
OECD	330861	292094	329310	338542	310004	334155	348628	353518

数据来源：OECD 数据库整理。

对于“人地平衡”型国家，欧盟农业补贴政策主要体现在欧盟共同农业政策，共同农业政策的特点是，对内实行价格支持，对外实行贸易保护，粮食政策方面主要通过巨额补贴维持粮价的稳定。其支持总量比较稳定，近几年略有下降。

对于“人多地少”型国家，与欧盟相似，韩国支持总量波动较小，近几年表现出了下降态势。日本则降幅明显，由 1995 年的 913 亿美元，下降到 2021 年的 424 亿美元，下降了 1 倍多，主要原因在于降低了对生产者的支持水平。

二、总支持水平相对值

%TSE 表示一国对农业的总体支持水平（TSE）占该国当年 GDP 的比重，%TSE 值越高表示该国 GDP 用于支持农业的开支越大。从表 3－2 可以看出，美国、欧盟、日本、韩国以及 OECD 国家平均水平，都表现出了农业总体支持水平占 GDP 比重（%TSE）保持下降态势，且在 2000 年以后 OECD 成员国%TSE 平均水平已经降到了 1 %以下，意味着 OECD 国家通过农业支持政策提供的财政转移支付总额平均低于 GDP 的 1%，表明这些国家凭借其良好的资源优势和农业竞争力，对农业支持的投入处于较低水平，这是农业政策改革的结果。

表 3－2　　1995—2021 年各国总支持相对值（%TSE）　　单位：%

%TSE	1995 年	2000 年	2005 年	2010 年	2015 年	2019 年	2020 年	2021 年
日本	1.65	1.29	1.03	1.02	0.85	0.93	1.05	0.85
韩国	4.71	3.50	2.54	1.91	1.62	1.45	1.53	1.50

续表

% TSE	1995 年	2000 年	2005 年	2010 年	2015 年	2019 年	2020 年	2021 年
美国	0.53	0.70	0.55	0.53	0.50	0.50	0.51	0.55
欧盟	1.46	1.08	0.94	0.69	0.65	0.64	0.66	0.67
OECD	1.29	1.06	0.87	0.75	0.65	0.62	0.67	0.61

数据来源：OECD 数据库整理。

衡量对农业总体支持水平，还需考虑农业增加值、农业人口数量以及耕地数量等因素。通过表 3－3 更可以详细地看出，对于 OECD 农业监测与评估报告中涵盖的国家，2019—2021 年提供的支持总额相当于农业产值的 18%，相比 2000—2002 年下降了近 9 个百分点。OECD 支持占比大幅下降从 41% 下降到 27%，而在 11 个新兴经济体中，这一比率有所上升，从 2000—2002 年的 8.5% 上升到最近几年的 13%。但从整体上来看发达国家远远高于新兴经济体国家，表明发达国家农业增加值来自于国家财政补贴的比重远远高于新兴经济体国家。这一数值在 OECD 成员国之间的差异很大，2019—2021 年期间，从日本 57.9%，韩国 58.5%，到美国和欧盟的 20% 以上。占 GDP 的比重也有很大的不同，相比之下新兴经济体国家农业支持占 GDP 的比重要高于发达国家。

表 3－3　2000—2002 年和 2019—2021 年各国总支持相对值（%TSE）及占农业增加值的比重

单位：%

TSE 占 GDP 比重（% TSE）			TSE 占农业增加值比重		
	2019—2021 年	2000—2002 年		2019—2021 年	2000—2002 年
所有国家	0.9	1.0	所有国家	18.0	26.9
新兴经济体	1.4	1.3	新兴经济体	13.4	8.5
OECD 国家	0.6	1.0	OECD 国家	27.2	41.2
美国	0.5	0.7	美国	28.9	35.8
日本	0.9	1.2	日本	57.9	73.4
韩国	1.5	2.9	韩国	58.5	65.1
欧盟	0.7	1.0	欧盟	25.4	40.7

数据来源：OECD 数据库以及世界银行数据库整理。

三、农业总支持水平结构

TSE 由 3 项组成：S. 农产品消费者转移给农业生产者的价值，扣除生产者对财政的贡献（包括在市场价格支持 MPS 和 CSE 中）；T. 纳税人转移给农业生产者的总价值（包括在 PSE 中），纳税人为农业的一般服务提供的转移支付（GSSE）；U. 纳税人转移给农产品消费者的总价值（包括在 CSE 中）。为了避免重复计算，用公式表示的 TSE 组成为：TSE = PSE + GSSE + 纳税人向消费者的转移支付，即农业总支持数值由对生产者的支持、一般服务的支持以及从纳税人向消费者的转移支付三部分组成。

表 3 –4 表示 1995—2021 年各国农业支持结构，对比发现欧盟、日本、韩国支持结构相似度较大，且自 1995 年至今支持结构变动不大，即 70% 以上的农业支付转移到了生产者，对农业一般服务的支持比较低，在 20% 以下。美国对生产者的支持远低于欧盟等国，2021 年仅占 TSE 总量的 41.7%，对农业一般服务的支持也趋于下降，说明 40% 以上的支持向消费者转移。这是因为美国 1935 年开始实施的“营养计划”等政策，致使农业支持大部分转向消费者。

表 3 –4　　1995—2021 年各国总支持结构——占 TSE 的比重　　单位%

国家和地区	1995 年		2000 年		2005 年		2010 年		2015 年		2021 年	
	PSE 占比	GSSE %	PSE 占比	GSSE %	PSE 占比	GSSE %	PSE 占比	GSSE %	PSE 占比	GSSE %	PSE 占比	GSSE %
日本	72.8	26.9	78.9	21.0	81.3	18.6	85.6	14.4	79.0	20.9	79.4	20.6
韩国	87.1	11.4	86.1	13.4	86.4	13.3	86.0	13.8	87.5	12.4	86.5	13.3
美国	45.5	10.3	67.0	7.4	54.5	9.7	35.9	12.5	39.4	9.5	41.7	8.2
欧盟	88.9	7.6	87.6	8.5	86.3	11.0	85.7	13.4	87.9	11.8	86.8	12.9
OECD	77.9	14.6	79.5	12.7	78.0	13.0	73.7	13.7	71.2	13.4	69.4	12.4

数据来源：OECD 数据库整理。

四、新冠疫情对农业支持水平的影响

2019 年至 2021 年影响政府对农业部门支持的重要原因之一是新冠疫情在全球大流行。尽管在经合组织数据库中无法确定与新冠疫情相关的具体措施，但在数据库中明确了应对新冠疫情而额外支出的数额在 2020 年为 555 亿美元，2021 年为 704 亿美元，分别占国家总支持支出的 7.6% 和 9.4%，占预算支持总额的 10.4% 和 13.2%。

应对新冠疫情的额外支出项目主要是帮助消费者应对供应中断或失业后收入减少的问题。图 3－1 显示，2020 年消费者支持占总支持额的 64%，2021 年消费者支持占总支持额的 58%。美国为应对新冠疫情提供的支持是为低收入人群提供救济粮援助方案，该援助方案的金额大约占总支持的 40%；欧盟为应对新冠疫情，对葡萄酒行业提供补助金，该项补助金包含在消费者支持中。

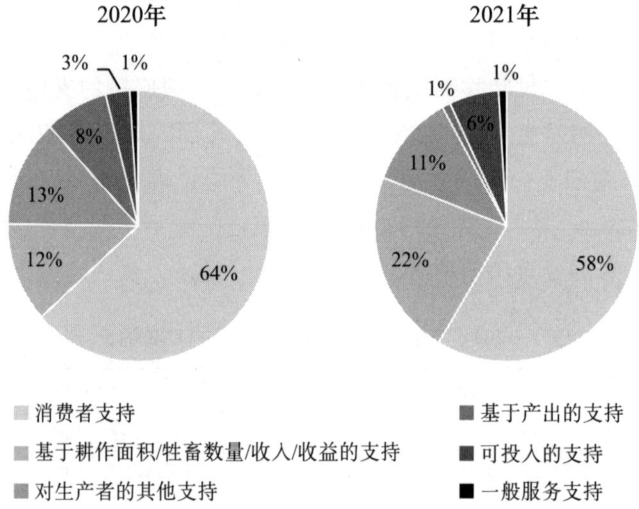

图 3－1　2020 年和 2021 年按支持类别应对新冠疫情的农业支持分布情况

除消费者支持外，各国还对受到新冠疫情影响的生产者提供了不同形式的援助，例如收入补贴或区域补贴。各国基于产出的支持占 2020 年和 2021 年与新冠疫情相关支出的 12% 和 22%。涉及对耕作面积/牲畜数量/收入/收益有关的支持总额，占 2020 年和 2021 年与新冠疫情相关的支出的 13% 和 11%。其中欧盟和日本的生产者支持主要体现在对受到影响的农作物和牲畜进行补贴。此外，美国的部分新冠疫情援助计划 1（CFAP1）和新冠疫情援助计划 2（CFAP2）中涉及的支持以及日本通过价格稳定基金提供的支持，都是以产出支持的形式提供。可变投入的支持在2020年和2021年分别占支持总额的8%和1%。对生产者的其他支持在2020年和2021年分别占支持总额的3%和6%。

一般服务支持占应对新冠疫情项目支出的1%。欧盟和日本为供应链提供一般服务支持保持了供应链持续开放，并支持农产品加工业和农产品销售活动；日本为基础储存设施提供了一些支持；新西兰资助了一项控制小袋鼠数量的项目，在“为自然创造工作”项目中增加了培训项目。

第二节 近期各国农业政策的调整情况

新冠疫情全球大流行对世界经济形成很大冲击，各国政府调整和实施了很多措施，以保障农业稳定发展，保证粮食供应链正常运转，帮助生产者应对疫情，并向生活贫困者提供更多援助。

一、日本

2021年5月，日本农林水产省（MAFF）发布了可持续粮食系统战略，称为MeaDRI，该战略旨在通过加强粮食供应链各利益攸关方的参与，并促进创新以减少环境负荷，从而在2050年前改造日本的粮食系统，提高可持续性和生产力。该战略包括14项关键绩效指标和到2050年开发和实施创新技术和生产方法的路线图，与农业相关的关键指标包括减少化肥和农药的使用以及增加有机农业用地的投入。

2021年10月，日本制定了国家自主贡献（NDC）目标，即到2030年将温室气体（GHG）排放量较2013年至少减少46%，并制定了到2050年实现净零排放的长期目标。根据MeaDRI战略，MAFF修订了2017年农业、林业和渔业部门的减缓气候变化的计划，并将到2030年的二氧化碳减排目标从38.8亿吨提高到49.5亿吨。

日本与亚太地区14个国家的《区域全面经济伙伴关系协定》（RCEP）于2022年1月生效。根据该协议日本取消了56%来自中国、49%来自韩国、61%来自东盟、澳大利亚和新西兰的农产品进口关税。大米、小麦、牛肉、猪肉、乳制品、糖、淀粉等敏感农产品不受关税减免的限制。

二、美国

美国农业部实施了一系列政策来应对新冠疫情。生产者支持方面，新冠疫情农场援助计划（CFAP）向农民和牧场主提供了大约235亿美元的直接收入补贴，针对农业生产者因农产品需求减少、生产过剩、运输和销售受到影响而产生的额外成本予以补贴，该计划还涵盖了从牲畜、作物到水产养殖等300多种商品。美国农业部的农业服务局（FSA）扩大了灾害补助贷款条款的适用范围，使受新冠疫情影响的贷款农民能够得到一笔补贴款项。

2021年美国农业部了起草气候智能型农业和林业（CSAF）战略的方案，包括量化和跟踪结果、利用现有规划、更多的教育和培训、支持气候智能型产品的市场开发以及增加研究等7个方面的内容。

2021年启动了几项举措，以确保弱势人群更公平地获得美国农业部的资助。其中包括风险管理教育、有针对性的技术援助等，将处于弱势的农业生产者与美国农业部的项目和服务联系起来。并设立了若干特别方案，以减少流行病和供应链问题造成的市场中断带来的影响，包括对猪肉和家禽加工能力的补偿。

对2021年启动的现有灾难援助计划进行了几次修改。在野火和飓风赔偿计划（WHIP+）下推出了一个新的质量损失调整（QLA）计划，包括牲畜、蜜蜂和渔业的紧急援助计划（ELAP）以及为受旱灾影响的牧场支付饲料运输费用。

三、韩国

政府于2021年9月公布了韩国的国家粮食计划，该计划旨在通过确保粮食的稳定生产和供应以及应对环境、健康和安全等一系列与粮食有关的问题，为联合国的可持续发展目标做出贡献。

2021年韩国政府加强了对“新直接支付”项目的监测，以防止非法收款和提高行政效率。同时政府扩大了农民的法律义务范围，使其涵盖环境保护和食品安全，超出了对现有农场区域和农药使用的管理。

政府于2021年10月发表了《环境友好型农业第五个五年计划（2021—2025年）》。它详细介绍了政府为扩大环境友好型农业所做的努力。在全罗北道和庆尚北道分别于 2021 年 11 月和 12 月开设了"智慧农场革新谷"，继续推进智慧农业事业。

农林畜产食品部制定了"第 5 次女性农民支援基本计划（2021—2025 年）"，该计划旨在增加妇女参与农业，促进女农民的权利，提高她们的生活质量。2021 年 5 月通过了《下一代农渔民和青年农渔民培养及支援相关法案》，该法案为帮助农民继任者和年轻农民落户农村、支持农村可持续发展提供了制度保障。

2021 年韩国在 COP26 会议宣布了针对特定部门的温室气体（GHG）减排新目标，新的目标要求农业和渔业部门的温室气体排放量到 2030 年比 2018 年下降 27.1%，到 2050 年下降 37.7%。并在 COP26 上发表的"全球甲烷承诺"，制定了到 2030 年全国甲烷排放量比 2018 年减少 30%，其中农业部门的排放量减少 20.6% 的目标。2021 年 12 月宣布了《2050 农产品碳中和战略》，它包括粮食生产、分配、消费和能源转换的温室气体减排计划以及详细的中间减排目标，该战略体现了农业部门减缓气候变化的决心。

四、欧盟

面对新冠疫情，2021 年欧盟许多农业政策活动的重点已从紧急应对转向财政复苏。2021 年 1 月 28 日，欧盟决定将 2020 年 3 月 19 日通过的"国家援助临时框架"延长至 2021 年 12 月 31 日，为受疫情影响最严重的部门提供一揽子政策支助。欧盟委员会（EC）采取了特殊措施来支持葡萄酒、水果和蔬菜部门，包括增加对风险管理工具的支持，如收获保险和共同基金，并将现有灵活性措施延长至 2022 年 10 月 15 日。

2021 年继续为下一个共同农业政策（CAP）规划期（2023—2027 年）进行准备。1 月，欧盟委员会发布了一份具有可行性的农业实践清单，其中的生态计划在接下来的共同农业政策中得到支持，并于 2021 年 12 月由理事会通过了"更公平、更环保、对动物更友好和更灵活的共同农业政策"的改革。

2021 年 7 月，欧盟委员会通过了一揽子计划，以使气候、能源、土地使用、交通和税收政策适应温室气体减排的需要，实现到 2030 年温室气体净排放量比 1990 年至少减少 55%，这比欧盟首次公布的 40% 的目标有了明显提高，而这一揽子计划将以增加土地利用为目标。随后比利时、丹麦、德国、葡萄牙和爱尔兰在内的几个成员国宣布了国家气候行动计划，其中包括到2030年农业部门排放量减少11%至55%的目标。

关于贸易协定，《欧盟—英国贸易与合作协定》经欧洲议会批准和理事会通过后，于2021年5月1日生效；与澳大利亚、中国、印度尼西亚、新西兰和菲律宾的自由贸易协定仍在谈判中。

第四章　发达国家农业生产者支持水平及政策分析

生产者支持估计值（PSE）作为OECD农业支持水平的核心指标，测定的是所有影响农业生产者收益的综合支持水平。本章基于OECD最新数据，从绝对量、比重、结构方面比较了农业生产水平不同的国家生产者支持估计（PSE）分布趋势和变动规律，以期探寻各国农业生产者政策的取向。

第一节　发达国家农业生产者支持水平及结构分析

一、农业生产者支持水平的比较分析

（一）生产者支持估计值比较

从全球农业支持水平角度分析，《2022年农业政策监测评估报告》指出，2019—2021年度报告涵盖的所有国家向农业提供的支持总额为7000亿美元，其中约71%（4940亿美元）（3830亿欧元）作为对生产者的支持。但大多数国家的PSE呈现明显下降的趋势，究其原因主要是受国际市场波动的影响，而不是明确的政策变化导致。

从单一国家或者经济体角度分析，如表4－1所示，比较1995—2021年生产者支持总量，美国、欧盟、韩国等国家的生产者支持水平是先上升后下降的，从占比上看除美国外，其他研究对象生产者支持占总支持量的比重均在70%以上，可见对生产者的支持仍是各国或地区最主要的农业补贴对象；美国这一占比2021年为42%，美国支持的重点已转移到一般服务项目。

表 4－1　　1995—2021 年各国生产者支持总量比较　　单位：百万美元

年份	1995	2000	2005	2010	2015	2019	2020	2021
日本	66423	50482	40392	50102	30023	37245	40331	33634
韩国	23214	17390	20501	18804	20735	19945	21810	23205
美国	18550	48004	39028	28497	36098	50270	48864	53045
欧盟	118591	79864	116322	100291	94267	105117	103988	97980
OECD	257713	232205	257025	249513	220596	243906	252441	245375

数据来源：OECD 数据库整理。

（二）生产者支持率比较

生产者支持率（%PSE）表示的是生产者支持估计值（PSE）占农业总产值的百分比，是通过农业支持政策对农业生产者提供的转移支付占农业总收入的份额。

通过图 4－1 可见，2019—2021 年所有国家对生产者的总支持平均占 11.8%，低于 2000—2002 年度的 18.2%。对于大多数国家，自 2000 年初以来，生产者支持率有所下降，但各国的情况有所不同。具体来看，美国下降幅度接近二分之一；欧盟下降比例接近 40%；日本和韩国的降幅也在 10% 以上。尽管下降但是韩国、日本对生产者的支持水平仍旧非常高，农业生产者将近二分之一的农业收入受益于政策支持。

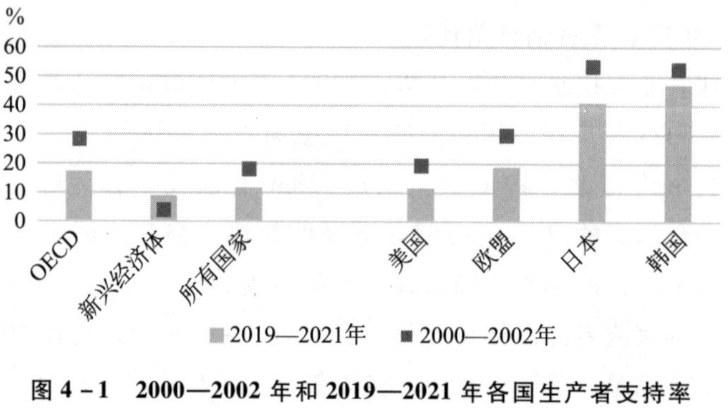

图 4－1　2000—2002 年和 2019—2021 年各国生产者支持率

资料来源：OECD（2022）．“生产者和消费者支持估计”，OECD 农业统计数据库。

（三）市场保护程度比较

生产者名义支持系数（NACp）是衡量市场保护程度的指标，生产者

NACp 越高，表明农业总收入从市场获取的份额越低。以 1 为临界点，生产者 NAC 越接近于 1，表明政府对农业市场干预越小，农业市场化程度越高（见表 4－2）。

表 4－2　　　　1995—2021 年各国生产者 NACp 比较

年份	1995	2000	2005	2010	2015	2020	2021
日本	2.56	2.39	2.09	2.07	1.70	1.57	1.49
韩国	3.67	3.00	2.47	1.87	2.07	1.92	1.95
美国	1.21	1.29	1.18	1.09	1.10	1.13	1.12
欧盟	1.54	1.50	1.45	1.25	1.24	1.24	1.21
OECD	1.45	1.47	1.38	1.25	1.21	1.22	1.19

数据来源：根据 OECD 数据库整理。

表 4－2 显示了 1995—2021 年生产者 NACp 衡量指标。OECD 成员国中美国、欧盟、韩国、日本的生产者名义支持系数不断降低，表明各国农业政策的市场导向程度提高，政府不断减少对农业生产的干预，生产的扭曲程度在逐步降低。2009 年以来，日本实施一系列新的对农户收入的直接补贴试点计划，此类直接收入支付政策多数针对特定农产品，且所有商业化农业经营体也能够获得补贴，这些举措一定程度上提高了生产者支持程度，导致了% PSE 与生产者 NACp 上升。虽然日韩变动也呈下降趋势，但是两者 NACp 数值远高于其他国家，2021 年分别为 1.49 与 1.95，说明两国农业市场化程度仍旧较低。

二、农业生产者支持结构比较分析

按照 2007 年 OECD 最新的农业政策分类框架体系，PSE 分为七个部分：A 基于商品产出的支持（MPS、基于商品产出的支付）；B 基于投入使用的支付（可变投入品使用、固定资本形成、农场服务）；C 基于当前 A/An/R/I（耕作面积/牲畜数量/收入/收益）的，以生产为基础的支付；D 基于非当前 A/An/R/I 的，以生产为基础的支付；E 基于非当前 A/An/R/I 的，不以生产为基础的支付；F 基于非商品标准的支付；G 其他支付。生产者支持估计（PSE）等于 A—G 的总和。不同的支持政策与支持方法措施对农户最终的生产选择和决定很重要，直接影响了农产品的品种和产量，潜在地影响农户的生产、销售和收入等。

从各国生产者支持结构中可以看出，各国在A—G项中的支出比重均不相同，各有侧重。通过表4－3可以看出，美国和欧盟的农业支持政策已逐渐采取支持与产出脱钩的政策措施，即A类（基于商品产出的支持）比重较大且逐年降低，近年来美国A、B、C、E项均在两位数字以上，在各类支出中较为均衡；欧盟通过共同农业政策的数次改革，逐渐将支持分布于A、C、E项，并且E项已成为主要的生产者支持方式。日本和韩国一直维持A项占比较高的结构状况，但近年来随着世贸农业谈判对价格支持的削减，有所下降，而C、E项则有所提高。

表4－3　　1995—2021年各国PSE结构比较　　单位：%

国家/组织	类别	1995年	2000年	2005年	2010年	2015年	2019年	2020年	2021年
日本	A	93.51	93.17	92.36	84.76	80.88	85.03	83.51	82.35
	B	3.78	2.52	1.67	2.80	2.59	2.55	2.48	2.02
	C	1.28	1.34	2.14	5.17	8.10	5.03	7.00	5.75
	D	0.00	0.00	0.00	0.00	0.00	0.00	0.00	0.00
	E	1.43	2.98	3.83	7.26	8.42	7.39	7.01	9.88
	F	0.00	0.00	0.00	0.00	0.00	0.00	0.00	0.00
	G	0.00	0.00	0.00	0.00	0.00	0.00	0.00	0.00
韩国	A	94.30	95.22	87.26	89.30	91.78	90.75	86.08	86.13
	B	4.50	3.12	2.46	3.30	2.28	2.86	2.55	2.34
	C	1.20	1.66	7.33	4.15	2.17	2.71	2.21	2.00
	D	0.00	0.00	0.00	0.00	0.00	0.00	0.00	0.00
	E	0.00	0.00	2.93	3.25	3.78	3.68	9.17	8.89
	F	0.00	0.00	0.02	0.00	0.00	0.00	0.00	0.00
	G	0.00	0.00	0.00	0.00	0.00	0.00	0.00	0.00
美国	A	38.22	48.20	34.71	23.50	24.89	19.78	17.64	33.51
	B	35.68	15.11	23.76	25.73	24.26	17.13	18.54	15.97
	C	16.30	10.78	7.42	21.50	22.22	46.32	33.16	35.06
	D	0.00	0.00	0.00	0.00	0.00	0.73	0.00	0.00
	E	0.00	21.94	27.96	20.12	23.35	12.13	26.76	11.84
	F	9.81	3.97	6.15	9.15	5.30	3.92	3.90	3.62
	G	0.00	0.00	0.00	0.00	0.00	0.00	0.00	0.00

续表

国家/组织	类别	1995 年	2000 年	2005 年	2010 年	2015 年	2019 年	2020 年	2021 年
欧盟	A	60.39	54.58	45.70	14.59	19.19	19.18	16.25	13.32
	B	5.88	8.01	10.75	15.38	14.26	13.89	14.60	16.52
	C	32.58	37.05	25.35	18.76	21.93	26.35	28.26	28.69
	D	0.00	0.00	0.13	0.23	0.10	0.00	0.01	0.01
	E	0.03	0.02	17.19	48.72	42.94	39.22	39.43	39.69
	F	1.31	1.40	1.44	2.25	0.78	1.11	1.13	1.49
	G	—	—	—	0.08	0.80	0.25	0.32	0.30
OECD	A	70.72	67.58	57.65	47.11	44.89	41.79	39.89	41.92
	B	8.91	8.27	10.46	12.38	13.39	11.87	14.11	11.46
	C	17.70	16.75	14.88	13.73	15.81	23.19	20.27	21.91
	D	0.18	0.03	0.34	0.59	1.13	0.97	0.79	0.87
	E	1.16	6.34	15.21	24.05	22.83	20.07	22.60	21.21
	F	1.33	1.33	1.65	2.03	1.52	1.80	1.99	2.35
	G	—	—	—	0.11	0.42	0.30	0.34	0.28

注：生产者支持估计（PSE）等于 A—G 的总和。—表示为负值，进行了征税。

数据来源：OECD 数据库整理。

（一）基于商品产出的支持

自《2000 年议程》通过后，欧盟委员会缩减农业预算支出，减少对主要农产品的价格支持水平，同时增加对农民的直接收入补偿，这一政策导致 A 类支持比重急速下降，如表 4－3 所示，1995—2021 期间由 60% 降至 13%。OECD 成员国农业政策很大程度上受到欧盟农业政策改革的影响，各成员国的农业支持政策已逐渐采取与产出脱钩的政策措施。以 OECD 国家平均值为例，基于产出的支持占生产者支持的比重从 1995 年的 71% 降到 2021 年的 42%，欧盟是下降速度最快的经济体。美国对基于商品产出的支持所占比重是 2010 年后降至 20%—30%，2018 年由于贸易战又增加了此项支出，占比接近于 50%，之后有所降低，维持在 20% 左右，2021 年受新冠影响上升至 30% 以上。韩国和日本基于产出的补贴一直居高不下，占 PSE 比重都超过了 80%，由此可以看出，基于商品产出的支持是这两个国家最主要的农业支持手段。

通过图 4-2 可以看出，市场价格支持（MPS）占生产者支持比重最高的为韩国和日本，均在 80% 以上，占总支持的比重也在 60% 以上，市场价格支持成为两国农业支持的主要方式。对于美国和欧盟 MPS 的支出要低得多，占 PSE 的比重与占 TSE 的比重均低于 20%，表明两国对价格的扭曲程度大大降低。

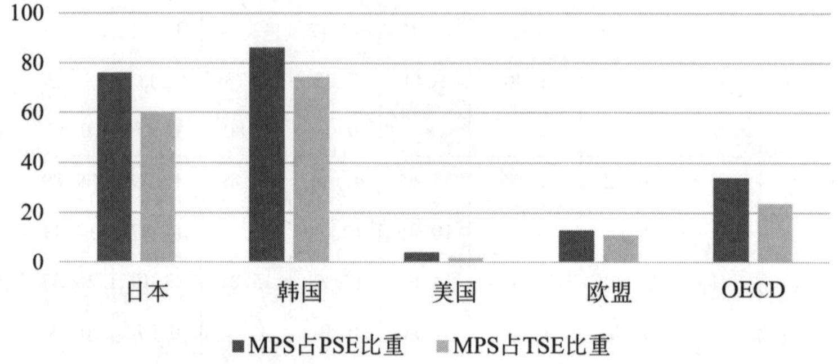

图 4-2　2021 年各国 MPS 占 PSE 及 TSE 的比重

数据来源：根据 OECD 数据库整理。

（二）基于投入使用的支持

OECD 成员国基于投入使用的支付比重较低，1995—2021 年期间变化不大。如表 4-3 所示，美国基于投入使用的支付比重维持在 25% 左右，是 OECD 成员国中对该方面支持最多的国家；欧盟自 2005 年以来该方面的政策力度加强，接近并超过 OECD 平均水平，维持在 10%—15% 之间；韩国、日本 B 类比重一直没有超过 5%。

根据 2007 年 OECD 最新的农业政策分类框架体系，B 类（基于投入使用的支付）又细分为三个子类，分别为：B1 基于农业生产可变投入；B2 基于固定资本构成；B3 基于农场服务。图 4-3 为 2021 年 OECD 成员国基于投入使用的支付结构比较，总体来看，各国差别较大，OECD 成员国中美国对农业生产者的服务支持（B3）占比最高，服务支持主要的是对农场主的生产技术支持，包括培训、技术咨询等财政转移；欧盟对生产者的基于可变投入（B1）的支持最高，主要的是能源补贴与灌溉补贴；韩国和日本 B 类各项之和占 PSE 总水平一直没有超过 3%，处于最低水平，这两个国家农业政策主要集中于 A 类支持。

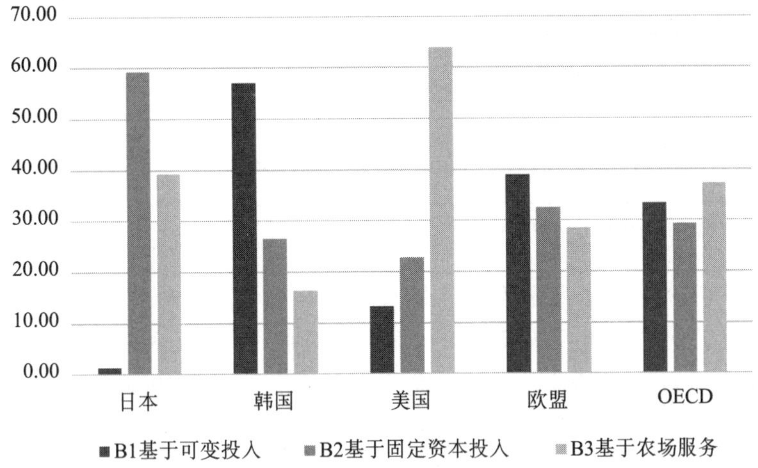

图 4－3 2021 年各国基于投入使用的支付结构比较

数据来源：根据 OECD 数据库整理。

（三）基于耕地面积、牲畜数量、收入、收益的支持

在 OECD 的 PSE 分类中，关于耕地面积、牲畜数量、收入、收益的支持分为三个类别，分别是：C 以生产为基础的当前耕地面积、牲畜数量、收入、收益的补贴；D 以生产为基础的非当前耕地面积、牲畜数量、收入、收益的补贴，美国的直接支付和反周期支付政策就属于这类；E 不以生产为基础的非当前耕地面积、牲畜数量、收入、收益的补贴，欧盟 2006 年新修订的“单一支付方案”属于这一类型。将 C、D、E 三项按照一个整体来比较，欧盟、美国比重较高，而韩国、日本比重较低。另外，根据表 4－4，PSE 结构中 D 类基本为 0，表明各国在基于当前耕地面积、牲畜数量、收入、收益的补贴中，倾向于对有条件限制的生产（C）补贴；基于非当前耕地面积、牲畜数量、收入、收益的补贴中，倾向于没有条件限制的生产（E）进行补贴。

表 4－4 2021 年各国基于耕地面积、牲畜数量、收入、收益支持占 PSE 比重

单位：%

	C	D	E	合计
日本	5.75	0	9.88	15.63
韩国	2.00	0	8.89	10.89

续表

	C	D	E	合计
美国	35.06	0	11.84	46.9
欧盟	28.69	0.01	39.69	68.39
OECD	21.91	0.87	21.21	43.99

数据来源：根据 OECD 数据库整理。

对 C 项的补贴，欧盟对农作物种植公顷数量的补贴和对有益于保护环境的生产方式的补贴占比最大，而美国对收入税减免和农作物虫害补贴占比最大。对 E 类的补贴，欧盟增长速度非常快，自 2004 年开始该项补贴大幅上升；美国此类补贴在 1996 年开始上升，峰值接近于 30%，近年来由于美国增加了对 A 类的补贴力度，E 类补贴下降到 10% 左右。相对于美国和欧盟农业政策的多样性，日本、韩国农业政策比较单一，农业支持主要集中在 A 项的市场价格支持政策。

第二节 发达国家农业生产者支持政策分析

一、美国

近几年来美国生产者支持结构发生了重大变化，PSE 中比重最大的项目由 E 项（基于非生产为基础的、非当前耕地面积、牲畜数量、收入、收益的补贴）变成了 A 项（基于商品产出的支持），对 B 项（基于投入使用的支持）和 C 项（以生产为基础的当前耕地面积、牲畜数量、收入、收益的补贴）的支持相差不大，分别为第二、第三。

如表 4 - 5 所示，在对生产者的支持政策中，2019 年新冠疫情暴发前，美国市场价格支持（MPS）占 A 项比重达 90% 以上，其中对牛奶支持的比重在市场价格支持中最高，2019 年占 MPS 的 74.23%，占 PSE 总值的 13.85%。2020—2021 年受新冠疫情的影响，为增加农产品的产量，新增了对 A_2 的支持，特别是对谷物、大豆和大麦的产出补贴。

B 项基于投入使用的支持，曾经是美国对生产者支持结构中占比最大的项目，但 2014 年美国新法案的实施改变了生产者支持结构。能源补贴一度是美国农业政策的重点支持项目，近年来更加偏重于环境质量、技术援助以及动植物防疫方面。

C 项以生产为基础的当前耕地面积、牲畜数量、收入、收益的补贴中，农作物保险所占比例最大。美国自 1973 年的农业法案中就涉及了作物保险领域，至今已经形成了较为完善的农作物保险体系。2015 年后增加了对玉米、大豆农作物保险支持。自 2015 年对农业生产者的所得税优惠的支持大幅增加，在一定程度上也保证了农民收入。

2021 年 E 项基于非生产为基础的、非当前耕地面积、牲畜数量、收入、收益的补贴占 PSE 比重大幅下降，为 11.84%，更多的补贴投入 A 项。2014 年美国新法案增加了对农业风险保险的补贴，在农业风险管理方面加大了投入，但此项支出在 2019 年急剧减少，相反价格损失保险的支付骤增，以应对贸易战和新冠疫情对农产品价格的影响。

表 4-5　　1995—2021 年美国生产者支持政策变动　　单位：百万美元

政策分类	1995 年	2000 年	2005 年	2010 年	2015 年	2019 年	2020 年	2021 年
PSE 总值	18550	48004	39028	28497	36089	50270	48864	53045
A 基于农产品产出的支持	7089	23136	13545	6696	8983	9943	8619	17778
A1 市场价格支持（MPS）	7022	12845	7360	6331	8574	9376	2002	2235
对牛奶的支持（MPSMK）	4783	10300	5095	4399	6546	6960	0	0
A2 基于商品产出的支付	67	10291	6185	364	409	566	6618	15542
CFAP 谷物	0	0	0	0	0	0	2448	4370
CFAP 大豆	0	0	0	0	0	0	764	2615
CFAP 小麦	0	0	0	0	0	0	113	1380
B 基于投入使用的支付	6618	7255	9275	7332	8756	8609	9057	8471
B1 可变投入	3162	3069	3063	1452	2108	1619	1765	1122
能源补贴	2385	2385	2385	767	777	777	777	0
B2 固定资本形成	555	267	1458	1765	1946	2042	2036	1930

续表

政策分类	1995 年	2000 年	2005 年	2010 年	2015 年	2019 年	2020 年	2021 年
环境质量激励计划（EQIP）	0	174	950	863	909	999	1033	1023
养护管理计划（CSP）	0	0	0	176	493	464	473	386
B3 农场服务	2901	3919	4754	4115	4702	4948	5256	5419
国家技术援助	1393	2137	2151	1304	1330	1642	1656	1656
动物和植物健康检查服务	495	661	1131	1197	1712	1303	1390	1429
C 基于当前、生产的 A/An/R/I 支持	3024	5175	2896	6127	8019	23286	16203	18595
农作物保险——玉米	0	0	0	0	2246	2349	2202	3128
农作物保险——大豆	0	0	0	0	1309	1183	1267	2001
所得税优惠	554	1877	1565	780	1795	1894	2073	1951
D 基于非当前、生产的 A/An/R/I 支持	0	1	0	0	0	365	2	0
轧棉成本分担计划	0	1	0	0	0	365	2	0
E 基于非当前、非生产的 A/An/R/I 支持	0	10530	10912	5735	8428	6098	13076	6282
价格损失保险支付	0	0	0	0	1915	4973	11834	4989
农业风险保险支付	0	0	0	0	5994	1107	1242	1293
F 基于非商品标准的支付	1819	1907	2400	2608	1912	1970	1907	1920
保护储备计划（CRP）—财政援助	1715	1663	1964	1793	1797	1901	1845	1848

注：CFAP——新冠疫情粮食援助计划。

数据来源：根据 OECD 数据库整理。

二、欧盟

随着欧盟共同农业政策（CAP）的全面贯彻实施，增加了对 E 项基于非生产为基础的、非当前耕地面积、牲畜数量、收入、收益的补贴，在 PSE 中比重最大；C 项以生产为基础的当前耕地面积、牲畜数量、收入、收益的支持、B 对产品产出的支持、A 对投入品的支持相差不大，占 PSE 比重排名分别为第二、第三、第四。

如表 4－6 所示，在对生产者的支持政策中，欧盟市场价格支持（MPS）占 A 项比重同样非常高，2021 年为 98%，占到 PSE 的近 13%，其中对禽肉支持的比重在市场价格支持中最高。燃料补贴是欧盟对投入品支持的重要项目，2021 年补贴额为 43.5 亿美元。欧盟农业政策倾向于扶贫支持和生态保护支持，对于欠发达地区的补贴和对环境友好型农业支持的比重较高，2021 年达 50 多亿美元；农业生态环境建设的支出自 2015 年以来均在 130 亿美元左右。

表 4－6　1995—2021 年欧盟生产者支持政策变动　单位：百万美元

政策分类	1995 年	2000 年	2005 年	2010 年	2015 年	2019 年	2020 年	2021 年
PSE 总值	118591	79864	116322	100291	94267	105117	103988	97980
A 基于农产品产出的支持	71616	43590	53158	14632	18089	20160	16901	13047
A1 市场价格支持（MPS）	67222	39259	46724	13740	17585	19864	16601	12727
对牛肉和小牛肉的支持	9303	8485	12259	3644	7832	7116	3936	2611
对家禽肉的支持	3824	2060	4316	5032	1467	4436	5883	5071
A2 基于商品产出的支付	4394	4331	6434	892	504	296	300	320
牛奶产出的支付	100	199	256	324	275	273	286	300
B 基于投入使用的支付	6974	6398	12502	15421	13445	14606	15180	16182
B1 可变投入	2809	3137	5778	6110	6119	6315	6675	6310
燃料国家退税支出	1348	1982	4333	3978	4029	4465	4713	4353
保险补贴	145	149	472	780	1255	888	784	879
B2 固定资本形成	3202	2123	5010	7139	6029	6078	5756	5259
支持农业投资国家支出	1189	644	1323	1777	1410	1288	1424	1248
农场现代化建设的投资	0	48	356	2289	2105	1601	1661	1650

续表

政策分类	1995 年	2000 年	2005 年	2010 年	2015 年	2019 年	2020 年	2021 年
恢复农业生产力措施	9	21	131	395	343	634	123	131
B3 农场服务	963	1138	1715	2172	1296	2213	2749	4614
风险控制	0	0	0	0	12	160	304	157
病虫害控制支出	0	17	31	14	2	1	4	2
食品及饲料安全	0	0	0	42	95	95	127	140
技术援助	201	115	134	202	67	561	572	597
C 基于当前、生产的 A/An/R/I 支持	38640	29587	29493	18811	20671	27699	29387	28106
欠发达地区的支付	0	592	1945	2576	3077	3106	3265	3231
补偿性津贴（欠发达地区）	0	1047	1845	1724	1392	1824	2007	1836
环境友好型农业支付	349	2636	3307	3780	2830	2345	2391	2369
D 基于非当前、生产的 A/An/R/I 支持	0	0	150	232	91	3	7	12
E 基于非当前、非生产的 A/An/R/I 支持	35	18	19994	48859	40481	41224	41006	38884
单一支付计划	0	0	0	0	19810	19025	18467	16865
单一区域性补贴（SAPS）	0	0	2139	6734	4473	4877	5021	5194
农业生态环境建设	0	0	0	0	12997	13207	13354	12744
小农计划	0	0	0	0	1007	892	806	805
F 基于非商品标准的支付	1559	1116	1677	2252	735	1163	1178	1457
农业生物多样性、休闲等支出	109	144	492	1040	391	952	921	928
造林绿化支出	111	273	376	319	294	155	142	109
G 其他	-234	-845	-651	83	755	261	329	291

数据来源：根据 OECD 数据库整理。

2003 年欧盟 CAP 改革，从消除贸易扭曲到推进农村发展和保护农业环境推出了一系列的政策措施。单一支付计划在这十年内，成为欧盟生产者支持政策中仅次于MPS的补贴政策，2021年占PSE比重为22.51%。根据2020共同农业政策，基本补贴政策将取代单一支付成为直接补贴的主要形式。基本补贴将现有存在的所有直补模式整合为一个统一计划，不再区分单一补贴和单一区域补贴，统一按照该计划实施，按第一年农户可支配的有效土地公顷数来计算，每公顷补贴金额实现全欧盟统一标准，即同一费率。以基本补贴计划为主体，结合绿色补贴、青年农民补贴、再分配补贴、自愿型挂钩补贴、自然条件限制地区补贴、小农户补贴等构成了2020共同农业政策的直补架构。

三、日本和韩国

与土地资源禀赋较强的欧美相比，日韩属于人多地少型国家，对生产者的支持政策集中于市场价格支持。如表4－7所示，2021年日韩两国基于产品产出的支持分别占其生产者支持的82.35%和86.13%，而市场价格支持是基于产出支持比重最大的项目。基于耕地数量和民众的饮食习惯，日韩两国政策支持中，对水稻的市场价格支持比重最高。日韩两国对E项的支付在对生产者支持结构中，处于第二位，但仅占PSE比重的9.88%和8.89%。从政策种类方面看，日韩两国农业政策总类较少，生产者政策支持集中度较高，对农产品市场处于过度保护状态。

表4－7　2021年日韩生产者支持政策对比　单位：%

政策分类	日本	政策分类	韩国
A 基于农产品产出的支持	82.35	A 基于农产品产出的支持	86.13
A1 市场价格支持（MPS）	76.18	A1 市场价格支持（MPS）	86.13
对水稻支持	24.64	对水稻支持	22.78
对牛奶的支持	10.61	对猪肉支持	15.13
对猪肉支持	5.65	对牛肉和小牛肉的支持	8.24
B 基于投入使用的支付	2.02	B 基于投入使用的支付	2.34
B1 可变投入	0.03	B1 可变投入	1.33
燃油税	0.03	种子的支持	0.58
B2 固定资本形成	1.20	B2 固定资本形成	0.62
农地调整	0.31	信贷优惠	0.43

续表

政策分类	日本	政策分类	韩国
灌溉与排水	0.22	禽畜养殖废弃物处理	0.19
B3 农场服务	0.80	B3 农场服务	0.38
农业推广服务	0.62	农业推广服务	0.11
C 基于当前、生产的 A/An/R/I 支持	5.75	C 基于当前、生产的 A/An/R/I 支持	2.00
对农民的直接支付（基于收入）	0.10	农作物保险支付	1.64
保险	1.36	稻田的可变支付	0
D 基于非当前、生产的 A/An/R/I 支持	0	D 基于非当前、生产的 A/An/R/I 支持	0
E 基于非当前、非生产的 A/An/R/I 支持	9.88	E 基于非当前、非生产的 A/An/R/I 支持	8.89
转移支付	9.17	对稻田的固定支付	0
F 基于非商品标准的支付	0	F 基于非商品标准的支付	0
G 其他	0	G 其他	0

数据来源：根据 OECD 数据库整理。

第三节　生产者支持演变规律

一、政策共性

第一，各国普遍采取市场价格支持政策，提高对农业生产者的补贴。日本最具代表性的是大米的管理价格制度；韩国对粮食、畜产品和园艺产品实行价格支持政策。而美国的农产品价格支持政策由“无追索权贷款”发展到“直接支付 + 反周期补贴”，直至 2014 新法案名义上取消“直接支付 + 反周期补贴”，市场价格支持水平逐渐下降，但仍是生产者支持政策中最主要的补贴项目。

第二，各国均重视脱钩支付对农民增收的保障作用。无论是对农业采取高保护的欧盟、日本和韩国，还是更多引入市场因素的美国，生产者支持均以不以生产为基础的基于非当前耕地面积、牲畜数量、收入、收益的补贴为主，或该补贴比重近年来呈增加的趋势。该生产者补贴的性质具有脱钩支持的性质，尤其在保障农民收入方面具有积极作用。

二、政策差异性

土地资源禀赋较强的发达国家（经济体），如美国、欧盟对生产者支持政策种类较多，且各项支持水平相差较小，近几年对 E 项基于非生产为基础的、非当前耕地面积、牲畜数量、收入、收益的支持增长较快，处于生产者支持的主要地位，说明欧美两国政策倾向于改变高补贴为主的农业支持、保护思路，逐步放弃政府对农业生产和农产品市场的直接干预，调控手段趋于市场化。

土地资源禀赋差的发达国家，例如日本与韩国，则完全相反，政策倾向为基于商品产出的支持，且生产者支持政策集中，对产品产出的支持占 PSE 的 80% 以上。说明人多地少型国家，对农产品市场保护程度较高，市场受政府政策调控度高，农民收入有一半以上来自政府补贴，政策变动对农民生产与收入影响较大。

第五章　发达国家一般服务支持水平及政策分析

农业一般服务支持（GSSE）是政府提供给农业部门用于社会一般性服务方面的支持，而不针对某个生产者和消费者，例如农业基础设施建设、农产品营销与促销等的政策支持。本章基于OECD最新数据，从绝对量、比重、结构方面对各国农业服务支持进行动态比较，以期探寻各国一般服务支持政策演变的规律和支持的重点项目。

第一节　农业一般服务支持水平比较分析

一、一般服务支持估计值比较

除了对生产者、消费者个体或单一农产品提供支持外，各个国家还通过财政转移对农业服务提供支持。表5-1列示了各国1995—2021年各国一般服务支持总水平（GSSE）的变动情况。OECD成员国中欧盟是GSSE水平最高的国家，2021年占OECD支持总量的33.14%，可见欧盟农业支持政策中对于一般服务支持政策的偏好和高度重视。日本一般服务支持总水平波动较大；美国增长快速；韩国呈缓慢增长趋势且一直维持比较低的水平，说明韩国以对生产者支持为主的补贴政策仍然没有变化。

表5-1　　1995—2021年各国一般服务支持(GSSE)总量比较　单位：百万美元

年份	1995	2000	2005	2010	2015	2019	2020	2021
日本	24574	13418	9250	8414	7952	10410	12592	8740
韩国	3030	2711	3151	3008	2939	4001	3245	3571

续表

年份	1995	2000	2005	2010	2015	2019	2020	2021
美国	4198	5302	6930	9950	8690	11248	9476	10464
欧盟	10096	7769	14860	15638	12617	12783	14676	14511
OCED	48194	37029	42718	46467	41584	44425	46066	43776

数据来源：OECD 数据库整理。

二、一般服务支持率比较

一般服务支持率（%GSSE）表示对农业一般服务提供的支持总价值（GSSE）占对农业总支持水平（TSE）的比重，即表示在总的农业支持（TSE）中，一般服务所占的份额，%GSSE 越高，意味着对国内农产品生产以及消费的个体支持水平越低，对其决策的影响程度越小，对农产品生产及贸易的扭曲程度就越小。表 5－2 列示了各国% GSSE 的水平及变化。

表 5－2　　1995—2021 年各国一般服务支持占总支持量的比重（%GSSE）　　单位：%

年份	1995	2000	2005	2010	2015	2019	2020	2021
日本	26.92	20.98	18.63	14.38	20.94	21.84	23.79	20.62
韩国	11.37	13.43	13.28	13.77	12.40	16.69	12.94	13.32
美国	10.30	7.40	9.67	12.52	9.49	10.56	8.82	8.23
欧盟	7.57	8.52	11.03	13.36	11.77	10.82	12.32	12.85
OECD	14.57	12.68	12.97	13.73	13.41	13.29	13.21	12.38

数据来源：OECD 数据库整理。

OECD 成员国一般服务支持率呈平稳波动状态，OECD 国家农业总体服务的财政转移支付 GSSE 在整个农业的支持总额一直保持在 13% 左右波动；欧盟和韩国% GSSE 呈现缓慢上升趋势，与 OECD 基本保持一致；美国在 10% 上下波动，2019 年疫情暴发以来，占比有所下降，支持的重点更加侧重于对农产品产出以及农民收入的补贴，而日本相对波动较大，近两年占比维持在 21% 左右。总体而言，除了个别项目的变化，发达国家对一般服务支持率变动较小。

第二节　一般服务支持结构与政策分析

一、一般服务支持结构

2014 年最新修订的一般服务支持，将 GSSE 分为 6 类：H 农业知识和创新体系；I 检验和控制；J 基础设施的发展和维护；K 营销与促销；L 公共储备；M 其他。表 5－3 列示了各国分阶段的 GSSE 构成情况。

表 5－3　　1995—2021 年各国一般服务支持结构比较　　单位：%

国家/经济体	类别	1995 年	2000 年	2005 年	2010 年	2015 年	2019 年	2020 年	2021 年
日本	H	4.72	6.95	9.63	15.93	11.31	9.65	7.78	9.98
	I	0.43	0.53	0.95	1.43	1.07	0.85	0.95	1.38
	J	91.07	87.46	86.85	79.81	84.47	86.84	82.74	77.68
	K	1.19	2.03	0.24	0.26	0.91	0.86	6.90	8.52
	L	2.59	3.03	2.32	2.59	1.48	1.11	1.00	1.49
	M	0.00	0.00	0.00	0.00	0.00	0.00	0.00	0.00
韩国	H	13.86	8.41	15.36	21.71	28.04	21.74	26.26	25.29
	I	2.08	4.21	8.09	5.15	9.53	7.90	10.79	10.00
	J	68.28	70.42	56.93	51.63	51.68	57.86	52.51	52.87
	K	0.23	0.77	1.30	1.99	1.16	0.92	1.17	1.18
	L	15.58	16.23	18.44	19.58	9.63	11.62	9.31	10.67
	M	0.00	0.00	0.00	0.00	0.00	0.00	0.00	0.00
美国	H	35.87	31.48	26.13	23.83	25.59	23.94	28.31	26.23
	I	12.82	12.37	12.02	10.47	11.63	9.36	11.20	10.40
	J	0.64	0.68	13.71	38.74	29.80	33.16	23.09	22.87
	K	15.77	13.49	15.27	13.60	14.72	16.41	16.74	20.73
	L	1.72	1.53	1.80	0.24	0.08	0.39	0.42	0.38
	M	33.21	40.44	31.05	13.12	15.32	14.60	17.48	15.83

续表

国家/经济体	类别	1995 年	2000 年	2005 年	2010 年	2015 年	2019 年	2020 年	2021 年
欧盟	H	37.28	43.73	39.43	41.59	45.58	54.30	46.55	53.24
	I	2.12	3.42	6.25	7.62	6.78	9.76	9.09	8.34
	J	21.64	25.47	25.25	25.86	21.29	14.57	14.19	15.64
	K	20.35	10.30	21.84	25.32	25.66	21.08	29.80	22.49
	L	18.02	16.00	6.68	—	0.56	0.16	0.25	0.13
	M	0.58	1.09	0.55	0.44	0.13	0.12	0.11	0.15
OECD	H	18.05	20.92	26.00	29.41	31.07	31.74	30.18	34.21
	I	2.93	4.91	7.62	8.56	8.92	9.44	9.27	8.86
	J	57.48	45.64	38.90	41.32	40.78	41.30	38.86	34.22
	K	10.74	16.09	17.19	15.69	14.24	11.66	16.29	16.86
	L	7.00	6.03	4.60	1.64	1.26	1.58	1.23	1.41
	M	3.80	6.41	5.67	3.38	3.74	4.28	4.17	4.44

注：H 农业知识和创新体系；I 检验和控制；J 基础设施的发展和维护；K 营销与促销；L 公共储备；M 其他。一般服务支持估计（GSSE）等于 H—M 的总和。

数据来源：根据 OECD 数据库整理。

从一般服务支持结构上来看，各国支持力度较大的为农业知识与创新体系、基础设施两大项目，即 H 和 J，两项之和占到各国一般服务支持总量的二分之一以上。2021 年 OECD 国家这两项之和平均占到 GSSE 的近四分之三，各自占比均在 34% 以上；日本仅 J 项一项占比就接近于 80%；韩国一半以上的 GSSE 用于灌溉系统的改善。农业知识与创新系统（H）在许多国家也起着关键作用，欧盟 H 项处于优先地位，占到了 GSSE 的 50% 以上。

二、各国一般服务支持的政策分析

为了清晰对比各国年度变化，图 5 - 1 至图 5 - 6 分别显示了 1995—2020 年各国 GSSE 构成，表 5 - 4 至表 5 - 8 列出了各国具体的实施政策。通过图表的比较可以看出，各国在对农业一般服务支持领域的补贴结构差别还是比较显著的。

（一）美国 GSSE 构成

美国一般服务支持保持了较为均衡的水平，主要涉及基础设施的发展与维护、农业知识与创新体系以及检验控制、营销促销支出。21 世纪前美国对农业一般服务支持的主要补贴领域一直是农业知识创新（H 项），进入 21 世纪后对基础设施（J 项）的支持成为最主要的支持项目。如图 5－1 所示，2021 年基础设施支持比重为 23%，峰值甚至超过 40%，而这一比重在 2000 年不足 1%；与之相反，杂项部分则大幅度缩减，占 GSSE 的比重由 40% 降到 20% 以下。

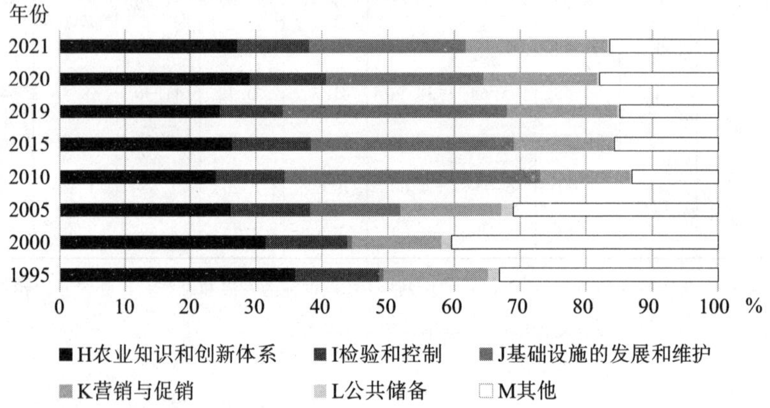

图 5－1　1995—2021 年美国 GSSE 构成

数据来源：根据 OECD 数据库整理。

从政策选择方面，如表 5－4 所示，美国对农业知识和创新的支持水平一直较高，更加注重农业知识的形成，2013 年增加了对农业普查、统计以及国家粮食和农业研究所研究项目等。对检验检疫项目的支持主要倾向于食品安全检验服务的支持，这项支持政策 1990 年就开始实行了，且支持数额逐年增加，说明美国政府一直重视食品安全问题。近年来，GSSE 结构变动最大的是 J 项对基础设施的支持，物质性基础设施支持逐步减少，而服务型设施支持则逐渐增加。2021 年对农作物保险管理操作补偿为 17.61 亿美元，占基础设施支持的 73%，与保险承保收益支持一起，成为主要的基础设施支持项目，美国已形成完善的农业保险的支持体系。美国对农产品推广的投入力度也较大，2021 年投入 21.69 亿美元，占 GSSE 的 21%。

表 5-4 1995—2021 年美国一般服务支持（GSSE）政策变化

单位：百万美元

政策分类	1995 年	2000 年	2005 年	2010 年	2015 年	2019 年	2020 年	2021 年
GSSE 总水平	4198	5302	6930	9950	8690	11248	9476	10464
H 农业知识和创新体系	1506	1669	1811	2371	2224	2693	2683	2745
H1 农业知识的形成	1389	1531	1579	2162	2109	2572	2557	2616
农业研究服务	758	887	1267	1275	1115	1208	1348	1504
国家粮食和农业研究所研究项目	0	0	0	0	653	812	863	769
H2 农业知识的转化	117	138	232	209	115	121	126	129
国家农业统计服务	84	103	129	159	115	121	126	129
I 检验和控制	538	656	833	1042	1011	1053	1061	1088
I1 农产品安全及检验	538	656	833	1042	1011	1053	1061	1088
食品安全及检验服务	526	645	811	1028	991	1052	1061	1088
I3 投入品控制	0	0	0	0	189	201	210	210
动物药品与饲料	0	0	0	0	175	179	191	192
J 基础设施的发展和维护	27	36	950	3855	2590	3730	2188	2393
J2 仓储、销售等物质性基础设施	24	30	37	23	22	1	0	0
J3 服务机构设施	3	6	913	3832	2568	3729	2188	2393
农作物保险管理/操作补偿	0	0	869	1371	1428	1567	1578	1761
农作物保险承保收益	0	0	0	2439	1105	2143	533	593
K 营销与促销	662	715	1058	1353	1279	1846	1586	2169
K2 农产品促销	662	715	1058	1353	1279	1846	1586	2169
增强市场收入和供应的支持	496	543	852	1086	740	889	904	1490
商品分级方案（信托基金）	108	119	131	157	169	176	173	173
市场准入计划	0	0	0	0	185	195	188	176
L 公共储备	72	81	125	24	7	44	40	40
M 其他	1394	2144	2152	1305	1331	1642	1656	1656

数据来源：根据 OECD 数据库整理。

（二）欧盟 GSSE 构成

欧盟是农业一般服务支持政策工具使用最多且各项比重相对变动较小的国家，一般服务支出主要分布在农业知识与创新、基础设施维护与发展，从趋势来看，明显的趋势性变动在于公共储备支出的锐减和农业知识与创新的稳步提高。如图 5－2 所示，在 1990 欧盟公共储备比重为 56%，2000 年后该指标大幅降低，2021 年仅占 GSSE 总值 0.13%。受到 2003 年共同农业政策对粮食等农产品支持方式改革的影响，欧盟改变对农产品直接补贴的方式，实行与生产不挂钩的“单一支付”政策，同时紧缩农产品库存补贴，以保障国内粮食安全的稳定和供求均衡，减少国家财政负担。

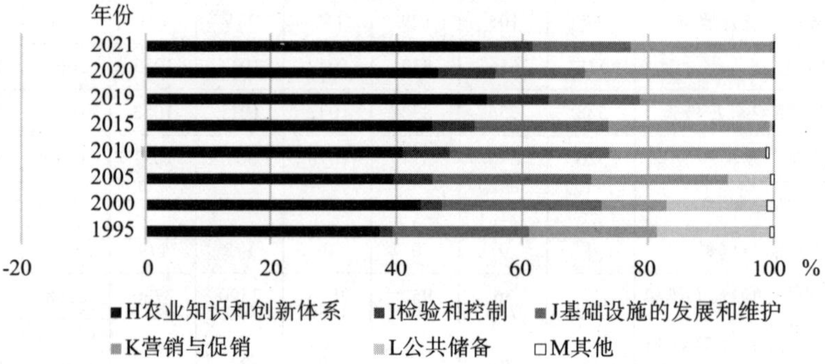

图 5－2　1995—2021 年欧盟 GSSE 构成

数据来源：根据 OECD 数据库整理。

从政策选择方面，如表 5－5 所示，近几年欧盟政策倾向于对农业知识和创新的支持，2021 年该项支持为 77.25 亿美元，包括对农业知识的形成和成果的转化支持。欧盟在 I 项检验和控制的政策选择与美国不同，主要表现在对害虫和疾病的监控，对农产品安全检验的支持水平几乎为零。对基础设施支持的项目中，占比最大的是农场重建，2021 年投入 8.52 亿美元。在营销与促销项目中，欧盟对合作社的支持力度较大，2021 年为 22.72 亿美元。

表 5－5　1995—2021 年欧盟一般服务支持（GSSE）政策变化　单位：百万美元

政策分类	1995 年	2000 年	2005 年	2010 年	2015 年	2019 年	2020 年	2021 年
GSSE 总水平	10096	7769	14860	15638	12617	12783	14676	14511
H 农业知识和创新体系	3764	3397	5860	6504	5751	6941	6831	7725

续表

政策分类	1995 年	2000 年	2005 年	2010 年	2015 年	2019 年	2020 年	2021 年
H1 农业知识的形成	1931	1564	2510	2662	1824	2667	2412	3156
知识的产生	1910	1547	2474	2622	1705	2311	2365	1983
H2 农业知识的转化	1833	1833	3350	3842	3927	4274	4419	4569
知识的转化——教育	1512	1672	3056	3419	3451	3740	3873	4050
I 检验和控制	214	266	929	1191	855	1248	1334	1210
I1 农产品安全及检验	46	77	505	529	190	292	332	342
I2 害虫和疾病的检查和控制	160	181	300	548	600	870	915	776
害虫和疾病的检查和控制	160	181	300	548	600	870	915	776
I3 投入品控制	8	8	124	114	65	86	87	92
J 基础设施的发展和维护	2185	1979	3752	4044	2686	1863	2082	2270
J1 水文基础设施	322	176	123	136	425	197	278	279
J2 仓储、销售等物质性基础设施	743	732	1785	1349	657	435	427	476
用于市场储存的基础设施	731	645	1784	1211	650	435	427	476
J3 服务机构设施	104	111	496	457	294	433	614	663
机构基础设施	104	80	434	319	155	182	273	316
J4 农场重建	1016	960	1348	2102	1310	798	763	852
K 营销与促销	2055	800	3246	3959	3238	2695	4374	3264
K1 加工和销售的合作社计划	305	270	1643	2560	2229	1761	3403	2272
果蔬生产者组织基金	0	0	726	1040	957	1010	988	1101
K2 农产品促销	1750	530	1603	1399	1009	934	971	992
农产品推广的国家支出	217	344	1224	538	371	284	319	302
酒类促销	0	0	0	372	380	394	390	404
L 公共储备	1819	1243	993	-128	71	20	37	19
M 其他	59	85	81	69	17	15	16	22

数据来源：根据 OECD 数据库整理。

（三）日本 GSSE 构成

如图 5－3，日本农业一般服务支持结构基本稳定。J 项基础设施的发展与维护一直居于第一位，占 GSSE 总水平的 80% 以上。其次是农业知识和创新，2021 年占 GSSE 比重为 9.98%。公共储备近几年稳定在 2% 以下。

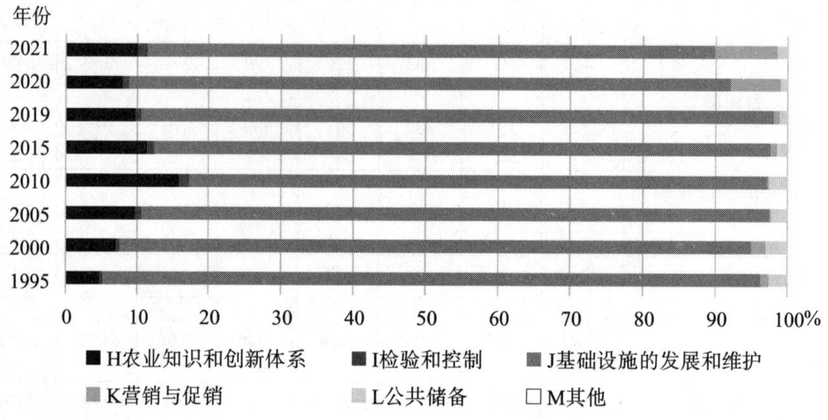

图 5－3　1995—2021 年日本 GSSE 构成

数据来源：根据 OECD 数据库整理。

从政策选择方面，如表 5－6 所示，对基础设施的支持一直是日本一般服务支持的主要政策，包括对灌溉排水设施、农场重建以及仓储、销售等物质性基础设施的支持，对服务类基础设施支持为零。对农业知识和创新的支持处于第二位，2021 年支持水平约为 8.72 亿美元，侧重于农业知识的形成。在 I 项检验和控制上，与欧盟支持结构相似，对食品安全与检验的支持较少，对病虫害防控的支持比重较大。日本一般服务支持政策与生产者支持政策相似，其政策集中度较高，且农业政策种类与欧美国家相比较少。由于人多地少的资源禀赋，政策选择倾向于保障粮食生产的相关支持政策。

表 5－6　1995—2021 年日本一般服务支持（GSSE）政策变化　单位：百万美元

政策分类	1995 年	2000 年	2005 年	2010 年	2015 年	2019 年	2020 年	2021 年
GSSE 总水平	24574	13418	9250	8414	7952	10410	12592	8740
H 农业知识和创新体系	1159	932	891	1340	899	1005	980	872

续表

政策分类	1995 年	2000 年	2005 年	2010 年	2015 年	2019 年	2020 年	2021 年
H1 农业知识的形成	847	689	792	947	648	739	713	628
H2 农业知识的转化	312	243	99	393	251	266	267	244
农业推广	312	243	99	393	251	266	267	244
I 检验和控制	106	71	88	120	85	89	119	121
I1 农产品安全及检验	0	0	0	0	1	1	0	1
I2 害虫和疾病的检查和控制	106	71	88	120	53	85	116	117
I3 投入品控制	0	0	0	0	31	3	3	3
认证和控制	0	0	0	0	31	3	3	3
J 基础设施的发展和维护	22380	11736	8034	6715	6717	9040	10418	6789
J1 水文基础设施	7773	4848	3360	3011	2735	4416	4861	2825
灌溉与排水设施	6664	4387	3008	2806	2276	3719	3863	2250
J2 仓储、销售等物质性基础设施	13427	6107	3968	3011	3384	4478	5382	3784
自然灾害的预防措施	2107	1485	1158	882	820	1909	2345	1003
J4 农场重建	1180	781	706	693	598	146	175	180
K 营销与促销	292	272	22	22	72	90	869	745
K1 加工和销售的合作社计划	146	136	11	11	4	26	17	21
K2 农产品促销	146	136	11	11	68	64	852	724
L 公共储备	637	407	215	218	118	116	126	130
M 其他	0	0	0	0	0	0	0	0

数据来源：根据 OECD 数据库整理。

（四）韩国 GSSE 构成

通过图 5－4 可以看出，韩国在 1995 年以后农业基础设施取代公共储备位于第一位，尽管农业基础设施建设补贴比例低于日本的 80%，但是也一直维持在 50% 以上的水平。居第二位的是农业知识和创新占比 20% 左右。公共储备位居第三维持在 10% 左右。

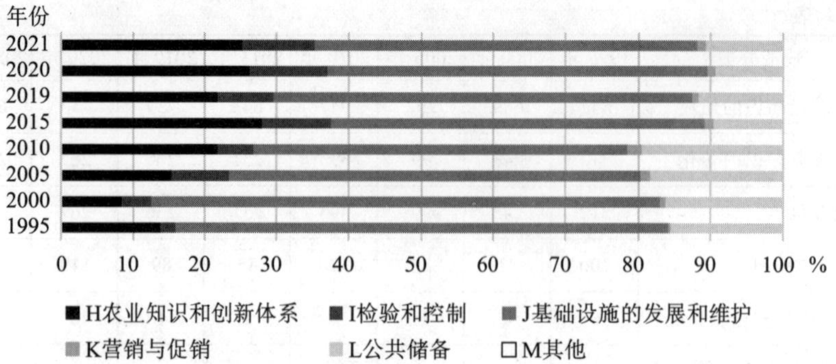

图 5-4 1995—2021 年韩国 GSSE 构成

数据来源：根据 OECD 数据库整理。

从政策选择方面，如表 5-7 所示，21 世纪后韩国一般服务支持水平变化不大，整体呈缓慢增长趋势。对基础设施的支持在 GSSE 支持结构中占重要地位，灌溉排水类基础设施的支持比重最大，2021 年约为 13.14 亿美元，占 GSSE 总水平的 36.8%。近年来对公共储备的支持大大降低，已不足 10%，主要是对谷物处理的支持。I 项中对农产品安全的检验以及病虫害防治的支出不断增加。

表 5-7 1995—2021 年韩国一般服务支持（GSSE）政策变化 单位：百万美元

政策分类	1995 年	2000 年	2005 年	2010 年	2015 年	2019 年	2020 年	2021 年
GSSE 总水平	3030	2711	3151	3008	2939	4001	3245	3571
H 农业知识和创新体系	420	228	484	653	824	870	852	903
H1 农业知识的形成	353	191	403	520	675	680	657	718
农业渔业和林业的发展研究	35	28	44	65	82	63	46	24
畜牧业生产技术研究	28	28	42	46	68	83	69	86
H2 农业知识的转化	67	37	81	133	149	190	195	185
农业推广	32	33	74	103	125	155	163	148
I 检验和控制	63	114	255	155	280	316	350	357
I1 农产品安全及检验	51	72	110	78	116	129	133	146
I2 害虫和疾病的检查和控制	9	40	145	76	163	174	199	191

续表

政策分类	1995年	2000年	2005年	2010年	2015年	2019年	2020年	2021年
I3 投入品控制	3	2	0	1	1	13	18	20
J 基础设施的发展和维护	2069	1909	1794	1553	1519	2315	1704	1888
J1 水文基础设施	1770	1495	1535	1164	1356	1332	1186	1314
J2 仓储、销售等物质性基础设施	298	402	237	326	110	947	486	546
J4 农场重建	1	12	22	63	53	36	32	28
K 营销与促销	7	21	41	60	34	37	38	42
K1 加工和销售的合作社计划	0	0	0	0	0	0	0	0
K2 农产品促销	7	21	41	60	34	37	38	42
水果、花卉和传统加工产品出口促销	5	12	12	24	34	37	38	42
L 公共储备	472	440	581	589	283	465	302	381
政府谷物处理	107	107	166	153	179	323	291	335
M 其他	0	0	0	0	0	0	0	0

数据来源：根据 OECD 数据库整理。

综合以上四个经济发达国家（经济体），CSSE 支持结构中美国各项比重比较均衡，包括农业知识和创新体系、基础设施的发展和维护、检验和控制、营销与促销；欧盟偏重于农业知识和创新体系、基础设施的发展和维护；日本与韩国支持结构相似，偏重于基础设施的发展和维护。

第三节　一般服务支持政策比较

一、政策共性

政策的共性方面，第一，监测中的 OECD 国家普遍对环境问题、农业的绿色发展问题较为关注。在农产品产量充足，农业生产压力较小的背景下，农业支持政策将更加注重农业的可持续发展，降低产量要求，增加对长期稳定供给的要求。这表明欧盟、美国和日韩均已进入可持续农业发展阶段，农业支持政策着眼于环境的改善、农业的多功能性。第二，各国普遍重视基础设施的完善和农业知识与创新。从监测国一般服务支持来看，各国主要的支出项均涉及农业知识研发与创新及基础设施，表明各国在一般服务支持上均通过知识创新与研发提高农业的技术水平，并通过基础设施的完善为农业发展提供必要条件。

二、政策差异性

政策差异性方面，美国欧盟一般服务支持政策结构相对比较平均，各项支持相差较小，美国政策支持比较突出的是对食品安全检验的支持与对农作物保险管理补偿，而对病虫害防治和对水文基础设施支持为零。欧盟则完全相反，主要政策倾向为农业知识体系和基础设施的支出，其中对于农业教育给予了高度重视，仅此一项 2021 年占到 GSSE 的近 30%。日韩两国在支持结构上具有很大的相似性，一直以来对基础设施的支持占一般服务支持比重很大，日本一般服务支持政策主要就是对基础设施的支持，占 GSSE 的 80% 以上；韩国对基础设施支持比重也在 50% 以上，主要用于灌溉排水类基础设施的支持，对公共储备的支持降低到 10% 左右。韩国对农业知识创新投入的比重也较大，近年来增加了对畜牧业、园艺、林业的研究支持以及对青年农民的培训。从政策选择方面一定程度上可以反映各国农业资源禀赋和人均耕地占有量的差异。

第六章 发达国家单项农产品支持水平及政策分析

本章研究各国对粮食作物类农产品的支持政策，以 OECD 农业评估工具中总转移支付（SCT）为基础，以“人均耕地面积”指标为分组方式，分析和比较各国对粮食作物的支持水平，发现 OECD 成员国单项农产品支持率普遍呈下降趋势。“人少地多”类国家对粮食作物单项农产品支持率比较低；“人多地少”类国家对粮食作物单项农产品支持率普遍较高。

第一节 单项农产品生产者支持率

%SCT 是指一国给予某种农产品生产者的总转移支付（SCT）占该种农产品生产者所得收入的比重；一国某种农产品%SCT 值越高，意味着该国对该种农产品的支持程度越高；反之，%SCT 值越小，则表示该国对该种农产品的支持水平越低。这个指标属于生产者支持范畴，表示农民收入对政策支持的依赖程度。

一、美国单项产品生产者支持率

美国对单项产品的支持主要是针对粮食产品。按照“人均耕地面积”指标分类，美国属于人少地多型国家，对粮食类农产品支持率均在 10% 以下，如表 6－1 显示，小麦、大米等粮食生产者收入来自政策支持的很少，农民收入对农业政策的依赖程度较低。2021 年受新冠疫情的影响大麦的支持率猛增，达到 17.79%。2018 年受到报复性关税的影响，美国传统出口市场遭受了严重的损失，因此美国农业部大幅提高了对大豆、棉花、小麦、高粱、牛奶等产品的补贴，但随后支持力度有所下调。

表 6-1　　1995—2021 年美国单项农产品支持变动　　单位：%

年份	1995	2000	2005	2010	2015	2019	2020	2021
食糖	38.22	49.65	44.39	37.54	39.85	54.85	41.18	42.40
牛奶	24.17	49.92	19.11	14.53	18.36	18.39	5.23	7.40
大豆	0.57	23.01	-0.49	2.78	3.60	3.76	4.28	7.02
棉花	4.29	27.09	24.73	4.41	17.91	16.92	16.35	14.31
小麦	11.05	16.15	1.72	6.11	7.46	7.40	6.93	14.62
羊肉	0.86	11.45	9.00	9.00	9.00	9.01	20.76	19.31
玉米	1.21	13.04	16.70	2.68	4.40	4.65	6.80	8.36
大麦	3.85	11.53	8.17	2.93	3.51	2.99	4.43	17.97
大米	23.58	36.95	6.11	1.95	1.80	2.43	2.83	5.78

数据来源：OECD 数据库整理。

从粮食产品政策支持方面，2002 年美国农业法建立了固定直接支付制度，政府对每种被补贴农产品规定一个固定的直接支付率，这个支付率与农产品的生产和价格并不挂钩，对小麦的支付比率为 0.52 美元/蒲式耳；2014 年 2 月美国国会通过了《农业法案》，逐步放弃政府对农业生产和农产品市场的直接干预，提高了农产品市场化程度。美国政府对农产品提供的价格支持措施，还包括营销贷款支持和贷款差额支付政策，参与营销贷款支持和贷款差额支付计划的农民，可以用未来的农作物产量为抵押品，按照政府规定的贷款率申请贷款。

美国是世界大豆主产国之一，其出口量居世界首位。美国的“直接支付”政策对大豆的直接支付比率为 0.44 美元/蒲式耳；2008 年新农业法扩大了“反周期支付政策”涵盖的商品范围，将豆类产品纳入补贴范围，并且提高了大部分农产品的目标价格，2010—2012 年大豆的目标价格由 5.8 美元/蒲式耳提高至 6 美元/蒲式耳。2014 年美国农业改革，新设立了“价格损失保障”项目，针对小麦、大豆等农产品，设立一个参考价格，当市场价格低于这一参考价格时，对生产者提供补贴。就总体而言，参考价格比目标价格有所提高。总支持水平来看，美国对大豆的%SCT波动不大，处于较低水平，美国大豆农产品市场化程度较高。

二、欧盟单项产品生产者支持率

作为人地平衡型国家，欧盟粮食单项支持率下降速度很快。总体而言，对单项产品的补贴力度要低于其他发达国家，2021 年最新数据显示（表 6 - 2），对畜产品的支持力度较高，对粮食类农产品支持较低，除大米和小麦以外其他粮食产品的支持率为零。

表 6 - 2　　1995—2021 年欧盟单项农产品支持变动　　单位：%

年份	1995	2000	2005	2010	2015	2019	2020	2021
羊肉	63.38	51.25	30.87	19.07	12.44	10.22	10.15	15.59
大米	47.45	16.02	35.33	13.41	34.32	36.26	21.92	23.17
食糖	46.87	55.36	56.66	2.51	18.57	18.87	11.74	9.47
牛奶	45.89	40.88	25.72	1.43	4.19	1.90	5.24	1.99
牛肉	41.77	60.60	54.79	16.54	28.48	28.29	18.98	15.24
家禽肉	35.96	27.91	32.26	28.68	7.87	20.91	27.88	26.61
小麦	18.78	13.10	3.87	0.13	4.81	4.75	0.38	0.29
土豆	13.22	8.97	9.80	9.58	8.91	9.17	9.43	9.49
花卉	6.75	2.69	2.48	2.54	2.48	2.42	2.42	2.01
啤酒	4.50	4.60	4.37	3.29	2.82	2.74	2.88	3.16

数据来源：OECD 数据库整理。

从单项政策演变方面，欧盟 2004 年以后对小麦的支持水平迅速下降，由 1995 年的 18.78% 降低到 2021 年的 0.29%。由于 2003 年共同农业政策改革，改变对农产品直接补贴的方式，将原来的“蓝箱”支持转变为与生产不挂钩的“单一支付”即绿箱支持，主要措施为削减干预价格，对农民的支付与产量脱钩政策等。因此致使欧盟对小麦以及畜产品、牛奶、糖类等产品的支持水平在 2005 年后急剧下降。

欧盟对于大米的支持是粮食产品中支持水平最高的。这是因为欧盟对大米的“特别支持方案”，目的是为了稳定生产者的收入，保持大米一定的生产数量。提高对大米的直接补贴水平，且继续保留对大米的干预性购买体制，并在各大米生产国进行分配。这些政策致使与欧盟内部其他粮食作物类农产品相比，对大米的财政支持力度在 2012 年之前处在较高的水平。欧盟共同农业政策对大豆的支持水平较低，在大多数年份对其支持水平为0，涉及大豆的支持政策较少。

三、日本单项产品生产者支持率

对于人多地少型国家，日本与韩国在粮食类农产品支持政策选择方面，具有极大的相似性。其农业生产者收入中一半左右来自政策支持。

从单项政策演变方面，日本对大麦的支持水平比较高，如表6－3所示，尽管近些年有所下降，但仍高于50%。在20世纪60年代，大麦曾经作为日本大米的替代品用于食品消费，随着日本水稻种植水平的提高，大麦消费明显减少，但是大麦作为啤酒、饲料和食品原料，依然是重要的农作物，且可与稻田轮作，在日本粮食生产中占有重要地位。同样日本农林水产省也控制着国内小麦价格，往往将进口小麦和大麦大幅提价后销售给国内消费者，并将所获得利润用于补贴国内小麦和大麦的生产。

表6－3　1995—2021年日本单项农产品支持变动　单位：%

年份	1995	2000	2005	2010	2015	2019	2020	2021
葡萄	59.70	64.49	63.20	67.65	58.12	70.66	74.33	71.09
大米	84.06	87.01	81.70	72.13	55.62	69.08	68.27	60.07
大豆	11.61	28.40	50.29	18.45	37.58	46.17	45.94	55.99
牛奶	76.34	71.36	57.12	54.86	58.66	54.13	55.67	55.88
大麦	81.51	80.29	75.83	67.48	67.88	57.81	62.49	54.65
食糖	59.70	60.06	53.75	53.79	56.99	56.13	56.57	49.92
大白菜	35.68	51.78	48.11	58.62	57.49	55.49	42.92	48.05
小麦	83.04	85.34	82.51	48.14	45.74	37.00	41.57	37.86
猪肉	59.86	47.20	61.81	67.06	42.95	46.30	50.86	36.07
牛肉	38.94	29.96	28.77	31.97	27.76	28.93	33.11	32.14

数据来源：OECD数据库整理。

日韩对大米的支持处于粮食作物类的最高水平。由于饮食消费习惯，大米被日本视为最重要的粮食作物。大米生产者收入的70%源于政策的支持，日本对大米的支持政策，从食管制度到1998年出台的“稻作经营安定对策”，再到2004年颁布的《新粮食法》，多年的政策改革，推动了日本大米生产结构调整与价格流通体制的全面改革。为了促进大米生产结构调整，引导生产者种植其他粮食作物等，提高粮食自给率。2008 年日本确立了“水田经营安定对策”“农业者户别所得补偿制度”，鼓励生产者在原有水田面积上转作小麦、大豆、甜菜、原料用马铃薯等作物。2018 年取消水稻生产配额，以激励农民对市场作出反应。这些政策的实施，使得% SCT 水平近些年呈下降趋势。由于新冠疫情影响，2020 年支持力度又有所上升。

目前，在日本人民的食物结构中，人均所需热量的 21.2% 和蛋白质需求量的 52.7% 主要来自动物食品。在动物性食品中，又以猪肉为主，约占肉类总量的 48%。由于日本国内资源禀赋的限制，每年需要大量进口猪肉，为了鼓励和保护国内生产者，近年来政府对其进行支持的力度保持较高水平。

四、韩国单项产品生产者支持率

如表 6－4，韩国对单项产品支持率比重较高，虽然呈下降趋势，但 2021 年农业生产者仍有 50% 以上的收入中来自于农业政策补贴。横向对比粮食农产品支持种类，大豆已经超过大米，成为韩国农业政策单项支持率最高的作物。近年来大豆的% SCT 均超过 80%，说明种植大豆的农民收入几乎全部来源于农业补贴，这种情况与国际大豆价格冲击有很大关系。

表 6－4　1995—2021 年韩国单项农产品支持变动　单位：%

年份	1995	2000	2005	2010	2015	2019	2020	2021
大豆	88.00	90.08	88.77	87.35	76.10	83.41	84.80	78.24
大蒜	67.76	22.87	71.04	56.06	61.32	64.20	58.12	75.50
红辣椒	67.12	65.73	61.26	82.86	68.54	75.74	76.15	69.18
大麦	81.47	80.43	76.19	59.05	65.67	61.54	64.06	63.65
大米	87.34	83.93	72.24	46.89	49.66	61.47	58.78	56.88
猪肉	49.37	24.28	61.98	57.99	52.56	39.54	49.03	48.12
牛奶	60.97	67.74	59.53	44.50	58.63	51.27	47.47	47.28
牛肉	69.00	57.57	26.79	30.84	32.24	29.73	30.08	29.36

续表

年份	1995	2000	2005	2010	2015	2019	2020	2021
大白菜	22.90	22.00	21.26	21.26	21.26	21.26	21.26	21.26
家禽肉	62.30	45.36	36.53	46.64	25.58	31.66	32.19	17.09

数据来源：OECD 数据库整理。

与日本相似，韩国对粮食产品的支持同样体现在大米和大麦上。大米的种植面积一直占韩国耕地总面积的一半以上。“实现大米自给、平衡城乡居民收入、提高农业竞争力和促进农村发展”一直是韩国农业政策的主要内容。20 世纪 70 年代韩国开始对大米、大麦等农产品实行补贴政策，大米是韩国民众最主要的粮食作物，大米的补贴政策是韩国农产品补贴政策的核心。受 WTO 协议的限制，2004 年韩国政府实行“稻田直接收入支持机制”政策，对大米补贴进行改革，这一政策的实行标志着韩国政府对农产品的支持政策开始由“市场价格支持”为主向“直接支付”的方向转变，导致 2004 年以后对大米支持水平下降。近年来，政府鼓励稻田种植多样化，如种植小麦、大豆等，并根据种植面积及产量给予补贴，也在一定程度上降低了对大米的支持。

政府为稳定蔬菜价格，对蔬菜价格下跌至成本价以下时，鼓励农户适当进行储存，减少市场蔬菜供应量，并为此给予农户一定的补贴费用。经常进行储存的蔬菜有：红辣椒、大蒜等，且根据韩国的饮食习惯，红辣椒、大蒜的消费量很大，为鼓励生产者的种植，支持力度很大。

第二节　单项农产品支持的政策规律

美国属于“人少地多”型国家，特点是土地资源丰富，人均耕地面积大，粮食产量高，小麦、玉米、大豆等粮食作物的出口，在世界农产品市场上地位举足轻重；在粮食生产方面多采取大规模农场式的经营方式，粮食供给压力较小。粮食政策目标主要是保障粮食的国际竞争力和国内粮食生产者收益的稳定，一般通过相对完善的法律手段和市场自我调节来实现，较少采用行政干预，从支持数据上可以看出，这类国家对粮食作物的单项农产品支持率处于较低水平，国内粮食市场化程度较高。

“人地平衡”型经济体欧盟，人地矛盾并不十分突出，人均耕地面积 0.21 公顷，稍高于世界平均水平（0.20 公顷/人），粮食供给总体保持平衡，所以欧盟单项产品支持的重点在于畜产品。受欧盟共同农业政策的影响，在 2004 年前，欧盟对单项农产品支持水平较高，由于 2003 年共同农业政策改革，欧盟改变对农产品直接补贴的方式，实行“单一支付”政策，对各项农产品的支持大幅下降。欧盟农业政策对农业的高额补贴在一定程度上会加大成员国的财政负担。

日本、韩国“人多地少”型发达国家，特点是人均耕地面积较少，这类国家单向农产品的支持主要是针对土地密集型产品，如大麦、大米、大豆等；其次是对畜产品的补贴力度也较大。这类国家粮食自给率较低，是世界主要的粮食进口国。粮食作物政策重点在于如何提高粮食自给率并稳定国际粮源，给予国内农业尤其是粮食作物支持与保护，一般通过实行高额的农业补贴，尤其是对粮食作物的直接补贴政策保障国家粮食安全。

从单项粮食作物支持方面，美国、欧盟单项农产品支持水平较低，对单项农产品的支持不是其农业政策的重要项目，美国对牛奶的支持、欧盟对牛肉的支持比重较高；日韩作为人多地少型国家，粮食类农产品是农业政策支持的重要项目，大米一直是日本最重要的农作物和最主要的食物，对大米的价格支持一直是日本农业政策的重要内容，也是日本价格支持的核心政策。韩国对大豆支持率最高。

特定产品支持在提高产品竞争力方面发挥重要作用。虽然各国在特定产品支持上力度有大有小，支持范围也有很大差异，各监测国均通过特定产品支持以提高相应产品竞争力，是生产者支持中基于产出支持的主要部分。

第七章　启示与对策建议

第一，优化农业生产者支持结构，完善农产品市场调控政策。中国在20世纪90年代中期以前%PSE长期为负值，农民属于被掠夺的状态，直到21世纪初才得到了改善，%PSE在这一阶段增长较快，至今保持在10%—20%，已经超过OECD平均水平。与日韩两国生产者支持政策结构相似，中国对生产者支持集中度较高，占农业支持总水平比重较大，虽然对农产品的市场价格支持与对生产者的直接补贴是见效比较快的直接支持手段，但政策实施对市场扭曲程度和财政负担同样较重。

目前，中国大部分农产品的流通体制基本完成了市场化改革，但是粮食、棉花等大宗农产品市场价格形成机制中仍然有一定程度的政府干预。在未来农业政策调控方面应借鉴美国、欧盟的最新改革方案，逐步减少对农产品的直接转移支付，适度开放农产品市场，制定适度最低价格支持，细化最低收购价执行标准。按照OECD农业支持政策分类，将对生产者的支持分为七类，根据本国经济情况，适当调整生产者支持七类结构比例，增加与生产不挂钩的政策支持，使财政资金产生最大效用。

第二，适度调整农业政策结构，增加一般服务支持政策比重。根据OECD数据显示，欧盟对生产者支持比重占农业总支持比重的80%以上，对一般服务支持不到20%，这种不平衡的支持状态将在欧盟最新改革方案中改变。欧盟新改革方案CAP2020调整了两大支柱的资助结构，合理分配第一支柱和第二支柱资金，在保障生产者支持同时，兼顾农村基础设施、农业科技推广、教育培训等有利于农村长期发展相关措施的有效开展，还有针对小农户和青年农民的特定扶持计划，为农业长期可持续发展助力。中国农业补贴主要用于对生产者的支持，例如对农业生产资料价格、农产品购销环节、支农服务等方面的支持，而在农村基础设施建设、农业科技和人才教育培养上补贴不足。

通过农业知识创新和技术的扩散提高农业的技术水平以提高农业竞争力；通过农业基础设施的完善为农业的发展提供良好基础；通过营销与促销的支持以推动农产品的销售等等。一般服务支持在农业发展中的作用主要是辅助性的，虽不如生产者支持或消费者支持那么直接，但是也不容忽视。尤其当下在党的二十大报告中提出“全面推进乡村振兴，坚持农业农村优先发展”，乡村基础设施的完善、农业多功能性的实现均需要一般服务支持的投入。因此一般服务支持应针对我国农业农村发展现阶段的问题和发展需求，加大投入力度和调整投入结构，以期更有效地利用资金。

第三，加强中国政策性农业保险制度建设，完善农业社会化服务体系。美国农业保险政策体系非常完善，包括对生产者支持中的玉米等单项农作物保险支持，也包括对一般服务支持项目中农业保险服务机构的支持，近年来其内容不断丰富。2018 年美国农业法案中涉及要进一步推广各种创新的作物保险产品以应对变化，使农民能够做出正确的生产决策，并有效管理实际风险，继续丰富了农业保险管理体系。而中国的政策性农业保险自 2004 年开始实施，规模不断扩大，但由于管理制度的不健全，制约了中国农业保险的发展。2013 年中国颁布了《农业保险条例》，然而该条例对于保费补贴、大灾风险管理制度等方面仅给予宏观政策指导，具体细节并不完善。党中央、国务院对此问题高度重视，在 2016 年“中央一号文件”等多个政策文件中明确提出要不断提高农业保险风险保障水平，2017 年“中央一号文件”专门提出要推进农业保险扩面、增品、提标。2018 年“中央一号文件”提出完善农业支持保护制度，健全粮食主产区利益补偿机制，探索开展稻谷、小麦、玉米三大粮食作物完全成本保险和收入保险试点，加快建立多层次农业保险体系。2022 年“中央一号文件”提出有效防范应对农业重大灾害，加大农业防灾减灾救灾能力建设和投入力度，加强防汛抗旱应急物资储备，强化农业农村、水利、气象灾害监测预警体系建设，增强极端天气应对能力，加强基层动植物疫病防控体系建设等。

提升我国农业保险的保障水平要做到因地制宜，因业施策。具体来说对种植业和养殖业保险制定不同的政策：种植业重点是“提标”和“增品”，开发高保障保险产品的同时，更要开发适应多元化保障需求的特色农产品保险；而养殖业保险提升重点是“扩面”和“增品”，对于生猪、奶牛等现有畜牧业保险，要提升现有畜牧业保险的承保覆盖率，“增品”重点是针对西部贫困地区开发符合当地实际的特色畜牧业保险。

完善中国农业保险制度十分必要，旨在保障农业稳定发展、帮助农户抵御自然和市场双重风险。通过农业保险的方式实现了运用现代金融保险的“间接”方法，代替过去传统商品市场补贴的“直接”手段，也可实现支持手段由黄箱政策向绿箱政策的转变。因此，在支持政策设计中可加大农业保险在支持农业发展中的重要作用。

第四，增加对农民教育的投资力度，特别是针对青年农民的培训。在农业知识与创新体系项目中，2017 年中国基于农业教育的投入为零，而欧盟此项支出占到一般服务总支出的 34%，主要用于知识传播教育支出。农业要现代化就离不开经营主体的现代化，对此我国出台了一系列政策措施。2012 年“新型职业农民”一词首次写入“中央一号文件”。2015 年“中央一号文件”提出要“积极发展农业职业教育，大力培养新型职业农民”。2016 年“中央一号文件”进一步提出要“加快培育新型职业农民”和“定向培养职业农民”。2017 年 6 月，农业部又印发《关于开展支持返乡下乡人员创业创新政策落实督促检查工作的通知》。2018 年“中央一号文件”提到：大力培育新型职业农民，加强农村专业人才队伍建设。2022 年 10 月，党的二十大报告中提出实施高素质农民培育计划、乡村产业振兴带头人培育“头雁”项目、乡村振兴青春建功行动、乡村振兴巾帼行动，加强乡村振兴人才队伍建设。

加强对青年农民的培训应该注意以下几点：第一，构建多元化培训主体。构建以政府办学为主导、社会办学为辅助的多元模式，尤其是企业组织、高校、专业培训机构等多元化的主体。第二，展开多样化的培训。在我国农村之间以及青年农民之间的差异较大，在培训过程中，必须要以实际情况作为出发点，展开有针对性的个性化培训，满足青年农民差异化的培训需求。第三，推动青年农民境外交流学习。有利于引进先进农业技术和农业管理经验，为开辟国际市场提供便利。

第五，缩小对谷物的补贴范围，完善农产品价格形成机制。中国保持粮食自给自足的目标为 95%，目的是为了保障粮食安全和保障农民收入。为了保证这一目标的实现，中国对谷物的补贴范围较广，补贴额度逐年上升，补贴种类不断扩大，这加大了国家财政的负担。随着农业分工越来越细，在全球化的粮食和食品生产加工链中，每个国家达到完全自给自足是不现实的。“自给自足”并非是拒绝粮食的进口，最终目标是要基本依靠自己力量满足国民粮食需求，另外在发挥比较优势的基础上，通过贸易解决部分食品需求。中国未来在强调确保小麦、水稻两大口粮“绝对安全”的同时，建议缩小谷物95%自给率的范围，理性对待粮食自给自足，真正解决粮食安全问题。

合理对待粮食补贴范围的同时，要制定合理的补贴价格，完善农产品价格形成机制。2014年美国农业新法案实行农业风险保障项目，放弃政府对农业生产和农产品市场的直接干预，在保障农民收入的同时，实现农产品市场化。合理利用目标价格政策，与传统的价格政策相比，目标价格政策可以充分发挥市场作用，同时保护消费者的利益，防止低收入家庭在粮价上涨过快时收支不平衡现象，这既兼顾了市场，又保护了种粮农民的利益和低收入家庭的生活质量。同时合理制定粮食作物补贴种类，完善我国农产品价格形成机制。

中 篇

新兴经济体国家国内农业支持政策评估及政策选择

近 20 年来，全球经济格局发生深刻变化，新兴经济体国家经济地位出现明显提升，经济增长速度加快，正在成为世界经济增长的重要推进力量。2021 年新兴经济体国家 GDP 占到世界经济的 28.65%；农业增加值占全球的一半以上。本篇运用 OECD 农业政策评估工具，从 OECD 监测新兴经济体国家选取研究对象，对农业支持水平和结构进行研究，总结其农业支持政策演变规律，并为我国农业政策的调整提供现实依据和对策建议。

第八章　新兴经济体国家的选择及农业产业发展状况

第一节　研究对象国的选择及各国基本情况

一、研究对象国的选择

新兴经济体是指某一国家或地区经济蓬勃发展，成为新兴的经济实体，但目前对于新兴经济体尚没有一个准确的定义。英国《经济学家》将新兴经济体分成两个梯队：第一梯队为中国、巴西、印度、俄罗斯和南非，也称“金砖国家”；第二梯队包括墨西哥、韩国、菲律宾、土耳其、印度尼西亚、埃及等“新钻国家”。

《2022 年农业政策监测评估报告》中所涉及的国家来自六大洲，包括 38 个 OECD 成员国和 5 个非 OECD 的欧盟成员国以及 11 个新兴经济体国家，这 11 个新兴经济体国家为：巴西、中国、哈萨克斯坦、菲律宾、俄罗斯、南非、乌克兰、印度、阿根廷、印度尼西亚和越南。本书对新兴经济体研究对象的选择考虑到 OECD 数据库的追踪观察、与我国长期合作或具有合作潜力的贸易伙伴、与我国主导农业产业相似的竞争对手等因素，将阿根廷、巴西、俄罗斯、南非、乌克兰、印度、菲律宾、越南和中国纳入研究范围，对其农业支持水平以及政策展开分析。

二、各国基本情况

1. 国土面积与人口。2021 年，新兴经济体国家中俄罗斯的国土面积最大，占世界的12.95%，也是世界国土面积最大的国家，而南非、菲律宾、乌克兰和越南的比例很低，不到1%（见表8－1）。结合人口来看，印度和中国分别占世界2.49%和7.24%的国土面积，养育着占世界近17.77%和18.01%的人口，属于典型的人多地少、人口密度较大的国家；而俄罗斯拥有着世界十分之一多的国土面积，却只有不到世界2%的人口，属于典型的地广人稀的国家；其他新兴经济体国家国土面积与人口数量所占世界的比例差别不大，人地资源相对平衡。

表8－1　　2021年各国国土面积和人口情况

国家	国土面积（平方千米）	占世界比例（%）	人口（亿人）	占世界比例（%）
菲律宾	300000	0.23	1.11	1.42
越南	331230	0.25	0.98	1.25
乌克兰	603550	0.46	0.44	0.56
南非	1219090	0.92	0.6	0.77
阿根廷	2780400	2.11	0.46	0.59
印度	3287259	2.49	13.93	17.77
巴西	8515770	6.45	2.14	2.73
中国	9562910	7.24	14.12	18.01
俄罗斯	17098250	12.95	1.43	1.82
合计	47616209.92	36.07	35.21	44.92

资料来源：世界银行数据库。

2. 城镇化率。城镇化率是反映一国社会结构的重要指标。60年以来，12个新兴经济体国家的城镇化率都呈现出上升的态势，但变动特点有所不同。通过图8－1可以看出，乌克兰、俄罗斯、阿根廷和巴西的城镇化率都相对较高，2020年都在70%以上，其中阿根廷的城镇化率达到了90%以上，接近甚至超过了发达国家水平。中国、印度、越南和菲律宾的城镇化率较低，越南最低仅为37%左右。巴西经历了快速的城镇化，在2000年左右进入了缓慢上升阶段；俄罗斯在1990年的政治动荡之后，城镇化水平呈现停滞不前的状态；南非、中国城镇化率在1980年之后快速增长，中国的增速更是直线上升，但是由于中国初期的城镇化水平较低，基础较薄弱，城镇化水平还有待提高。

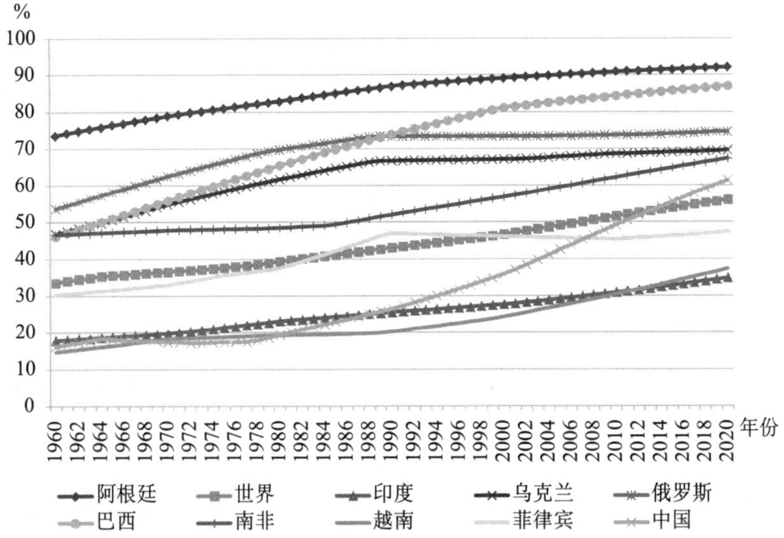

图 8－1 1960—2020 年各国城镇人口占总人口的比重

资料来源：世界银行数据库。

3. 经济总量及经济增长速度。国内生产总值（GDP）是衡量各国经济发展水平的最重要指标。从该指标的对比来看，新兴经济体国家的经济总量在过去 20 年间发生了巨大变化，世界主要经济体的地位日益突出（见表 8－2）。随着全球经济格局的变化，所研究的 9 个新兴经济体国家 GDP 总和在世界中的占比发生了明显变化，从 2000 年的 9.53% 增长到 2021 年的 27.22%，占世界比重的四分之一多。新兴经济体各国的经济总量和世界占比都出现了不同程度的上升，中国超越日本等国家，成为世界第二大经济体，2021 年世界占比达到 18.45%。

表 8－2 新兴经济体国家 GDP 及人均 GDP 情况变动表

单位：亿美元；现价美元；%

国家	2000 年		2010 年		2021 年	
	GDP	人均 GDP	GDP	人均 GDP	GDP	人均 GDP
中国	12113	959	60871	4550	177340	12556
阿根廷	2842	7708	4236	10386	4915	10729
印度	4684	443	16756	1358	31734	2277
巴西	6554	3750	22088	11286	16090	7519

续表

国家	2000 年		2010 年		2021 年	
	GDP	人均 GDP	GDP	人均 GDP	GDP	人均 GDP
乌克兰	814	658	1412	3078	2001	4836
俄罗斯	2579	1772	15249	10675	17758	12173
南非	1518	3375	4174	8149	4199	6994
越南	311	390	1471	1673	3626	3694
菲律宾	837	967	2084	2217	3941	3549
世界	338309	5533	665961	9621	961001	12263

资料来源：世界银行数据库。

人均 GDP 是重要的宏观经济衡量指标之一，它是人们了解和把握一个国家或地区宏观经济运行状况的有效工具。2000—2021 年，新兴经济体国家的人均 GDP 普遍低于全球平均水平，特别是越南和菲律宾不足平均水平的三分之一；增速最快的是中国，2021 年相对于 2000 年增加了 10 倍多，而阿根廷、南非和巴西不到 1 倍。

4. 经济结构。新兴经济体国家的产业结构变化遵循了钱纳里和库兹涅茨等人研究的一般结论，即随着经济的发展，农业增加值占 GDP 的比重处于下降态势，工业增加值占 GDP 的比重会在工业化前期处于上升态势，但会在后期趋于稳定和下降，服务业增加值占 GDP 的比重基本上会持续上升。

根据图 8－2 所示，农业方面，2021 年新兴经济体国家除南非和俄罗斯外，农业增加值所占 GDP 的比例均高于世界平均水平，特别是越南和印度占比达到 14% 以上，高出世界平均水平近 11 个百分点；由此可以看出农业产值在新兴经济体国家仍占有着重要的地位。工业方面，中国工业增加值占 GDP 的比重高达 37.8%，高出世界平均水平 11 个百分点之多，远高于世界平均水平，这说明中国的工业化仍处于快速发展阶段，这也符合中国“世界工厂”的身份；其他新兴经济体国家高于或徘徊于世界平均水平，处于工业化发展的上升阶段。服务业方面，除南非、巴西、阿根廷外，其他新兴经济体国家均低于世界服务业的平均水平；中国和越南服务业发展水平最为落后，仅占到 GDP 的 50% 左右。

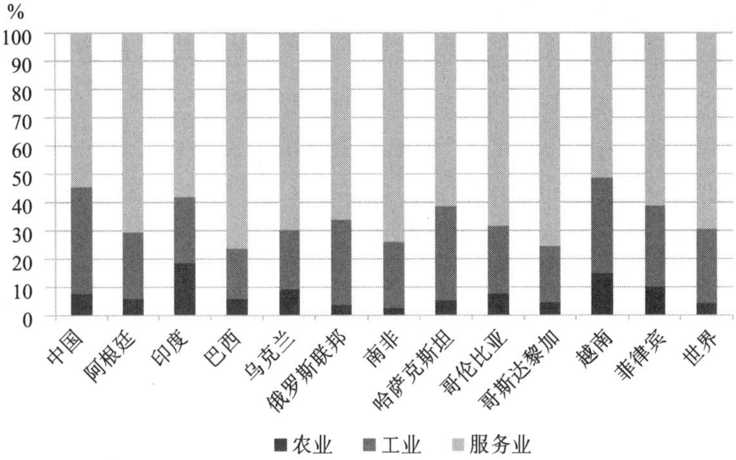

图 8－2　2021 年新兴经济体国家三大产业比重

资料来源：世界银行数据库。

通过新兴经济体国家三大产业的比重如图 8－2 所示，可以看出南非三大产业的比重最为合理，其他新兴经济体国家的问题是第一产业比重普遍过高，第三产业有待进一步发展。而中国存在的问题是第二产业产值过高，第三产业产值过低，说明近些年中国大力发展工业使工业产值得到很大提高，而服务业发展相对落后，今后应加大服务业发展的力度。

第二节　各国农业资源与农业发展水平

各新兴经济体国家的农业发展条件不同，即农业资源禀赋不同，不仅决定了农业发展的不同形态，也影响着各国政府在农业补贴政策上的选择。

一、农业土地资源

在 9 个新兴经济体国家中，南非的农业用地占到土地面积的 80% 左右，具有较好的资源禀赋，但仅有 10% 左右是可耕作的，其余大部分为半干旱的草地。中国农业用地占土地面积的比例很高，达到 55% 以上，但可耕地面积占比仅为 12% 左右，与全球水平大致持平。乌克兰和印度的农业土地禀赋最为突出，农业用地面积占到全国土地面积的60%—70%，耕地面积占到土地面积的50%以上，良好的土地资源禀赋为其农业发展提供了一定物质基础。菲律宾和越南也具备良好的农业土地资源禀赋，耕地面积占比约为20%。俄罗斯虽然国土面积较广阔，但是农业用地所占比例较低，这也是俄罗斯农业发展较为缓慢的一个客观因素。从人均占有量看，中国、印度、菲律宾以及越南人口密度较大，在人均农业用地与人均可耕地面积占有量方面，明显处于劣势，人均耕地面积仅为全球平均水平的20%—70%，属于典型的人多地少的国家；除此之外其他五国均高于世界平均水平（见表8-3）。

表8-3　2000年、2020年各国农地资源比较

国家/地区	2000年				2020年			
	农业用地占土地面积比例（%）	耕地占土地面积比例（%）	人均农业用地面积（公顷）	人均可耕地面积（公顷）	农业用地占土地面积比例（%）	耕地占土地面积比例（%）	人均农业用地面积（公顷）	人均可耕地面积（公顷）
南非	80.89	11.39	2.15	0.30	79.42	9.89	1.63	0.21
乌克兰	71.47	56.21	0.84	0.66	71.33	56.76	0.94	0.74
中国	55.60	12.59	0.41	0.09	56.08	12.68	0.37	0.09
菲律宾	37.68	16.88	0.14	0.06	41.72	18.75	0.12	0.05
巴西	31.28	6.91	1.49	0.33	28.34	6.67	1.11	0.27
越南	28.23	19.93	0.11	0.08	39.25	22.54	0.13	0.07
俄罗斯	13.26	7.59	1.48	0.85	13.16	7.43	1.50	0.84
阿根廷	46.96	10.10	3.49	0.75	54.36	14.32	0.33	0.88
印度	60.87	54.13	0.17	0.15	60.43	52.61	0.13	0.12
世界	38.12	10.77	0.81	0.23	36.9	10.83	0.62	0.18

注：国土面积是一个国家的总面积，其中包括内陆水体和边海的水域面积。土地面积是指一国国土总面积，不包括内陆水体、提出主权主张的大陆架和专属经济区。在大部分情况下，内陆水体的定义包括主要河流和湖泊。

资料来源：世界银行数据库。

二、农业劳动力资源

如表8-4所示，随着各国城镇化改革，农村人口的数量也在不断发生着变化，从变动趋势来看，中国、巴西、阿根廷的农村人口所占比例下降速度较快，与1980年相比，均下降了50%左右的幅度；除此之外，其他新兴经济体国家属于缓慢下降的趋势。从研究对象国与世界水平的比较可以看出，20世纪80年代仅有中国、印度、菲律宾和越南的农村人口高于世界平均水平，到2021年除中国外，其他三国的占比仍高于世界水平。

表8-4 1980—2021年各国农村人口占总人口的比重 单位：%

年份	1980	1990	2000	2010	2015	2019	2020	2021
中国	80.64	73.56	64.12	50.77	44.50	39.69	38.57	37.49
阿根廷	17.11	13.02	10.86	9.15	8.50	8.01	7.89	7.77
印度	76.90	74.45	72.33	69.07	67.22	65.53	65.07	64.61
巴西	34.53	26.08	18.81	15.67	14.23	13.18	12.93	12.68
乌克兰	38.31	33.24	32.86	31.40	30.94	30.53	30.39	30.24
俄罗斯	30.25	26.61	26.65	26.31	25.95	25.41	25.25	25.07
南非	51.58	47.96	43.11	37.78	35.17	33.14	32.65	32.15
越南	80.75	79.74	75.63	69.58	66.19	63.37	62.66	61.95
菲律宾	62.54	53.01	53.87	54.67	53.72	52.85	52.59	52.32
世界	60.65	56.97	53.31	48.35	46.08	44.28	43.84	43.42

数据来源：世界银行数据库。

农业劳动力占总劳动力比重的变化反映的是社会经济发展所带来的社会就业结构的变化，农业劳动力的占比过高不利于劳动生产率的提高以及资源的优化配置。由于劳动力的生产周期长，短期内不易看出其变化趋势，所以选取了1991年以来的数据。随着农业生产机械化程度的提高和农业改革进程的加快，农业就业占比情况呈下降趋势。通过图8-3可以看出，新兴经济体国家的农业就业人员比率总体呈下降趋势，其中，中国、越南、菲律宾、印度的变化较大，由1991年到2020年降幅均在20%以上，2015年后中国和菲律宾已经降到世界平均线以下，越南和印度农业就业人员的占比仍旧保持在40%以上。自2000年后俄罗斯和南非农业劳动力就业比重逐渐降到了10%以下。阿根廷农业劳动力的占比最低，不足1%，究其原因在于，一方面阿根廷主要以家庭农场为主，农场采取公司制的经营方式，农场的具体事务委托给相关的专业经理人；另一方面，阿根廷农业现代化程度高，大农场从耕地、播种、施肥、撒药、收割、加工到运输的过程全部实行机械化生产。

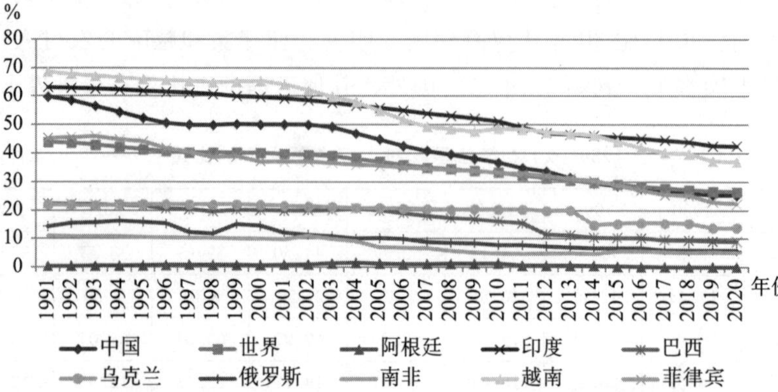

图 8－3　1991—2020 年各国农业劳动力占劳动力总数的比重

数据来源：世界银行数据库。

三、农业发展水平

农业发展规模最重要的衡量指标就是农业增加值，反映的是农业部门的新增价值，以此考核农业发展的成果。如表 8－5 所示，从 1980 年到 2021 年的 40 年间，全球农业增加值不断增加，所研究的 9 个新兴经济体国家（除越南）的全球占比 2021 年达到 48.82%，占到全球农业增加值的近二分之一。中国农业增加值的总量最高，2021 年达到 11731 亿美元，是其他新兴经济体国家之和的 1 倍多。从增长速度看，中国、越南、印度、阿根廷的增长速度较快，其他新兴经济体国家缓慢增长，特别是俄罗斯、乌克兰独立之后，由于体制与政策等不稳定致使其农业发展陷入了衰退期，农业增加值的波动较大，但近几年来已在稳步增长。

表 8－5　1980—2021 年各国农业增加值变化情况　　单位：亿美元

年份	1980	1990	2000	2010	2015	2019	2020	2021
中国	1939	3535	5107	7596	9277	10625	10958	11731
阿根廷	138	162	213	292	307	313	291	292
印度	1223	1708	2244	2972	3402	4173	4312	4453

续表

年份	1980	1990	2000	2010	2015	2019	2020	2021
巴西	254	324	443	661	778	857	889	887
乌克兰	—	119	68	89	110	124	111	127
俄罗斯	—	542	384	427	528	574	575	568
南非	42	51	55	67	77	82	93	101
越南	—	25	76.	213	330	363	372	—
菲律宾	159	176	212	299	337	356	355	354
世界	11335	16540	20833	27312	31697	35345	36600	37956

注：以 2015 年不变美元计算。

资料来源：世界银行数据库。

农业增加值占 GDP 的比重可用来表示农业对整个国家经济增长中的贡献率。表 8-6 显示，2000 年以后仅有俄罗斯和南非占比降至 4% 以下，低于世界平均水平，说明多数新兴经济体国家仍为农业大国。巴西农业对 GDP 贡献率不到 6%，略高于世界平均水平。中国农业增加值的占比近年来变化显著，从 1990 年的 26% 到 2021 年的不足 8%，表明我国工业化水平在提高，但是距离世界 4% 的水平还有一段距离。中国是一个传统的农业大国，农业基础根深蒂固，调整和优化产业结构，达到第一、第二、第三产业的和谐发展，仍是目前十分迫切的任务。乌克兰、印度、越南以及菲律宾农业占 GDP 比重高于中国，与世界平均水平差距过大，说明这三个国家与中国一样仍然是农业大国，需要加大产业结构的调整力度。

表 8-6　1980—2021 年各国农业增加值占 GDP 比重变化情况　单位:%

年份	1980	1990	2000	2010	2015	2019	2020	2021
中国	29.63	26.58	14.68	9.33	8.39	7.14	7.70	7.26
阿根廷	6.35	8.12	4.68	7.13	5.16	5.11	5.93	6.87
印度	33.06	26.90	21.61	17.03	16.17	16.73	18.23	16.77
巴西	9.95	6.87	4.75	4.12	4.32	4.21	5.89	6.89
乌克兰	—	24.45	14.49	7.45	12.06	8.97	9.31	10.63
俄罗斯	—	15.46	5.75	3.34	3.87	3.53	4.00	3.80

续表

年份	1980	1990	2000	2010	2015	2019	2020	2021
南非	5.84	4.21	2.99	2.39	2.23	1.96	2.53	2.43
越南	—	38.74	24.53	18.38	16.76	13.96	14.85	—
菲律宾	25.12	21.90	13.97	13.75	11.00	8.82	10.19	10.07
世界	6.97	5.14	3.40	3.88	4.22	4.01	4.39	4.33

资料来源：世界银行数据库。

第九章　新兴经济体国家农业总支持水平及政策分析

本章分析新兴经济体国家农业总支持水平、支持结构及近期政策调整情况，第十章、十一章和十二章从生产者支持、一般服务支持以及单项农产品支持角度进行具体分析。

第一节　各国农业总支持水平及结构分析

一、成员国农业总支持水平

农业总支持水平估计值（TSE）是衡量通过执行农业支持政策，每年从纳税人和农产品消费者转移到农业生产者的总价值。

表 9－1 显示了各国 1995—2021 年农业总支持水平，从对比结果来看，新兴经济体国家农业总支持水平高低差别大，总支持量的变化幅度也较大。与 OECD 成员国对比来看，所选取的九个新兴经济体国家 TSE 之和低于 OECD 之和，但是差距在不断缩小，甚至在 2020—2021 年超过了 OECD。

表 9－1　　1995—2021 年新兴经济体国家农业总支持水平（TSE）

单位：百万美元

年份	1995	2000	2005	2010	2015	2019	2020	2021
阿根廷	—	215	－4698	－9895	－12116	－11468	－4351	－10385
巴西	－4752	4879	8034	15834	6631	5254	4687	9045
中国	17511	21363	47693	133304	266825	228911	286097	326844

续表

年份	1995	2000	2005	2010	2015	2019	2020	2021
印度	—	8430	-8958	-23081	23359	9765	49044	17269
菲律宾	—	2739	2120	6327	9752	8795	10146	11247
俄罗斯	6353	1116	6577	16473	10902	9729	7534	5643
南非	1908	706	1381	683	1223	900	854	912
乌克兰	-2861	278	2201	2260	260	1240	714	858
越南	—	1144	1456	3229	-674	-3327	-2280	-1581
OECD	330861	292094	329310	338542	310004	334155	348628	353518

数据来源：OECD 数据库整理。

具体各国来看，20 世纪 90 年代以来，南非通过改革逐渐减少了市场价格支持和对商业性农业的预算支持，农业总支持大量缩减，价格扭曲水平下降，支持总量一直维持在 10 亿美元左右的较低水平。巴西在 20 世纪 90 年代初期陷入严重的债务危机以及通货膨胀，经济停滞不前，甚至出现了负增长，导致其农业补贴也出现了负数，之后逐步建立起以信贷支持和价格支持为主的一套完善的农业支持政策体系，农业支持水平大体上也呈不断增长态势。俄罗斯的总支持量波动性较大，2008 年为历史最高水平 253.76 亿美元，但随着俄罗斯宏观经济形势的恶化，总支持量有所下降，2021 年降至 56.43 亿美元。乌克兰从苏联独立出来后，由于经济不景气和政治动荡，农业补贴自 1995 年以来多数年份为负值，即使对农业进行补贴，金额也较少。2022 年俄乌战争，使两国农业生产乃至世界粮食安全受到重大影响。越南的支持水平极易受到国际经济环境的影响，金融危机以及近几年全球经济的低迷，导致其农业支持总量一度出现了负值。近年来，印度特别注重农业基础设施的投入，加大了对一般服务的支持力度，补贴数值远远大于对生产者的征税，总支持水平由负值转为正值。中国自 2006 年取消农业税，国家连续“中央一号文件”涉农文件的出台，对农业的总支持量呈明显上升趋势。自 21 世纪初以来，阿根廷对农业生产者的支持一直是负值，主要以优惠利率的形式为生产者提供服务。

二、农业总支持水平相对值

农业总支持率（% TSE）越高表示该国的国内收入用于支持农业的比

重越大。从表 9-2 可以看出，大部分新兴经济体国家的农业总支持率保持了下降的趋势，表明新兴经济体国家正在逐步减少农业支持水平，以减轻财政压力。2019—2021 年除中国和菲律宾外，其他研究对象国% TSE 值降到了 1% 以下，意味着这些国家通过农业支持政策提供的财政转移支付总额平均低于 GDP 的 1%。阿根廷和越南为负值，对农业进行了征税。

表 9-2　2000—2002 年和 2019—2021 年各国农业总支持水平相对值（%TSE）及占农业增加值的比重

单位:%

TSE 占 GDP 比重（% TSE）			TSE 占农业增加值比重		
	2019—2021 年	2000—2002 年		2019—2021 年	2000—2002 年
所有国家	0.9	1.0	所有国家	18.0	26.9
新兴经济体	1.4	1.3	新兴经济体	13.4	8.5
OECD 国家	0.6	1.0	OECD	27.2	41.2
阿根廷	-1.95	-0.99	阿根廷	-17.8	-11.4
越南	-0.89	2.55	越南	-5.3	8.7
乌克兰	0.59	0.45	乌克兰	2.3	1.5
南非	0.25	0.60	南非	4.1	11.2
巴西	0.39	0.72	巴西	3.8	11.5
印度	0.91	1.05	印度	5.8	4.4
俄罗斯	0.47	0.80	俄罗斯	8.9	10.6
中国	1.80	1.95	中国	17.6	9.8
菲律宾	2.66	2.93	菲律宾	32.5	24.7

数据来源：OECD 数据库以及世界银行数据库整理。

自进入 20 世纪初以来，对大多数国家而言，TSE 占农业增加值的比重有所下降。OECD 国家的平均水平远远高于新兴经济体国家，2019—2021 年相对于 2000—2002 年这一比值尽管大幅下降，但仍接近于 30%，远高于新兴经济体的 13.4%。新兴经济体成员国之间这一数字差异很大，从阿根廷和越南的负数到菲律宾的 33% 不等。阿根廷对农业的征税最高（-17.8%），其次是越南（-5.3%）。菲律宾则相反，农业增加值的近三分之一来自国家财政补贴。

三、农业总支持水平结构

农业总支持水平估计值（TSE）由三部分组成：生产者支持（PSE）、一般服务支持（GSSE）以及从纳税人向消费者的转移支付（TCT），由于绝大多数国家 TCT 占比较小，所以农业总支持水平结构重点分析 PSE 和 GSSE 的占比情况。

表 9-3 列示了 1995—2021 年新兴经济体国家农业总支持水平结构，研究表明：第一，各国总支持水平结构均以生产者支持作为主要的支持方式。生产者支持占 TSE 比重均在 50% 以上，近几年中国接近 90%，俄罗斯也保持在 70% 以上，表明生产者对政策的依赖程度非常高。第二，南非和巴西一般服务支持上花费较多，所占比重均在 30% 以上。南非 1995—2021 年这一比例的平均值超过 35%，这与南非正在进行的土地改革有密切关系，大部分预算支出用于贯彻土地改革政策的执行以及对整个部门的一般服务支持。第三，中国一般服务支持水平呈下降趋势，支持水平与 OECD 国家的平均水平持平，其他新兴经济体国家则上升趋势明显，体现了新兴经济体国家给予一般服务越来越多的关注与支持。

表 9-3　　1995—2021 年各国农业总支持水平结构　　单位：%

国家和地区	1995 年		2005 年		2015 年		2020 年		2021 年	
	PSE 占比	GSSE %	PSE 占比	GSSE %	PSE 占比	GSSE %	PSE 占比	GSSE %	PSE 占比	GSSE %
阿根廷	—	—	..	..	..	..	..	..	..	..
巴西	..	..	73.42	24.22	52.98	29.98	50.40	31.73	75.16	15.99
中国	72.03	26.32	70.78	29.19	83.02	16.98	87.64	12.36	88.42	11.58
印度	—	—	..	..	..	61.39	..	33.69	..	..
菲律宾	—	—	91.63	8.37	84.21	15.79	83.02	16.98	85.82	14.18
俄罗斯	87.47	12.39	82.25	15.35	83.43	13.20	76.18	21.50	64.81	27.56
南非	65.89	34.11	60.70	39.30	71.69	28.31	64.80	35.20	64.63	35.37
乌克兰	..	..	74.68	25.32	55.87	44.13	68.68	31.32	68.78	31.22
越南	—	—	83.47	16.53	..	..	..	..	..	..
OECD	77.89	14.57	78.05	12.97	71.16	13.41	72.41	13.21	69.41	12.38

注：一代表没有数据资料；.. 表示占比出现了负值或者大于 100 的现象。

数据来源：OECD 数据库整理。

第二节　近期各国农业支持政策热点

一、巴西

农村信贷一直是巴西的主要农业政策工具。为了应对新冠疫情的影响，巴西改善信贷额度的优惠条件，并推迟信贷偿付。2020 年农村信贷的优惠年利率降低了 1—2 个百分点，对小生产者的一些信贷额度降至 2.75%。2021 年所有农业信贷的优惠利率提高了 2—4 个百分点，2021—2022 年信贷分配为 2512 亿雷亚尔（466 亿美元），与 2020—2021 年相比增加了 6.3%。

作为国家低碳农业计划的一部分——ABC 计划，该项目资源从 2020 年的 25 亿雷亚尔（4.63 亿美元）增加到 2021 年的 50 亿雷亚尔（9.27 亿美元），翻了一番。ABC 项目于 2021 年为生物化肥、可再生能源系统以及沼气和生物甲烷发电设立了信贷额度。PRONAF（主要用于支持小农项目）纳入了一项名为“生物经济”的新信贷额度，专门用于农林复合系统、生物投入生产和农村旅游。农村保险补贴（PSR）覆盖约 1.5 亿公顷土地，在 2020—2021 和 2021—2022 年间增长了 34%，从 8.81 亿雷亚尔增加到 11.8 亿雷亚尔。

农业部每年都会公布《农畜计划》（PSA），该计划涉及：农村信贷、农业保险、商业化支持、分区规划以及每年的最低和参考价格。2021 年，农业风险区划（ZARC）继续实施，整理并收集了关于农业气候、管理、土壤生产力等方面的各种技术风险数据，并评估了 30 种作物的生产系统。巴西农业部还于 2021 年启动了一个数字平台（AGROMET），该平台收集气象信息，为农业生产者提供服务。

二、菲律宾

2020 年菲律宾农业部实施“植物计划”，以加强粮食安全，应对新冠疫情。该计划是针对农作物、牲畜、家禽和渔业的全面计划，通过具体的干预措施来实现。其中包括水稻恢复项目，该项目于 2021 年 6 月额外获得85亿菲律宾比索（1.73亿美元）补贴，旨在将该国的自给水平从87%提高到93%。

2021年5月为了稳定大米价格并确保充足的国内供应，大米的关税配额暂时放开，为期一年，针对东盟成员国的最惠国（MFN）关税税率定为35%。为控制非洲猪瘟，暂时降低了猪肉的关税配额。

2021年，随着新冠疫情的扩大，向小农提供额外贷款和贷款担保的资金得到了延长，以帮助他们降低新冠疫情的影响。2020年政府对公开市场销售的基本食品实施零售价格管制，以避免因疫情导致价格大幅上涨，并在2021年继续实施。

三、俄罗斯

俄罗斯国家农业发展计划处于2018年至2025年的第二实施阶段。2019年和2020年的资金结构大致相同，国家支持的领域没有发生重大变化，但一些次级计划被转变为资助区域项目。

政府在2020年5月推出了额外的措施，这些措施包括增加对购买农业机械、商品和加工设备的支持等，以增加对农业部门的设备供应。2020年引入了支持油料生产的新补贴，其形式是向大豆和油菜籽支付，旨在刺激生产者的生产。通过了两个新的补贴方案，即“补偿性”和“激励性”补贴。补偿性补贴包括作物面积补贴、牛奶补贴、对纯种牲畜的支持、良种补贴以及农业保险补贴。激励性补贴主要是针对特定的部门或对象，包括为小农经济、十个最不发达地区提供支持等。

2020年1月21日，俄罗斯联邦总统批准了新的粮食安全文件，以便系统地应对粮食安全的挑战和威胁。根据这份文件，国内生产占消费的最低份额进一步提升，水果和浆果为60%，谷物为95%。

为应对新冠疫情危机，2020年到期的贷款本金偿还期限将被推迟1年，短期贷款的利息以及用于投资贷款的利息和本金也被延期偿还。

2020年11月21日，政府将从对俄罗斯实施经济制裁的国家进口农产品的禁令延长至2021年底。2021年确定了小麦、黑麦、大麦和玉米出口的关税配额。从2021年2月15日至6月30日，对大豆、油菜籽和葵花籽适用30%的出口税（不低于每吨165欧元）。2021年下半年，油菜籽30%的出口税继续延长，并从9月1日起对葵花籽油征收浮动出口税。

2022 年 2 月 4 日俄乌冲突爆发后，俄罗斯宣布了一项主要农产品的临时出口禁令，主要包括谷物和糖，并对某些氮肥实施了出口禁令和发放许可证。鉴于全球疫情影响，为确保农产品的进口，简化了农产品进口的程序。

为了最大限度地减少新冠疫情带来的负面影响，防止欧亚经济联盟（EAEU）成员国的重要商品短缺，于 2020 年 3 月 31 日，欧亚经济理事会（EEC）对 EAEU 成员国特定类型的农产品出口进行了限制（有效期至 2020 年 6 月 30 日）。欧亚经济理事会还批准了一份对欧亚经济联盟国家免征关税的重要进口产品清单，该豁免从 4 月 1 日至 2020 年 6 月 30 日有效。

四、南非

2020 年为应对新冠疫情，政府拨出 12 亿南非兰特（6400 万美元）用于支持受困的小农生产者；另有 4 亿南非兰特（2100 万美元）从积极的土地收购战略计划（允许国家购买农田进行再分配）中转出，也用于支持受困的小型农场。

近年来，南非试图在土地改革中加强土地的再分配政策，包括将商业农田重新分配给黑人生产者，以纠正过去限制黑人占有和购买土地的歧视性法律条款。值得注意的是，2021 年 12 月，无偿征用土地的修宪法案在国会被否决。

农业发展机构（AGDA）于 2020 年 2 月 18 日启动，是公共私营增长倡议（PPGI）框架下的一个私营部门，旨在整合私营部门内现有的资源，为黑人农民开发可持续的土地改革项目。

2021 年由国民议会通过了关于“农业、土地改革和农村发展的国家预算项目”，为农业、土地改革和农村发展提供资源和分配任务，以提升农业价值链、增加农业投入以及公平获得土地的机会，并促进农村发展。

2021 年 3 月 18 日，启动 10 亿兰特（合 6760 万美元）农业产业基金，旨在通过农业部门帮助黑人生产者和企业家开发、扩大、并购和整合农业产业链，还旨在加速土地再分配和增加出口。

在 2020—2021 年期间，小麦和食糖的进口关税分别调整了 4 次和 2 次，最终小麦和食糖的进口关税分别比 2019—2020 年降低了 55%

和17.5%。

根据2021年9月更新的《国家自主贡献》（NDC）中，承诺到2030年将温室气体（GHG）排放量降低12%—32%。NDC没有设定特定行业的目标，也没有承诺实现碳中和目标。但《气候变化法案》将制定包括农业在内的行业排放目标，以保证到2050年实现净零排放。

五、乌克兰

为应对新冠疫情，《2020年国家经济刺激计划》提供了一些针对农业部门的措施，包括获得财政支持、加强市场便利化和市场监测，进一步促进有机农业，以及对奶制品生产商和家庭农场的保险补贴等。

2020年通过的新立法取消了对出售农业用地的禁令。从2021年7月起，乌克兰公民将被允许购买最多100公顷的土地，从2024年1月起，这种可能性将扩大到购买最多10000公顷的土地，资质要求为乌克兰公民，并且没有在国外或离岸公司的业务。

设立了一个新的农业部分信贷担保基金，向中小型农场和种植500公顷土地的农业企业提供信贷担保。还通过了立法，引入国家对农业保险的支持，向农业生产者提供高达60%的保费补贴。

乌克兰还通过了与气候变化和环境政策有关的立法，涉及温室气体排放的监测、报告和核查、含氟温室气体和消耗臭氧层物质的监测与灌溉和排水等方面。2020年初，制定了关于环境政策的战略，并列出了衡量环境政策效果和实现环境目标的相关指标。2021年制定了《到2025年保护环境的国家行动计划》以及加强对森林和泥炭地的保护、鼓励大规模造林和支持有机农业的发展。

新的自由贸易协定（FTAs），包括于2021年1月生效的乌克兰—以色列自由贸易协定以及乌克兰和英国的政治、自由贸易和战略伙伴关系协定，2022年2月签署的乌克兰和土耳其自由贸易协定，都促进了包括农产品在内的双边贸易的发展。

受俄乌战争的影响，乌克兰自2022年3月6日起对小麦、家禽和蛋类实施了出口许可证管理，玉米和葵花籽油不再列入出口需许可的商品清单。2022年3月12日，乌克兰还对一系列矿物化肥实施了出口禁令。在进口方面，乌克兰于2022年3月16日取消了所有进口商品的消费税。在国内推出了一项额外的农业贷款计划，并加大了建立粮食和饲料的战略储备工作力度。

六、越南

2020年越南签署了区域全面经济伙伴关系（RCEP或东盟+5）和英国—越南自由贸易协定（UKVFTA）。UKVFTA是在与欧盟原始协议（于2020年8月1日生效）的基础上进行谈判，并进行了一定的调整，以确保符合越南和英国的双边贸易框架，该协议于2020年12月31日生效。最重要的贸易进展是2022年1月1日生效的《区域全面经济伙伴关系协定》（RCEP），有望为越南农产品打开更多的出口市场。

为了应对新冠疫情稳定国内市场，2020年3月11日，政府规定私营大米贸易商保持相当于前6个月出货量5%的大米储备。2020年3月27日，越南宣布了一项储备27万吨大米的计划，财政部从国内市场购买19万吨大米和8万吨稻米（未脱壳），以确保疫情期间的国内粮食供应。2020年3月25日，政府暂停了大米出口，以确保疫情期间和湄公河三角洲严重干旱情况下的国内粮食安全。随后，该决定被修改为实施每月的大米出口配额，2020年4月3日，政府批准了4月份出口40万吨大米，5月份再出口40万吨的计划。2021年为降低成本压力，对小麦、玉米、冷冻猪肉和种子等特定产品实行关税减免。

自2003年以来，大多数农户和组织都免于缴纳农业土地使用税或享受土地税减免。2020年6月，政府发布了一项决议，将免税期延长至2025年12月31日。允许受疫情影响的企业、个人和家庭推迟缴纳增值税、公司所得税、个人所得税和土地租赁费。

按照其正常的规划周期，2021年政府发表了许多决议、法令和决定，制定了未来5—10年及以后的计划和目标。在与农业有关的文件中，最重要的包括：《到2030年国家粮食安全决议》《2021—2025年农业产业结构规划》以及到2025年和2030年越南大米重组计划。

2020年农业和农村发展部（MARD）批准了2021—2030年期间执行《气候变化巴黎协定》的计划。MARD的主要任务包括减少农业和农村发展部门的温室气体排放以及为农业和林业部门建立测量、报告和核查系统（MRV）。政府还颁布了《2021—2030年国家气候变化适应计划》，该计划旨在最大限度地降低气候变化所带来的风险。2021 年 1 月，为响应该计划的实施，MARD 列出了到 2025 年和 2030 年要完成的任务。

七、印度

2020 年 5 月，哈里亚纳邦政府在 8 个严重缺水的区域限制水稻种植。根据作物多样化计划，邦政府决定将 10 万公顷的水稻面积转移到玉米、小米和豆类种植，以最低支持价格收购。

2021 年中期，政府提高了夏季种植作物的最低支持价格（MPS），包括水稻的 MPS 增加 3.9%、玉米 1.1%、大豆和向日葵 2%。9 月又提高了冬季种植作物的 MPS，包括扁豆 7.8%、鹰嘴豆 2.5%、小麦 2%、大麦 2.2%、油菜籽 8.6%。政府再拨款 2860 亿卢比（38 亿美元）用于化肥补贴，以抵消 2021 年 10 月国际化肥价格的上涨。

为提高自给自足和减少植物油进口，印度于 2021 年 7 月宣布了一项 1100 亿印度卢比（14.8 亿美元）的计划（国家油籽和油棕任务），以提高国内油籽、棕榈油和豆类的产量和生产力。将为以下项目提供支持：购买优质种子、先进工具和机械；植保设备、化学品和化肥；以及有针对性的基础设施、技术转让、推广和培训。

采取了若干措施来减少贸易壁垒，2020 年 9 月 13 日至 12 月 31 日期间印度禁止所有品种的洋葱出口，以弥补国内供应短缺。2021 年 5 月工商部取消了部分豆类的进口配额，有效期至 2021 年 11 月；消费者事务部将糖出口补贴削减 33%，降至每吨 4000 卢比（55 美元）。2021 年 7 月，财政部暂时取消了对扁豆征收关税。2021 年 10 月，政府暂停对棕榈油、大豆油和葵花籽油征收关税，截止日期到 2022 年 3 月 31 日。

2021—2022 年联盟预算包括新的一般事务方案，涉及病虫害的监测和控制、农产品的储存和销售、基础设施。2022 年 2 月发布的《2022—2023 年联邦预算》提出了改善对农民金融服务的措施。2022—2023 年将通过国家农业和农村发展银行设立一个新基金，为农业和农村企业提供创始资金，侧重于农业、营销和推广服务的数字化。2022—2023 年联邦预算还预计，从 2022 年 4 月到 2023 年 3 月，向小麦和水稻农民直接支付 2.4 万亿印度卢比（312 亿美元）的市场价格支持（MPS）。

2021 年 11 月 29 日，议会批准了一项法案，撤销了旨在改革农业市场的三项法案（《2020农产品贸易和商业（促进和便利）法案》《2020农民（授权和保护）价格保证协议和农业服务法案》《2020基本商品（修正）法案》），该法案最初于2020年9月获得批准，允许农民在政府监管的市场之外销售他们的产品，取消对私人储存、交易或购买农产品的限制，以促进国内外贸易的顺利进行。

八、阿根廷

自2019年12月以来，阿根廷的农业政策更多地转向出口限制，特别是重新征收2015—2018年期间减少或取消的税收。2020年3月，大豆和大豆制品的出口税从30%提高到33%，不过从2020年10—12月，税率暂时恢复到30%。2020年12月至2021年1月期间禁止玉米出口，政府通过与私营部门的谈判，获得了以较低价格保证国内供应的承诺后，随即取消了出口限制。

2021年12月取消了几种产品的出口税，包括花生、爆米花玉米、加工的水果和蔬菜、燕麦片、黑麦、鹰嘴豆、扁豆、碎燕麦片、土豆片、土豆和木薯淀粉以及有机产品等，然而对大豆和牛肉等关键产品仍有限制。在2022年之前，政府根据“经济紧急情况”考虑，利用国会的特别授权，通过酌情法令调整出口税率。

2021年8月，国会通过了一项新的生物燃料法，将生物柴油的强制掺混率从10%降低到5%，随后授权能源秘书处将这一比例降低到3%的最低水平，并降低玉米在生物乙醇中的混合率，这些削减可能会影响到对生物燃料的投资。

负责动植物健康和食品安全的国家食品安全委员会（SENASA）作出了几项与猪肉行业有关的决定，设立了国家猪和其他动物卫生和福利委员会，其职责是分享和交换信息，收集利益攸关方和其他公共机构的需求和意见。出台了一项新的法规规定，养猪生产工厂必须被官方认定为“无病”，其程序遵循世界动物卫生组织（OIE）制定的国际标准。在多米尼加共和国和海地爆发非洲猪瘟（ASF）之后，国家卫生局于2021年11月在阿根廷全境发布卫生警报，采取和加强预防措施，以降低入境风险。

为应对新冠疫情，农业、畜牧业和渔业部为弱势人群提供食品援助并发放补贴。政府还启动了“对家庭和本地农民的重要援助计划”，为受疫情影响的小农户提供支持。

九、中国

为应对新冠疫情危机，2020 年 5 月，国家发展和改革委员会发布了一项粮食安全应对计划，限制农田进一步向非粮食作物用途转变，并巩固中央政府对各地区和各省库存的监督。

自 2020 年 6 月起，中国实施了对进口食品及其包装进行新冠病毒检测。2020 年 12 月，在边境中国为农产品交易新增了防疫协议，其中包括对农产品进行检测和消毒。还建立了一个由国家市场监管局管理的国家食品安全追溯平台，食品公司必须报告进口货物的信息。

2021 年的“中央一号文件”和 2021 年 3 月通过的《中华人民共和国国民经济和社会发展第十四个五年规划和 2035 年远景目标纲要（2021—2025 年）》，均加强了对粮食供应的关注，旨在提高粮食产量，加大对国内种业的支持，并加强数字技术在农业中的应用；列出了保持对粮食生产者补贴并适当提高小麦和水稻最低收购价的关键优先事项。

2021 年 6 月，农业农村部对种粮农民一次性发放 200 亿元（32 亿美元）补贴，用以解决投入成本上升的问题，这已被纳入农业生产发展规划，并于 2022 年 3 月再延长一年。

2021 年 12 月国务院印发的《“十四五”推进农业农村现代化规划》和 2022 年 2 月“中央一号文件”提出，粮食年产量不低于 6.5 亿吨的中期目标。在此背景下，国家发展和改革委员会于 2021 年 2 月将籼稻和小麦的最低收购价提高了 1%；2021 年 10 月，将 2022 年小麦最低收购价上调了 1.8%；2022 年 2 月，早籼稻最低收购价提高了 1.8%，晚籼稻和粳稻最低收购价提高了 0.8%。

2021 年 12 月，农业农村部发布了《“十四五”全国畜牧兽医行业发展规划》，保障国务院 2020 年为畜牧业设定的自给率：猪肉 95%、牛肉和羊肉 85%、奶源 70%，禽肉和禽蛋基本自给。从 2022 年 1 月开始，猪肉和猪肉制品的关税也从 8% 提高到 12%。

《中华人民共和国进口食品境外生产企业注册管理规定》（海关总署令 248 号）自 2022 年 1 月 1 日起施行。该规定要求，所有向中国境内出口食品的境外生产、加工、贮存企业必须在中国有关部门注册，才能向中国出口农产品。2021 年 10 月，中国海关总署发布公告（2021 年第 81 号），调整必须实施检验商品目录，对 29 类化肥产品新增实施出口商品检验。

第十章　新兴经济体国家生产者支持水平及政策分析

第一节　生产者支持水平及结构分析

一、农业生产者支持水平的比较分析

（一）生产者支持估计值比较

生产者支持估计值（PSE）由农业补贴政策措施产生，每年政府对农业生产者的财政转移，包括市场价格支持、信贷的优惠、保险补贴等。

如表 10-1 所示，纵观各国 1995—2021 年生产者支持总量，中国最为突出，2021 年支出水平为 2890.07 亿美元，大于其他新兴经济体国家的支出总和，并从 2000 年开始对生产者支持呈现逐步增加的趋势。俄罗斯进入 2000 年后快速增长，2008 年达到历史最高峰，补贴的金额为 208.84 亿美元，之后随着俄罗斯宏观经济的不景气，政府对生产者的补贴大大缩减。南非对生产者的支持一直较为稳定，保持较低的支持水平。乌克兰和越南、阿根廷和印度对农业生产者支持估计波动剧烈，一度出现负值，表明政府对生产者进行征税。除此之外的新兴经济体国家巴西、菲律宾对生产者支持水平基本是先上升后下降，并在 2010—2015 年间达到最高值，之后随着世界经济的低迷，逐渐降低了对生产者的支持力度。

表 10－1 1995—2021 年各国生产者支持总量比较 单位：百万美元

年份	1995	2000	2005	2010	2015	2019	2020	2021
阿根廷	—	69	－4845	－11322	－12865	－11760	－4614	－10614
巴西	－7815	3484	5898	9616	3514	2282	2362	6798
中国	12613	9256	33758	112596	221506	199382	250737	289007
印度	—	2172	－21322	－51966	－14462	－23079	－41481	－41231
菲律宾	—	2450	1942	5473	8213	7406	8424	9652
俄罗斯	5557	568	5409	13864	9095	7599	5739	3657
南非	1257	409	838	356	877	594	553	589
乌克兰	－3157	203	1644	1647	145	1018	490	590
越南	—	938	1215	2599	－1436	－4315	－3337	－2807
OECD	257713	232205	257025	249513	220596	243906	252441	245375

数据来源：OECD 数据库整理。

（二）生产者支持率比较

生产者支持率（%PSE）表示的是生产者支持估计值（PSE）占农业总产值的百分比。如表 10－2 所示，%PSE 最高的是菲律宾，且支持率的变动幅度较小，维持在 20% 以上，高于 OECD 成员国平均水平，表明农业生产者将近五分之一的农业收入受益于政策支持。其次是中国、俄罗斯%PSE 处于 10%—20% 之间，比较接近 OECD 成员国平均水平。乌克兰和越南的波动幅度较大，个别年份为负值，阿根廷和印度每年均为负值，但总体上来看，农业政策对国内生产者仍具有一定的支持效应，其中阿根廷由于其货币的大幅贬值，负 PSE 规模较大，%PSE 指数 2015 年为－30.88%，2021 年缩小为－19.05%。除此之外，其他新兴经济体国家巴西和南非该指标一直保持较低水平，并呈现下降的趋势，表明政策对农业生产者的保护程度在降低，农业生产的市场化程度在提高。

表 10－2 1995—2021 年各国生产者支持率（%PSE）比较 单位：%

年份	1995	2000	2005	2010	2015	2019	2020	2021
阿根廷	—	0.38	－24.49	－28.03	－30.88	－28.37	－10.47	－19.05
巴西	－16.87	9.08	8.77	6.41	2.40	1.52	1.56	3.36
中国	5.65	3.52	8.02	12.68	16.07	13.31	14.79	16.23

续表

年份	1995	2000	2005	2010	2015	2019	2020	2021
印度	—	1.79	-12.35	-14.77	-3.60	-4.71	-8.71	-8.09
菲律宾	—	23.65	15.66	22.42	26.97	25.21	27.06	28.91
俄罗斯	13.44	2.40	12.81	19.87	12.72	9.03	6.92	3.70
南非	14.49	5.71	6.93	1.92	4.96	2.90	2.70	2.32
乌克兰	-23.82	2.25	8.61	5.25	0.54	2.85	1.41	1.14
越南	—	10.24	8.06	8.59	-3.33	-9.75	-7.40	-5.92
OECD	29.19	30.07	25.81	19.17	17.04	18.13	18.23	15.88

数据来源：OECD 数据库整理。

（三）市场保护程度比较

采用的指标是生产者名义支持系数（NACp），用来衡量市场保护程度，是对生产者补贴的农业总收入与剔除生产者补贴的农业总收入之间的比率，NACp 越接近于 1，表明政府对农业市场干预越小，农业市场化程度越高。

如表 10-3 所示，从整体上来看，研究对象国的生产者名义支持系数均位于 1 以上，表明政府对农业市场的干预仍然较高，农业市场化程度有待提高。NACp 数值最高的是菲律宾，波动幅度为 1.2—1.4 之间，变化趋势与菲律宾%PSE 变化趋势相同；巴西和南非的 NACp 数值比较接近 1 的水平，表明两国的农业市场化程度较高，政府对农业市场干预较小。阿根廷、越南、乌克兰和印度这一指标小于 1，说明对生产者“补贴”的农业总收入小于剔除生产者补贴的农业总收入，即政府对生产者并未给予补贴支持，反而进行了隐性征税。总体来看，研究对象国市场保护程度除菲律宾外均低于 OECD 平均水平，即新兴经济体国家市场保护程度低于 OECD。

表 10-3　　1995—2021 年各国生产者 NACp 比较

年份	1995	2000	2005	2010	2015	2019	2020	2021
阿根廷	..	1.01	0.87	0.78	0.85	0.76	0.89	0.82
巴西	0.91	1.05	1.05	1.03	0.99	0.99	1.00	1.02
中国	1.06	1.01	1.04	1.12	1.14	1.12	1.16	1.16

续表

年份	1995	2000	2005	2010	2015	2019	2020	2021
印度	..	0.92	0.79	0.74	0.83	0.82	0.66	0.75
菲律宾	..	1.32	1.19	1.30	1.37	1.33	1.36	1.38
俄罗斯	0.92	0.97	1.13	1.18	1.11	1.06	1.04	1.01
南非	1.18	1.06	1.05	1.01	1.04	1.03	1.02	1.02
乌克兰	0.75	0.98	1.04	1.01	0.96	1.03	1.01	1.01
越南	..	1.16	1.10	1.15	1.05	1.00	1.00	1.01
OECD	1.30	1.26	1.17	1.09	1.06	1.08	1.06	1.04

数据来源：根据 OECD 数据库整理。

二、影响生产者支持水平变动的主要因素

总体而言，2019—2020 年新兴经济体国家 PSE 变动主要来自 MPS 和财政预算支持变化。如图 10 - 1 所示，与 2019 年相比，新兴经济体国家中生产者支持财政预算增加的有菲律宾。MPS 变动占 PSE 变动较大比重的包括巴西、中国、俄罗斯。南非较高的 MPS 增加了对生产者的支持，但是其预算支付增加的比例远远低于 MPS 的增加比例，表明南非直接支付对 PSE 的贡献非常小，PSE 主要是由 MPS 驱动；在巴西预算支付与市场价格的支持同样重要，由于信贷补贴的降低，2020 年巴西预算支出下降近 30%，但整体生产者支持比 2019 年增加 18.12%，表明 MPS 在生产者支持中占主要作用。

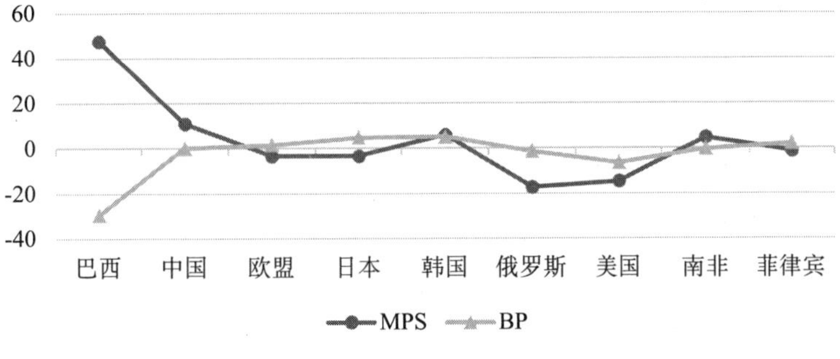

图 10 - 1　2019—2020 年市场价格（MPS）和预算支持（BP）对 PSE 的贡献

注：阿根廷、印度、乌克兰和越南未包括在内，因为其 MPS 为负值。

资料来源：OECD（2021）．“生产者和消费者支持估计”，OECD 农业统计数据库。

进一步将MPS的变化分解为两个部分：国内外价差和获得支持的生产量。在大多数国家，MPS的年度变化是由价格差距的变化推动的，生产量的变化则影响较小，而且由于国外价格的上涨取决于大多数国家上涨的平均值，因此价格差距的变化主要有国内价格的相对变动引起的。在新兴经济体国家由于国内生产者价格平均下跌，低于国外价格，导致2019年至2020年期间的MPS上升。此外，各国国内货币对美元的贬值也起到了一定的主导作用，有助于降低价格差距，因为在其他影响因素不变的前提下，国内货币的贬值增加了一国以本币表示的国外价格，进而减少了一国的MPS和总支持水平。

三、农业生产者支持结构比较分析

表10－4展示了新兴经济体国家PSE七个类别占生产者支持总量的比重。不同的支持政策与支持方法措施对农户最终的生产选择和决定很重要，会直接影响农产品的品种和产量，潜在地影响农户的生产、贸易和收入等。

表10－4　　1995—2021年各国PSE结构比较　　单位：%

国家/经济体	类别	1995年	2000年	2005年	2010年	2015年	2019年	2020年	2021年
阿根廷	A	—	19.78	..	..	..	..	..	..
	B	—	80.22	..	..	..	..	..	..
	C	—	0.00	0.00	..	..	..	..	..
	E	—	0.00	0.00	0.00	0.00	..	..	..
	F	—	0.00	0.00	0.00	0.00	..	..	..
	G	—	0.00	0.00	0.00	0.00	..	..	..
巴西	A	..	41.63	45.37	68.80	2.65	2.77	36.48	72.33
	B	..	58.37	54.36	29.31	94.10	92.03	59.67	26.40
	C	0.00	0.00	0.27	1.89	3.25	5.20	3.85	1.28
	E	0.00	0.00	0.00	0.00	0.00	0.00	0.00	0.00
	F	0.00	0.00	0.00	0.00	0.00	0.00	0.00	0.00
	G	0.00	0.00	0.00	0.00	0.00	0.00	0.00	0.00

续表

国家/经济体	类别	1995年	2000年	2005年	2010年	2015年	2019年	2020年	2021年
中国	A	86.67	32.19	43.32	69.45	74.80	69.42	72.57	74.53
	B	9.90	58.64	39.15	10.80	11.54	9.65	7.61	7.07
	C	3.00	5.27	9.31	15.39	10.92	13.51	12.86	11.94
	E	0.43	3.72	1.83	1.24	1.55	6.57	6.34	5.89
	F	0.00	0.17	6.39	3.11	1.18	0.84	0.62	0.57
	G	0.00	0.00	0.00	0.00	0.00	0.00	0.00	0.00
印度	A	—	..	..	..	..	..	..	..
	B	—	..	..	..	..	..	..	..
	C	—	0.00	0.00	0.00	0.00	..	..	..
	E	—	0.00	0.00	0.00	0.00	..	..	..
	F	—	0.00	0.00	0.00	0.00	..	..	..
	G	—	0.60	..	..	..	..	..	..
菲律宾	A	—	95.22	97.54	96.81	95.88	96.80	95.23	93.84
	B	—	4.51	2.34	3.12	4.07	3.02	4.57	6.00
	C	—	0.00	0.00	0.00	0.00	0.00	0.00	0.00
	E	—	0.00	0.00	0.00	0.00	0.00	0.00	0.00
	F	—	0.00	0.00	0.00	0.00	0.00	0.00	0.00
	G	—	0.27	0.12	0.08	0.05	0.18	0.20	0.16
俄罗斯	A	..	..	68.72	66.96	60.16	50.01	43.16	3.70
	B	..	..	28.23	30.64	30.89	32.52	33.82	68.09
	C	0.00	0.00	0.30	2.41	7.35	9.89	1.05	1.93
	E	0.00	0.00	0.00	0.00	0.00	0.00	0.00	0.00
	F	0.00	0.00	0.00	0.00	0.00	0.00	0.00	0.00
	G	11.56	27.79	2.74	0.00	1.60	7.58	21.98	26.27
南非	A	93.63	97.41	69.62	40.17	74.10	70.09	72.21	69.96
	B	1.67	2.59	20.44	59.83	21.26	29.20	27.79	30.04
	C	4.71	0.00	9.94	0.00	4.64	0.70	0.00	0.00
	E	0.00	0.00	0.00	0.00	0.00	0.00	0.00	0.00
	F	0.00	0.00	0.00	0.00	0.00	0.00	0.00	0.00
	G	0.00	0.00	0.00	0.00	0.00	0.00	0.00	0.00

续表

国家/经济体	类别	1995 年	2000 年	2005 年	2010 年	2015 年	2019 年	2020 年	2021 年
乌克兰	A	—	..	50. 43	5. 56	..	67. 17	37. 47	44. 32
	B	—	..	31. 87	73. 01	..	11. 82	27. 48	25. 50
	C	—	..	17. 69	21. 43	..	21. 01	35. 05	30. 18
	E	—	0. 00	0. 00	0. 00	0. 00	0. 00	0. 00	0. 00
	F	—	0. 00	0. 00	0. 00	0. 00	0. 00	0. 00	0. 00
	G	—	0. 00	0. 00	0. 00	0. 00	0. 00	0. 00	0. 00
越南	A	—	86. 38	85. 99	83. 54	..	..	..	..
	B	—	11. 47	11. 04	13. 60	..	..	..	..
	C	—	0. 00	0. 00	0. 00	..	..	..	..
	E	—	0. 00	0. 00	0. 00	0. 00	..	..	..
	F	—	2. 15	2. 97	2. 87	0. 00	..	..	..
	G	—	0. 00	0. 00	0. 00	0. 00	..	..	..
OECD	A	70. 72	67. 58	57. 65	47. 11	44. 89	41. 79	39. 90	41. 92
	B	8. 91	8. 27	10. 46	12. 38	13. 39	11. 87	14. 11	11. 46
	C	17. 70	16. 75	14. 88	13. 73	15. 81	23. 19	20. 27	21. 91
	E	1. 16	6. 34	15. 21	24. 05	22. 83	20. 07	22. 60	21. 21
	F	1. 33	1. 33	1. 65	2. 03	1. 52	1. 80	1. 99	2. 35
	G	..	..	..	0. 11	0. 42	0. 30	0. 34	0. 28

注：A 基于商品产出的支持；B 基于投入使用的支付；C 基于当前 A/An/R/I（耕作面积/牲畜数量/收入/收益）的，以生产为基础的支付；D 基于非当前 A/An/R/I 的，以生产为基础的支付；E 基于非当前 A/An/R/I 的，不以生产为基础的支付；F 基于非商品标准的支付；G 其他支付。.. 表示政府对 PSE 某项或某些项目进行了征税，出现了比值为负值或大于 100 的情况；—表示没有数据资料。D 项各国均为 0，未列入表内。

数据来源：OECD 数据库整理。

从各国生产者支持结构比较中可以看出，各国生产者支持主要通过基于商品产出和投入使用的支持来实现，即主要以 A 项和 B 项为主，两项占到PSE总支出的80%以上。近年来除巴西和南非外，其他研究对象国A项的占比远远高于B项。从变动的趋势来看，尽管各国A类（基于商品产出的支持）比重较大，但逐年降低，表明新兴经济体国家的农业支持政策已逐渐减少了基于产出环节的补贴，加大了对投入的支持力度，但是中国却与之相反，A类比重逐年增加，2010年以来已经达到70%以上，并逐渐增加C项支出。

1. 基于产出的支持。基于商品产出支持项中，最主要的政策工具为市场价格支持，如果支持的金额为正值，则说明实施了市场价格支持政策；如果支持的金额为负值，说明向农产品征税。

2021年新兴经济体国家中市场价格支持水平较高的国家是菲律宾，MPS占PSE的比重达到94%；其次是中国、南非和巴西占比在70%以上。这些国家占PSE的比重均大于OECD的平均水平，说明这些国家对市场的干预程度要高于OECD国家（图10－2）。

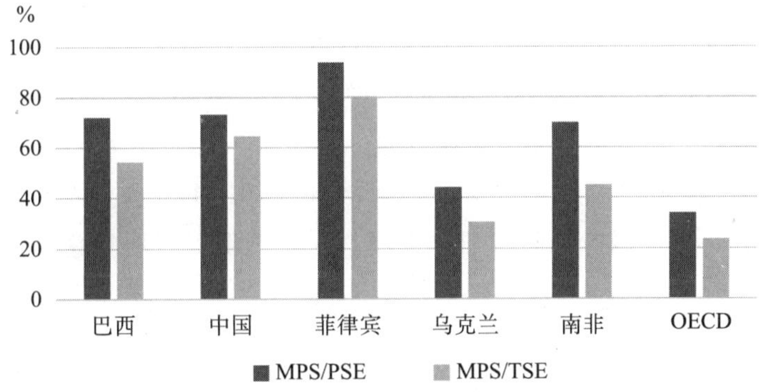

图10－2　2021年各国MPS占PSE及TSE的比重

注：2021年阿根廷、印度、俄罗斯和越南的MPS均为负值，政府对农产品进行了征税，所以图中占比没有显示。

数据来源：OECD数据库整理。

中国在21世纪以前，对农产品以及其投入品征税，表现为市场价格支持为负值。21世纪以后中国农业补贴支持水平进入快速增长阶段，中国的农业支持总量持续上升，如图10－3表示1995—2021年中国市场价格支持量，2021年市场价格支持总量达到2116亿美元。

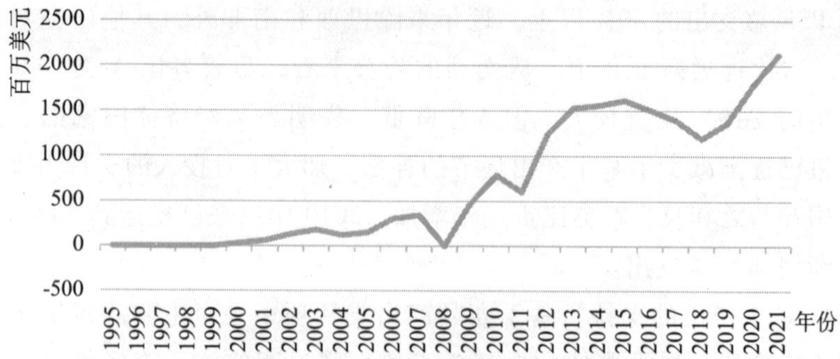

图 10 - 3　1995—2021 年中国市场价格支持

数据来源：根据 OECD 数据库整理。

2. 基于投入使用的支持。根据 2007 年 OECD 最新的农业政策分类框架体系，B 类（基于投入使用的支付）又细分为三个子类，分别为：B1 基于农业生产可变投入；B2 基于固定资本构成；B3 基于农场服务。结合表 10 - 4，以 2021 年数据为例，俄罗斯基于投入的支付所占比例最高，占 PSE 的 70%，主要是基于农场服务的快速增长；其次是巴西、南非和乌克兰，占比在 20%—30% 之间；中国在 10% 左右；其他国家低于 10%，或因 PSE 为负值无法计算占比。

从各国基于投入的支付结构来看，如图 10 - 4 所示，固定资本投入 B2 占主要部分的国家为阿根廷、巴西、中国、俄罗斯和乌克兰，2021 年

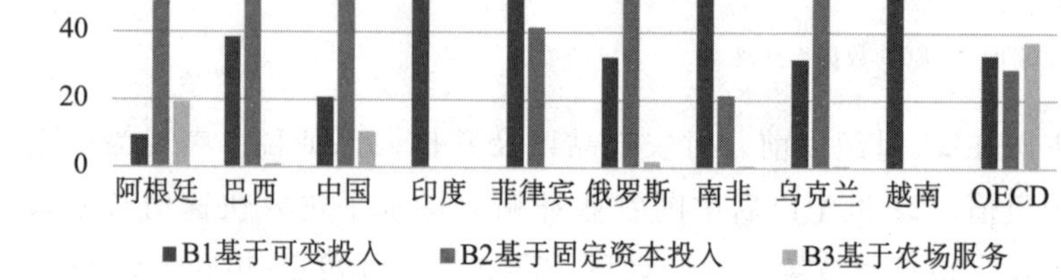

图 10 - 4　2021 年各国基于投入使用的支付结构比较

数据来源：根据 OECD 数据库整理。

该支出占 B 项总支出的比重均超过 60%；而南非、印度和越南主要是基于可变资本构成的支出 B1，2021 年占 B 项总支出的比重也超过 60%；中国和阿根廷对务农服务 B3 也给予了较高的关注，2021 年该支出占 B 项总支出的比重接近 20%。

3. 基于耕地面积、牲畜数量、收入、收益的支持。通过表 10－5 可以看出，新兴经济体国家对生产者的支持估计值，除了基于商品产出的支持以及投入使用的支持外，其他类别的支出水平较低。以 2021 年的数据为例，C—G 五大类别的占比合计最高的是乌克兰 30.18%，其次是俄罗斯为 28.2% 以及中国为 18.4%，其他研究对象国不足 2% 甚至为 0。这五大类中，研究对象国普遍采取 C 以生产为基础的基于当前耕地面积、牲畜数量、收入、收益的补贴形式，表明各国倾向于对有条件限制的生产进行补贴。

表 10－5　2021 年各国基于耕地面积、牲畜数量、收入、收益的支持占 PSE 比重

单位：%

类别	C	E	F	G	合计
阿根廷	0	0	0	0	0
巴西	1.28	0	0	0	1.28
中国	11.94	5.89	0.57	0	18.40
印度	0	0	0	0	0
菲律宾	0	0	0	0.16	0.16
俄罗斯	1.93	0	0	26.27	28.20
南非	0	0	0	0	0
乌克兰	30.18	0	0	0	30.18
越南	0	0	0	0	0
OECD	21.91	21.21	2.35	0.28	45.75

注：C 以生产为基础的当前耕地面积、牲畜数量、收入、收益的补贴；D 以生产为基础的非当前耕地面积、牲畜数量、收入、收益的补贴；E 不以生产为基础的基于非当前耕地面积、牲畜数量、收入、收益的补贴；F 基于非商品标准的支付；G 其他支付；D 项研究对象国均为 0，所以未列入表内。

数据来源：根据 OECD 数据库整理。

四、生产者支持措施对生产和贸易的扭曲程度

在大多数国家，对生产者支持所提供的措施对生产和贸易最易造成扭曲，包括通过直接干预市场、关税、限制进口产品数量来提高国内市场价格以及根据农场面积、产量、动物数量等对生产者进行补贴等，这些措施对农业生产、收入、贸易都会产生不同程度的影响。例如对市场价格的补贴扭曲了生产者所接收的价格信号，降低了生产的效率。据 OECD 的分析显示，基于产出的市场价格支持与基于投入品使用的支付对农业生产和贸易的扭曲程度最大。OECD 报告所涵盖的国家，通过对生产和贸易最具扭曲性的措施提供的转移平均占到生产者支持的近 70%，其中在新兴经济体国家中它们占到生产者支持的 80% 以上，在 OECD 国家占比也在 50% 以上。

阿根廷、越南、印度都出现了负的 MPS，表明在这些国家或地区对部分商品进行了征税，在计算“最扭曲的转移”之和时要取其绝对值。所研究的 9 个新兴经济体国家中仅有巴西和南非两国这一占比较低，表明两国家对农业生产和贸易的扭曲程度大大降低，市场化程度提高。除此之外，基于不受限制的可变投入也起到了一定的扭曲作用，如印度这一指标占农业生产总值的比重达到 7%。

第二节　各国生产者支持政策分析

一、巴西

巴西主要的生产者支持政策为市场价格支持、农村信贷和农作物保险补贴。巴西市场价格支持（MPS）占 A 项比重同样非常高，2021 年几乎为全部 A 项值（见表 10 - 6）。巴西农产品价格支持政策由两部分构成，即最低保障价格政策和食品采购计划。最低保障价格政策，这是巴西从 1966 年就开始实施的一项重要惠农政策，其目的是在市场价格下跌时保证农业生产者的稳定收入，该政策涵盖了范围广泛的农产品。食品采购计划是通过政府购买农民生产的食品，并将其分发给个人和家庭，以解决食

品和营养不安全的问题。

表 10－6　　　　1995—2021 年巴西生产者支持政策变动　　　　单位：百万美元

政策分类	1995 年	2000 年	2005 年	2010 年	2015 年	2019 年	2020 年	2021 年
PSE 总值	－8293	3484	5898	9616	3514	2282	2362	6798
A 基于农产品产出的支持	－9559	1450	2676	6616	93	63	862	4917
A1 市场价格支持（MPS）	－9729	1411	2607	6286	56	56	860	4915
对大米的支持（MPS）	625	477	801	743	0	0	436	0
B 基于投入使用的支付	1266	2034	3206	2818	3306	2100	1410	1794
B1 可变投入	1227	993	1048	1383	1273	995	730	689
有投入限制的运营资本贷款优惠利率补贴（牛奶、牛肉、猪肉、禽肉、玉米、甘蔗、大豆、棉花、咖啡等）	0	902	683	896	945	366	172	290
有投入限制的农村保险费（畜牧、大豆、棉花、小麦等自 2006 年）	0	0	0	113	85	111	169	217
有投入限制的 PROAGRO 保险支付自 2006 年开始	0	0	315	142	234	517	388	182
B2 固定资本形成	27	985	2080	1295	2010	1083	661	1087
有投入限制的投资贷款优惠利率补贴（一般用途限额和家庭农业支持计划）PRONAF）	0	267	1063	444	1274	754	487	947
有投入限制的农村债务证券化债务重组和 PESA 计划	0	711	831	0	0	0	0	0
有投入限制的 PROCERA 和 PRONAF 贷款债务重组	0	0	186	34	154	65	37	24
B3 农场服务	12	56	78	139	23	21	19	18
农业推广	12	56	78	139	23	21	19	18
C 基于当前、生产的 A/An/R/I 支持	0	0	16	182	114	119	91	87
保险支出（具有投入限制的）	0	0	16	182	114	119	91	87

数据来源：根据 OECD 数据库整理。

优惠利率是巴西农业补贴政策的核心。农村优惠信贷的主要来源是强制性资源，相当于商业银行30%的即期存款和农村储蓄存款的60%，还有来自国家经济和社会发展银行（BNDES）的宪法基金和贷款。进入21世纪后，巴西农业信贷增长迅猛，根据信贷政策要求，巴西各级银行对商业和小规模家庭农户给予不同的优惠贷款利率，以低于市场利率的水平发放贷款，有的贷款利率甚至低于存款利率。近年来，随着银行基准利率的降低使得银行可以提供更多的信贷资金，特别是针对小型生产商和创新资本的投资。目前巴西信贷更多地集中在农民的短期贷款上，主要用于农产品的销售和营运。

农业保险也是生产者支持的重要组成部分，通过提供保费补贴或补偿农户因自然灾害而造成的损失，近年来由于PSE的不断缩减，此项支出大大降低，由2010年的1.82亿美元减少到2021年的0.87亿美元。

二、南非

自20世纪90年代以来，南非政府推行以土地改革为核心、以市场为导向的国内农业政策改革。一是推进以土地归还、土地再分配、土地所有权改革等为内容的土地改革，改变种族歧视引起土地资源配置严重扭曲的遗留问题；二是放松对农业生产部门管制，大幅减少对农产品销售和价格的干预，取消所有出口补贴，仅依靠关税措施实施价格支持。

市场价格支持和基于投入使用的支付是对生产者支持的重要组成部分。2021年MPS占其生产者支持总值的70%。不过，因其PSE的值较小，南非价格扭曲的程度很低，除了糖和小麦（主要是由于进口关税）以外，大多数商品的国内价格与世界价格水平保持一致。燃料补贴是基于投入使用支付中比重最大的项目，固定资本的投入则侧重于土地改革的支付。总之，南非生产者支持政策种类少，集中度高（见表10－7）。

表10－7　　1995—2021年南非生产者支持政策变动　　单位：百万美元

政策分类	1995年	2000年	2005年	2010年	2015年	2019年	2020年	2021年
PSE总值	1276	409	838	356	877	594	553	589
A 基于农产品产出的支持	1196	398	584	143	650	416	400	412
A1 市场价格支持（MPS）	1196	398	584	143	650	416	400	412

续表

政策分类	1995 年	2000 年	2005 年	2010 年	2015 年	2019 年	2020 年	2021 年
B 基于投入使用的支付	21	11	171	213	186	173	154	177
B1 可变投入	18	1	109	125	119	134	121	139
燃料补贴	0	0	85	124	118	134	120	138
B2 固定资本形成	3	9	60	85	65	38	32	38
土地补助金	0	5	29	38	25	12	9	10
农场投资	0	4	21	28	18	8	6	8
B3 农场服务	0	0	3	3	2	1	1	1
项目服务	0	0	3	3	2	1	1	1
C 基于当前、生产的 A/An/R/I 支持	59	0	83	0	41	4	0	0
干旱灾害补贴	55	0	19	0	36	0	0	0
洪涝灾害补贴	0	0	64	0	5	4	0	0

数据来源：根据 OECD 数据库整理。

三、俄罗斯

市场价格支持（MPS）是俄罗斯主要的生产者支持方式，2020 年占 PSE 的比重达到 39.15%（见表 10－8）；2021 年此项为负值，主要是对粮食类产品（包括玉米、大麦、葵花籽等）提高了征税的额度。政府通过限定最低和最高价格以制定干预价格区间，当市场价格波动超出干预价格边界时，政府可以回收或购买市场上的谷物产品，目前对小麦、黑麦和玉米等谷物均建立了干预价格区间。俄罗斯于 2017 年首次宣布对奶粉和黄油的销售进行干预，然而由于干预价格较高，此政策没有实施开来。目前大部分商品均存在市场价格干预，正支持主要为牛肉、牛奶、猪肉等肉类产品和糖类，而在大麦、葵花籽和小麦等粮食类产品上存在负支持。

表 10－8 1995—2021 年俄罗斯生产者支持政策变动 单位：百万美元

政策分类	1995 年	2000 年	2005 年	2010 年	2015 年	2019 年	2020 年	2021 年
PSE 总值	6139	568	5409	13864	9095	7599	5739	3657
A 基于农产品产出的支持	－326	－274	3717	9283	5472	3801	2477	135

续表

政策分类	1995 年	2000 年	2005 年	2010 年	2015 年	2019 年	2020 年	2021 年
A1 市场价格支持（MPS）	-1263	-446	3527	8934	5124	3627	2247	-16
对牛奶的支持	1673	1205	879	2119	2083	552	806	170
对畜产品的支持	818	-1562	2446	6652	2423	2701	1189	-186
对糖类的支持	153	-89	202	163	618	374	252	0
B 基于投入使用的支付	5823	685	1527	4248	2809	2471	1941	2490
B1 可变投入	3797	207	816	1845	1046	476	398	814
生产短期贷款利率补贴	0	0	144	368	0	0	0	0
B2 固定资本形成	2003	478	699	2281	1699	1905	1501	1629
2013 年开始的投资或短期贷款利率补贴（牛奶、肉、谷物以及畜产品）	0	0	0	0	934	1256	937	1097
兴建奶业综合设施的补助	0	0	0	0	0	88	67	67
农业机械租赁及购买的补贴	1584	12	10	60	88	61	53	73
过期债务重组	14	202	275	147	70	58	35	40
B3 农场服务	23	0	13	122	65	89	42	47
反动物流行病服务支出	13	0	4	110	28	46	0	0
C 基于当前、生产的 A/An/R/I 支持	0	0	16	333	668	752	60	71
农业—工业发展方案	0	0	0	0	0	172	0	0
始于 2013 的作物生产者的地区支付	0	0	0	0	562	228	0	0
G 杂项支付	642	158	148	0	146	576	1261	961

数据来源：根据 OECD 数据库整理。

可变投入补贴上较为繁杂，优惠贷款是重要的支持工具之一。补贴金额的大小依据受益人和贷款类型的不同而不同。目前执行的主要有自 2013 年开始的短期贷款利率补贴，覆盖农作物生产、畜牧生产和超出国家补贴标准的地方性补贴。除了利率补贴，同时提供各种投入补贴，也可以通过优惠条件租赁机器设备和牲畜。农业生产者在联邦税款和社会缴费上也可享受一系列的税收优惠和欠款偿还优惠。

2013 年开始的投资和短期贷款利率补贴主要针对牛奶、肉和谷物及畜产品，是主要的固定资本投资支持，以优惠条件租赁机械、设备和牲畜是俄罗斯支持固定资本形成的又一项重要政策，它由联邦农业融资租赁公司实施。

除此之外，实施了针对不同地区生产者的补贴，补贴水平自 2013 年实施以来明显下降，至 2020 年取消此项补贴。此外，2020 年俄罗斯大幅提高了杂项支出，由 2019 年的 5.76 亿美元提高至 2020 年的 12.61 亿美元，2021 年有所下降。

四、菲律宾

通过表 10－9 可以看出，菲律宾对生产者的支持政策集中于市场价格支持，2021 年仅此一项占其生产者支持总值的 93.84%，市场价格支持（MPS）实施的方式是贸易壁垒（主要是关税配额），国内生产者价格比世界市场价格平均高出 40%。大米生产者是价格支持政策的主要受益者。

表 10－9　1995—2021 年菲律宾生产者支持政策变动　单位：百万美元

政策分类	2000 年	2005 年	2010 年	2015 年	2019 年	2020 年	2021 年
PSE 总值	2450	1942	5473	8213	7406	8424	9652
A 基于农产品产出的支持	2333	1895	5298	7875	7169	8022	9057
A1 市场价格支持（MPS）	2333	1895	5298	7875	7169	8022	9057
对大米的支持	962	697	2024	4496	3829	4420	5111
B 基于投入使用的支付	111	45	170	334	224	385	579
B1 可变投入	45	27	96	189	128	158	339
国家生产支持服务项目（玉米、大米、牲畜和高价值作物）	37	25	74	87	42	69	247
菲律宾椰子局方案	6	2	11	72	19	18	21
菲律宾农作物保险公司	2	1	5	29	68	71	71
B2 固定资本形成	65	19	74	146	95	227	240
提供农业设备和设施（水稻、玉米、牲畜、高值作物和有机农业）	17	12	28	65	33	37	44
信贷便利化	11	3	3	45	48	77	76

续表

政策分类	2000 年	2005 年	2010 年	2015 年	2019 年	2020 年	2021 年
收获后设施（仓库种子贮藏的干燥机）其他商品	37	4	40	11	2	2	2
G 杂项支付	7	2	4	4	13	17	15
国家奶业管理局	1	1	2	4	5	5	7
国家烟草局	5	1	3	0	8	11	9

注：OECD 所给出的数据是从 2000 年起。

数据来源：根据 OECD 数据库整理。

菲律宾对进口大米实行数量限制。这些限制最初是在 1995 年加入世贸组织时确立的，允许菲律宾在 2012 年之前基于粮食安全维持大米进口的数量限制，但要求菲律宾必须以逐步增加进口配额的形式保证最低的市场准入。2012 年菲律宾通过一项豁免将其对大米的特殊待遇延长至 2017 年。该豁免是在 2014 年 7 月获得的，条件是菲律宾将最大可载重吨位增至 80.52 万吨，将配额内关税降至 35%。

关税保护仍然是菲律宾的主要贸易政策工具。贸易自由化主要发生在区域贸易协定内，特别是东盟自由贸易区。2016 年农产品单一最惠国税率平均为 9.8%。所有适用的税目均从价计征，税率由 0 至 65% 不等。对 14 种农产品实行关税配额，配额内关税 30%—50%，配额外关税 35%—65%。这意味着配额外汇率与配额内汇率非常接近。涵盖的产品包括活猪、山羊和家禽及其肉、土豆、咖啡、玉米、大米和糖。然而，其中三种农产品（活马、活牛和牛肉）没有实施关税配额，对于其他三种（家禽肉、土豆和咖啡），只适用于特定范围的关税。所有受管制的产品（包括关税配额下的产品）均须申领进口许可证，以保障公众健康和国家安全。

菲律宾是对台风、热带风暴和洪水高度敏感的地区，近年来，农作物保险业务大幅扩张。2021 年农业保险支持 0.71 亿美元，比 2015 年增加一倍多。国内生产者价格比世界市场价格平均高出 40%。

五、乌克兰

乌克兰的生产者支持在过去 30 年里波动很大，主要是由于市场价格支持（MPS）的波动引起的。对生产者的支持总值（PSE）从早期的负支持转向正支持（表10－10）。2021年主要的市场价格支持为猪肉和糖类，征税农产品主要是牛奶和葵花籽。

表10－10　　1995—2021年乌克兰生产者支持政策变动　　单位：百万美元

政策分类	1995年	2000年	2005年	2010年	2015年	2019年	2020年	2021年
PSE总值	－2937	203	1644	1647	145	1018	490	590
A 基于农产品产出的支持	－3857	－162	829	92	－967	684	184	261
A1 市场价格支持（MPS）	－3857	－239	397	－167	－967	684	184	261
牛奶		－133	－36	－527	－208	－48	－107	－194
A2 基于产出的支持	0	78	432	259	0	0	0	0
每公吨牛奶、猪肉、家畜牛肉和小牛肉的支付	0	75	393	230	0	0	0	0
B 基于投入使用的支付	368	107	524	1202	930	120	135	150
B1 可变投入	294	81	413	1066	929	23	39	48
短期贷款利率补贴	2	4	54	59	13	21	39	44
基于增值税积累的投入补贴	0	68	334	996	916	0	0	0
B2 固定资本形成	60	23	111	136	1	97	95	102
葡萄园和浆果园的支持	36	15	34	58	0	15	11	19
机械设备的补贴	23	0	29	4	0	32	55	36
长期贷款利率补贴	1	2	27	20	0	0	0	0
B3 农场服务	14	3	0	0	0	0	0	1
基于土壤改良的支付（自1992年）	14	2	0	0	0	0	0	1
C 基于当前、生产的A/An/R/I支持	552	258	291	353	183	214	172	178
固定农业税的效益	0	257	273	353	183	166	160	158

数据来源：根据OECD数据库整理。

基于投入使用的支付主要涉及机械设备补贴以及对果园的支持，包括向牲畜、水果、葡萄酒和浆果部门提供具体的支持，用于动物饲养、种植材料、机械设备和储存能力以及债务清偿方面的补贴。乌克兰自1998年引入的单一税制，根据农业土地价值的百分比来确定，替代利息税、土地税、特殊用水费以及农业企业应缴纳的12种税种。近年来，单一税制为农业生产者带来隐性税收优惠，每年约为1.58亿美元。短期贷款利息补贴是可变投入使用支付的主要组成部分，2021年支付金额为4800万美元。

总之，由于不利的政治和经济条件，自2014年以来生产者支持总体呈负增长，以税收优惠和投入支持形式提供的补贴仅部分抵消了这一总体负增长。

六、越南

越南对生产者的支持一直处于负保护，政策工具集中于市场价格支持。MPS因商品而异，往往给予进口竞争商品的生产者提供关税保护，如玉米、甘蔗和牛肉；而一些出口商品的生产者则被隐性征税，如家禽肉、橡胶、茶叶等。大米生产商还受益于以目标价格为基础的价格支持体系，该体系旨在为农民提供比生产成本高出30%的利润。然而，即使采取了这些措施，农民近年来收到的价格仍低于出口参考价格，导致MPS为负。

越南基于投入使用的支付主要是可变投入，其中以灌溉费豁免为主要内容，以及直接支付给水稻生产者，后者涉及维持水稻生产所需的土地。自2012年以来，针对水稻种植面积进行补贴，目标是保持380万公顷的水稻生产。

除此之外，其他投入使用的支持包括对农民购买良种进行补贴、对遭受自然灾害或动物疫情的农民提供一揽子支持计划、为农民购买农业生产投入品（化肥、农药、机械和设备）提供信贷补贴，并于2003年免除大多数农户需要缴纳的农业土地使用税。

在越南固定资本投入几乎为0；基于非商品标准的支付在2000—2010年期间用于植树造林计划，之后取消了此项目（见表10-11）。

表10-11　1995—2021年越南生产者支持政策变动　单位：百万美元

政策分类	2000年	2005年	2010年	2015年	2019年	2020年	2021年
PSE总值	938	1215	2599	-1436	-4315	-3337	-2807
A 基于农产品产出的支持	810	1045	2171	-1917	-4773	-3842	-3371

续表

政策分类	2000 年	2005 年	2010 年	2015 年	2019 年	2020 年	2021 年
A1 市场价格支持（MPS）	810	1045	2171	-1917	-4773	-3842	-3371
B 基于投入使用的支付	108	134	353	381	456	502	562
B1 可变投入	108	134	352	381	456	502	561
灌溉费豁免（中央政府和地方政府）	100	124	324	335	400	447	475
B2 固定资本形成	0	0	1	0	0	0	0
C 基于当前、生产的 A/An/R/I 支持	0	0	0	100	2	2	2
稻田支持（保持稻田面积约 400 万公顷）——中央	0	0	0	98	0	0	0
F 基于非商品标准的支付	20	36	74	0	0	0	0
植树造林计划	20	36	74	0	0	0	0

注：OECD 所给出的数据是从 2000 年起。

数据来源：根据 OECD 数据库整理。

七、印度

由表 10－12 可知，印度除了对糖类和禽肉的市场价格支持外，对大部分其他农产品均有隐性征税，表明向农民支付的补贴无法抵消复杂的国内法规和贸易政策措施对价格产生的抑制效应，致使生产者收到的价格低于国际市场水平。

根据农业成本和价格委员会（CACP）的建议，中央政府每年为 24 种作物制定一套最低支持价格（MSP）。代表印度食品公司（FCI）运作的国家和州一级机构，可在最低支持价格的范围内无限制采购小麦、大米和粗粮。其他一些机构只能在 MSP 范围内购买豆类、油籽和棉花，或一些没有最低限价的易腐烂的农业和园艺产品。但是，价格支持计划下的采购主要用于小麦、大米和棉花，而且只在少数几个州进行。

在投入方面，主要政策使农业生产者能够以较低的价格获得农业投入，最大的投入补贴是对化肥、电力和水供应的支持，其他投入包括种子、机械、信贷和农作物保险。

2016年启动的用于支付化肥补贴的直接利益转移（DBT）第一阶段已于2018年3月底完成。根据化肥DBT系统，化肥补贴已开始通过自动化系统，基于化肥在销售点向农民实际销售的情况，每周向化肥公司支付全额补贴。

电力和灌溉补贴也是印度重要的投入品补贴，近年来支持力度不断加大（表10－12）。由于印度各邦电力制度差异较大，因此各邦的农业用电补贴也不同。在大多数邦，农业用电采取区别对待的办法，生活在贫困线以下的农民免费用电，一般农户可免费使用灌溉用电，其他用电享受优惠价。另外，固定价格的电价只针对政府规定马力的灌溉用抽水机。灌溉水费是依照浇灌面积和作物类型确定的，对于特定作物，水费是依据每英亩的统一价格收取的，但对于甘蔗和稻谷等用水量大的作物，收费要低。由于新冠疫情的影响，2021年用于电力和灌溉的补贴，相对于2020年增加了53.72亿美元。

表10－12　　2000—2021年印度生产者支持政策变动　　单位：百万美元

政策分类	2000年	2005年	2010年	2015年	2019年	2020年	2021年
PSE总值	2172	－21322	－51966	－14462	－23079	－41481	－41231
A 基于农产品产出的支持	－7071	－32029	－82186	－39142	－64050	－88352	－94616
A1 市场价格支持（MPS）	－7071	－32029	－82186	－39142	－64339	－88996	－94923
对糖类的支持	1647	1309	－1162	932	3337	2046	2404
对家禽肉的支持	323	－191	338	1350	3520	3520	846
B 基于投入使用的支付	9230	10657	30215	24655	33720	38467	43739
B1 可变投入	9230	10604	29788	24371	33258	38016	43257
灌溉补贴	2370	2265	4596	3245	3909	4072	4641
电力补贴	3689	3768	6862	7261	8457	8403	8881
短期贷款利率补贴	0	0	775	1986	2288	2382	2448
化肥补贴	3021	4170	13674	11061	11443	17938	20911
作物保险补贴	63	169	688	456	1783	1896	2157
国营农场贷款的豁免	0	0	0	0	5076	3066	3851
B2 固定资本形成	0	52	427	284	424	397	414
农业机械化	0	0	152	62	62	39	31
B3 农场服务	0	0	0	0	38	54	68

续表

政策分类	2000年	2005年	2010年	2015年	2019年	2020年	2021年
改善奶牛品种计划	0	0	0	0	38	54	68
C 基于当前、生产的 A/An/R/I 支持	0	0	0	0	0	0	0
E 基于非当前、非生产的 A/An/R/I 支持	0	0	0	0	6889	8182	9107
收入支持计划	0	0	0	0	6871	8168	9106
G 杂项支付	13	51	5	25	362	222	539
市场干预和价格支持计划	0	0	0	7	283	182	485

注：OECD 所给出的数据是从 2000 年起。

数据来源：根据 OECD 数据库整理。

限制性的土地租赁法律在很大程度上导致了租赁的非正式、不安全和效率低下。2018—2019 年的联邦预算提出了《示范土地耕种者许可证法》，在不损害土地所有者合法权益的前提下，向佃农提供许可证。该许可证将使农民能够在发生自然灾害时享受农业信贷、作物保险和赔偿。

印度从 1999 年开始实行《国家农业保险计划》（NAIS），该计划是上升到国家层面的农业保险计划，是由印度政府组建的印度农业保险有限公司来运营的，涵盖范围巨大，允许任何农民参保，包括所有的粮食作物、油料作物、经济及园艺作物。小农缴纳的保险费享受 50% 的补贴，补贴由印度政府和联邦政府按照 1:1 的比例共同承担。2016—2017 年又实行了作物保险计划，为增加透明度和及时支付性，中央政府从 2018 年 10 月 1 日对作物保险计划进行了修订，规定在两个月内未能清理完农作物保险索赔的保险公司，推迟付款的州政府，都必须向农民支付 12% 的利息。

2019 年新冠疫情暴发以来，印度增加了基于非当前、非生产的支持以及杂项支付，旨在增加农民收入，维持市场价格的稳定。为了解决农业债务问题，几个州在 2017 年至 2020 年期间实施了免除农业贷款的支持方案。

八、阿根廷

在过去 20 年里，对生产者的支持（PSE）一直为负，表明阿根廷存在对农业生产者的隐性征税。大豆和牛肉是主要的征税对象，2021 年大豆市场价格支持为 -67.22 亿美元，猪肉市场价格支持为 1.8 亿美元（见表 10-13）。

表 10-13　2000—2021 年阿根廷生产者支持政策变动　单位：百万美元

政策分类	2000 年	2005 年	2010 年	2015 年	2019 年	2020 年	2021 年
PSE 总值	69	-4845	-11322	-12865	-11760	-4614	-10614
A 基于农产品产出的支持	14	-4878	-11660	-13221	-11873	-4702	-10736
A1 市场价格支持（MPS）	-67	-4953	-11734	-13365	-11952	-4864	-10760
豆类	-137	-2057	-4309	-6378	-4858	-2862	-6722
猪肉	38	40	83	186	134	87	180
A2 基于产出的支持	80	75	74	145	79	163	24
烟草特别基金	80	75	74	73	79	74	5
B 基于投入使用的支付	56	33	326	339	110	85	118
B1 可变投入	3	6	31	30	2	6	11
家庭农场政策	3	6	6	4	0	0	0
B2 固定资本形成	39	18	244	228	84	59	85
烟草特别基金投资	36	12	71	125	69	47	41
B3 农场服务	14	9	52	82	24	20	23
烟草特别基金服务	11	4	21	37	20	14	12
C 基于当前、生产的 A/An/R/I 支持	0	0	13	17	3	2	3
棉花生产可持续发展和促进计划	0	0	13	17	3	2	3

注：OECD 所给出的数据是从 2000 年起。

数据来源：根据 OECD 数据库整理。

阿根廷对生产者的补贴主要是通过出口税和烟草特别基金（FET）支付的具体款项来实现的。从 2015 年到 2018 年 9 月政府减少出口税。在这之后，政府为增加财政收入而对所有农产品出口进行征税，其中包括对所有农产品征收最高 12% 的临时出口税（第 793/2018 号法令）。出口限制使生产者的价格低于国际市场价格，并造成对生产者的负转移。不过，在此期间，阿根廷比索兑美元汇率大幅贬值50%，大大提高了出口商在全球市场的竞争力，为农业出口商带来了额外的收益。烟草特别基金（FET）创建于1972年，最初为阿根廷一些地区的烟草生产者提供额外补贴，该基金由烟草消费税的7%提供资金，由农业工业秘书处直接管理，但与定期的预算是分开的。从历史上看，各省用它们来补充生产者的价格。但是，在1994年签订《世界贸易组织协定》时，阿根廷承诺将减少这种支持，并承诺将FET的20%左右用于基于产出的支持，其余为生产者提供投入品补贴、技术援助、投资地方基础设施以及其他援助项目。

阿根廷是用大豆生产生物柴油的大型出口国，并有积极的生物燃料政策。2006年通过的第26093号《生物燃料法》规定从2010年开始强制执行混合燃料的比例，柴油比例从5%开始逐渐增加到10%，汽油为12%。该法案还保证以合理的价格出售生物燃料，直到2021年该法案结束。生物燃料生产也受益于一些财政措施，首先，从历史上看，生物燃料的出口税率一直低于农作物，尤其是大豆的出口税率；其次，生物燃料的国内消费可以享有增值税退税。

生产者收到的有限补贴集中于投入使用的支付，主要以优惠利率的信贷形式提供，主要是通过FINAGRO下的一系列方案提供的优惠信贷，这些信贷的目标是为投资和营运资本提供一系列资金支持。2017年成立了名为FONDAGRO的新基金，以优惠利率为该行业投资提供资金，但支持的范围非常有限。

九、中国

中国对生产者支持政策范围广、力度大，占比最高的仍旧是市场价格支持。如表10－14所示，2021年市场价格支持占到PSE的比重达到73.22%，对玉米的补贴力度最大，不过近年来也在逐渐减少对市场价格的干预，不断下调小麦、玉米和水稻最低支持价格，取消了大豆目标价格的补贴。但中国实行的“三项价格支持”（最低收购价、临时收储政策、目标价格支持）、“四项补贴”（粮食直补、农资综合补贴、农机补贴、良种补贴）等政策使我国农业实现粮食连续增产，高额的市场价格支持，增加了财政负担，同时也使我国粮价面临国际粮食价格和WTO“黄箱”政策的双重压力。

表 10-14　1995—2021 年中国生产者支持政策变动　单位：百万美元

政策分类	1995 年	2000 年	2005 年	2010 年	2015 年	2019 年	2020 年	2021 年
PSE 总值	12294	9256	33758	112596	221506	199382	250737	289007
A 基于农产品产出的支持	10612	2979	14626	78200	165690	138418	181956	215407
A1 市场价格支持（MPS）	10612	2979	14626	78200	161312	136013	178420	211623
大米的支持	347	-1112	390	-340	32584	7633	14534	30853
猪肉的支持	-1231	-682	-973	13857	19703	18965	16171	9194
玉米的支持	3384	2108	3920	11010	21251	12834	34583	52633
小麦的支持	3466	-1795	-1881	9594	17698	7583	9033	10374
B 基于投入使用的支付	1248	5428	13215	12160	25566	19244	19087	20424
B1 可变投入	31	1648	5536	1532	3907	3671	3960	4238
农作物与畜牧产品保险费补贴	0	0	0	1523	3907	3671	3960	4238
B2 固定资本形成	730	2714	5410	8127	17867	12920	13100	14018
农场机械化	0	0	171	2121	3317	2341	2366	2531
土地整理	0	0	0	1837	3318	1581	0	0
农业产业化生产基地建设补贴	0	0	0	731	1083	864	537	575
农田水利建设	0	0	0	2104	3377	1226	757	810
水土保持	0	0	0	684	1295	1053	1206	1290
B3 农场服务	487	1066	2269	2500	3792	2653	2027	2169
农业推广和咨询服务	361	994	1721	1726	2712	1250	958	1026
害虫和疾病控制支出	125	72	548	775	1081	1403	1068	1143
C 基于当前、生产的 A/An/R/I 支持	379	488	3143	17334	24192	26946	32249	34508
草地生态保护支付	0	0	0	0	2697	2715	2718	2908
目标价格支付（棉花）	0	0	0	0	486	267	393	420
玉米生产者的支付	0	0	0	0	0	5450	6768	7242
稳定农民收入 2010	0	0	0	171	1009	340	329	352
农业结构调整支付 2010	0	0	0	417	494	1256	727	778
自然灾害支付	379	488	1530	649	531	488	624	668
农业支持支付	0	0	0	0	18268	13701	17504	18731

续表

政策分类	1995 年	2000 年	2005 年	2010 年	2015 年	2019 年	2020 年	2021 年
E 基于非当前、非生产的 A/An/R/I 支持	55	345	618	1401	3439	13092	15896	17009
贫困地区农业生产专项资金	55	345	618	1349	3355	13029	15814	16922
西部地区农业建设专项津贴	0	0	0	52	83	63	81	87
F 基于非商品标准的支付	0	16	2156	3501	2618	1681	1550	1658
退耕还林支出	0	16	2156	3501	2618	1681	1550	1658

数据来源：根据 OECD 数据库整理。

基于投入使用的支付政策涉及保费补贴、农场机械化、土地整理、农业产业化生产基地建设、农田水利建设以及农业推广与咨询服务。以生产为基础的当前耕地面积、牲畜数量、收入、收益的补贴（C）包括草地生态保护、玉米生产者的补贴、稳定农民收入的支出、农业结构调整的补贴等，其中始于 2015 年的农业支持支付，2021 年占到了 C 项的二分之一多。

此外，近年来政府在脱贫目标下，加大了对贫困地区的扶贫力度，E 项目下的贫困地区农业生产专项资金的支出呈现明显上升趋势，2021 年占到了占 PSE 的近 6 个百分点。退耕还林支出是基于非商品标准支付（F）的重要内容，2021 年政府支持为 16.58 亿美元。

第三节　生产者支持演变规律

一、政策共性

政策共性上，新兴经济体国家农业支持结构均以生产者支持作为主要的支持方式，生产者支持占支持总量的比重均在 50% 以上，有的国家甚至达到 90% 以上。从各国生产者支持结构来看，生产者支持主要通过基于商品产出和投入使用的支持来实现，各国两项支出之和占生产者支持的比重均在80%以上，且以对产出的支持比重较大；价格支持是对基于产出支持的主要方式，农业信贷保险、农田水利及灌溉的补贴是基于投入使用的主要支持方式。从变动的趋势来看，1995年以来各国生产者支持的波动幅度较大，特别是近两年来随着世界经济的低迷以及新冠疫情的影响，各国逐渐降低了对生产者的支持力度，同时各国基于产出环节的支持逐渐降低，加大了对投入的支持力度。

二、政策差异性

政策差异性方面，巴西近年来一直在进行生产者支持结构的调整，对生产者的支持从产出转向基于投入的支付，从价格支持向保险和信贷补贴项目转移。南非生产者支持政策种类少，集中度高，生产者支持的近40%用于对食糖的价格补贴，20%用于对燃料的补贴。俄罗斯一直致力于基于进口替代的自足发展，除了高度的市场价格支持外，信贷支持也成为其主要支持政策，2021年信贷支持占到PSE的30%。中国目前的农业补贴政策仍以市场价格支持为主，但近年来也逐渐减少了对价格的干预，加大了对投入和基于当前耕地面积、牲畜数量、收入、收益（C）的支持，近年来对C项的补贴占到了PSE总量的10%以上，超过了对投入品的补贴，主要用于农业生态保护、稳定农民收入以及农业结构调整等方面的支持。此外，政府为缩小地区差异，加大了对贫困地区农业生产的支持力度。菲律宾对生产者的支持政策集中于市场价格支持，2021年市场价格支持（MPS）占PSE比重在90%以上，除价格支持外还增加了对农业信贷的支持以及农作物保险和生产设备的补贴。乌克兰、越南、印度和阿根廷对生产者的支持政策也是集中于市场价格补贴，但是与其他新兴经济体国家不同的是，近年来市场价格支持为负值，进而导致PSE总量为负值，生产者通过负价格支持而被隐性征税。不过，近年来乌克兰增加了对果园和牲畜的投入补贴；越南加大了对大米和灌溉的支持；阿根廷对生产者的支持主要表现在对投入品的补贴，以优惠利率的形式提供；印度侧重于对可变投入的支持，包括化肥、灌溉和电力等方面，自2019年起又增加了基于非当前A/An/R/I（耕作面积/牲畜数量/收入/收益）的，不以生产为基础的支付，包括收入支持以及小型农场主的养老金计划。

第十一章　新兴经济体国家一般服务支持水平及政策分析

第一节　一般服务支持水平及结构分析

一、农业一般服务支持水平比较分析

（一）一般服务支持估计值比较

各国通过财政转移对农业服务提供支持已成为对农业支持的重要内容。对农业部门的一般服务是对农业生产者集体而非个别的支持形式。在《2022年农业政策监测评估报告》所涵盖的国家中，GSSE在过去20年名义上都有增长，但明显低于农业部门本身的增长；相对于农业增加值，对一般服务业的支持从21世纪初的4.6%下降到近年来的2.7%。以2019—2021年度为例，OECD成员国对一般服务的支持为农业增加值的3.5%，新兴经济体国家为2.3%。

表11－1列示了各国1995—2021年一般服务支持总水平（GSSE）的变动情况。中国是这九个研究对象国家中GSSE总量最高的国家，比其他八个国家之和还要多，其次是印度，支持总量不断增加，说明中国和印度加大了对农业服务体系的支持力度，并逐步完善了补贴机制。其他研究对象国，支持水平较低，不过对此也给予了越来越多的关注，近年来由于宏观经济形势的恶化加上新冠疫情的影响，某此国家GSSE有所下降。

表 11－1　1995—2021 年各国一般服务支持(GSSE)总量比较　单位：百万美元

年份	1995	2000	2005	2010	2015	2019	2020	2021
阿根廷	..	145	146	518	749	292	264	230
巴西	3063	1363	1946	3885	1988	1969	1487	1447
中国	4609	11824	13923	20708	45319	29530	35360	37837
印度	..	3164	6576	13237	14340	16014	16524	18499
菲律宾	..	289	177	855	1540	1389	1723	1595
俄罗斯	787	547	1009	1943	1439	1912	1620	1555
南非	651	298	543	327	346	306	301	323
乌克兰	296	75	557	613	115	222	224	268
越南	..	206	241	630	762	988	1057	1226
OECD	48194	37029	42718	46467	41584	44425	46066	43776

注：.. 代表没有数据资料、占比出现了负值或者大于 100 的现象。

数据来源：OECD 数据库整理。

（二）一般服务支持率比较

一般服务支持率（% GSSE）表示对农业一般服务提供的支持（GSSE）占对农业总支持水平（TSE）的比重。% GSSE 越高，意味着对农产品生产及贸易的扭曲程度越小。通过表 11－2 可以看出，OECD 呈平稳波动状态，一直保持在 13% 左右。相对于 OECD，新兴经济体国家% GSSE 波动幅度较大，占比普遍高于 OECD 国家平均水平。近年来，除中国外其他研究对象国保持着小幅上升的趋势，各国对一般服务支持越来越重视。南非是新兴经济体国家 GSSE 支持水平最高的国家，占 TSE 的比重在 30% 以上。

表 11－2　1995—2021 年各国一般服务支持占总支持量的比重（% GSSE）

年份	1995	2000	2005	2010	2015	2019	2020	2021
阿根廷	..	67.62	..	..	..	..	..	..
巴西	..	27.94	24.22	24.54	29.98	37.47	31.73	15.99
中国	26.32	55.35	29.19	15.53	16.98	12.90	12.36	11.58
印度	..	37.54	..	..	61.39	..	..	..
菲律宾	..	10.54	8.37	13.51	15.79	15.79	16.98	14.18
俄罗斯	12.39	49.00	15.35	11.80	13.20	19.65	21.50	27.56
南非	34.11	42.14	39.30	47.93	28.31	34.05	35.20	35.37
乌克兰	..	26.99	25.32	27.14	44.13	17.90	31.32	31.22

续表

年份	1995	2000	2005	2010	2015	2019	2020	2021
越南	..	18.02	16.53	19.52	..	..	..	..
OECD	14.57	12.68	12.97	13.73	13.41	13.29	13.21	12.38

注：.. 代表没有数据资料、占比出现了负值或者大于 100 的现象。

数据来源：OECD 数据库整理。

二、各国一般服务支持结构

2014 年最新修订的一般服务支持，将 GSSE 分为 6 类：H 农业知识和创新体系、I 检验和控制、J 基础设施的发展和维护、K 营销与促销、L 公共储备、M 其他。新兴经济体国家的 GSSE 主要以 H 农业知识和创新体系、I 检验和控制和 J 基础设施的发展和维护三项为主，下面以 2019—2021 年为例，如图 11 –1 所示。

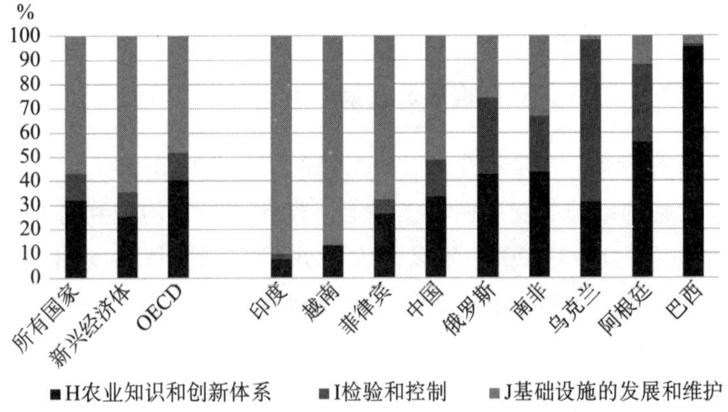

图 11 –1　2019—2021 年新兴经济体国家 GSSE 的构成

资料来源：OECD（2021）．“生产者和消费者支持估计”，OECD 农业统计数据库。

GSSE 可以为农业部门提供所需的有利环境，使其更具生产力、更具可持续性，其主要包括三种形式：农业知识和创新体系、检验和控制以及基础设施的发展和维护。农业创新体系投资包括研发支出、农业教育培训支出和推广服务支出。检验和控制包括产品安全和检验服务、病虫害控制以及所使用投入的控制和认证。农村基础设施的支持包括灌溉和排水、储存和销售设施以及机构基础设施，也包括改革农业结构的投资。政府也支持营销和促销活动，以及公众持股。

各国 GSSE 支持的重点项目不尽相同，许多国家将农业基础设施投资列为优先事项。印度和越南一般服务支持的 80% 以上用于基础设施，菲律宾 60% 以上主要投资于扩大灌溉范围；农业创新系统占巴西一般支持的 90% 以上，阿根廷该比例也达到 60% 以上；乌克兰、中国、南非和俄罗斯农业知识和创新体系占比也达到三分之一以上；检查和控制系统支出占乌克兰一般服务支出的 40% 以上。

第二节　各国一般服务支持的构成及具体政策分析

为了清晰对比各国年度变化，图 11－2 到图 11－10 分别显示了 1995—2021 年各国 GSSE 构成，表 11－3 至表 11－11 列出了各国具体的实施政策。通过图表的比较可以看出，各国在对农业一般服务支持领域的补贴结构。

一、巴西一般服务支持构成及政策

从巴西的 GSSE 结构来看，巴西主要的支出集中在农业知识与创新体系及基础设施的维护与发展两项支持上，仅此两项平均占到每年 GSSE 支出的 90% 左右。1995—2021 年以来农业知识和创新体系支出飞速增长，占 GSSE 的比重由 1995 年的 32.06% 提高到 2021 年的 95.16%；基础设施维护与发展支出则急剧下降，占比由 1995 年的 50.80% 下降到 2021 年的 1.5%。其他项目的支出水平较低，且波动幅度较大，如图 11－2 所示。

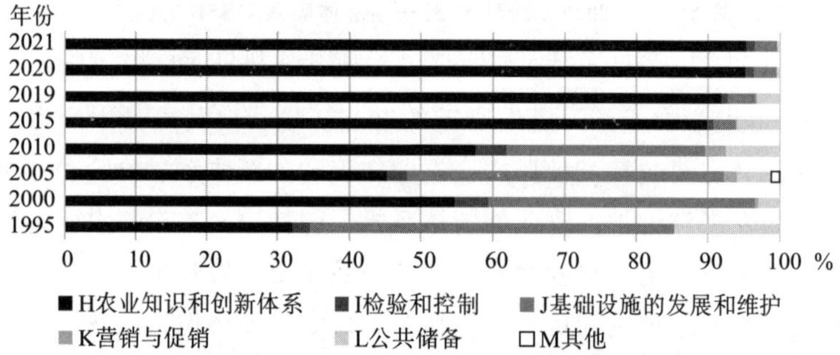

图 11－2　1995—2021 年巴西 GSSE 构成

数据来源：根据 OECD 数据库整理。

从内部结构看，农业知识与创新体系的支出注重知识的研发，对农业知识的转化投入比例较少，2021 年研发与转化的比例大致为 9:1（见表 11－3）。基础设施的投入，前期侧重于灌溉、电气化、农村住宅以及土地改革与分配的支出，随着设施的不断完善，这部分投入逐渐减少。2019 年 1 月，政府宣布对 BR－163 高速公路进行扩建，这是农产品特别是谷物出口的主要运输路线，旨在确保收获季节的道路畅通。

表 11－3　1995—2021 年巴西一般服务支持（GSSE）政策变化　单位：百万美元

政策分类	1995 年	2000 年	2005 年	2010 年	2015 年	2019 年	2020 年	2021 年
GSSE 总水平	3063	1363	1946	3885	1988	1969	1487	1447
H 农业知识和创新体系	982	745	880	2232	1788	1808	1415	1377
H1 农业知识的形成	808	580	685	1912	1603	1625	1270	1239
农业研发支出	808	580	685	1912	1603	1625	1270	1239
H2 农业知识的转化	174	165	195	320	185	183	145	138
农业教育	161	109	117	245	169	169	133	127
I 检验和控制	76	63	57	168	16	18	18	17
I1 农产品安全及检验	38	15	16	54	0	1	5	5
检验分级标准	38	15	16	54	0	1	5	5
I2 害虫和疾病的检查和控制	38	48	41	114	16	17	13	12
病虫害防治	38	48	41	114	16	17	13	12
J 基础设施的发展和维护	1556	507	857	1079	62	76	48	46
J1 水文基础设施	597	223	134	286	28	19	10	10
灌溉、电气化、农村住宅	597	223	134	286	28	19	10	10
J2 仓储、销售等物质性基础设施	0	0	0	338	2	0	0	0
农产品市场供应仓储设施	0	0	0	338	2	0	0	0

续表

政策分类	1995 年	2000 年	2005 年	2010 年	2015 年	2019 年	2020 年	2021 年
J4 农场重建	958	284	723	455	32	57	38	36
土地改革与分配	958	284	723	455	32	57	38	36
K 营销与促销	0	7	35	113	3	4	1	1
K2 农产品促销	0	7	35	113	3	4	1	1
L 公共储备	452	41	93	292	120	63	6	5
最低价格担保方案	452	41	93	292	120	63	6	5
M 其他	0	0	24	0	0	0	0	0

数据来源：根据 OECD 数据库整理。

检验和控制方面更注重病虫害的防治，旨在通过检验检疫系统的改进来恢复本土和国际市场对食品安全（尤其动物产品）的信心。巴西政府一直积极处理动植物卫生方面的市场准入障碍。2018 年 5 月世界动物卫生组织（OIE）正式宣布巴西通过接种疫苗摆脱口蹄疫。2021 年巴西在动物疾病管理方面继续取得积极进展。近年来，一些巴西产品，如猪肉进入了韩国和印度等特定市场。

自 2013 年新的农产品信息和控制系统（农业管理平台，PGA）覆盖动物产品，目前已扩展至农作物产品和有机产品，涵盖生产和运输信息、卫生与动植物检疫检验，旨在提高可追溯性以及对病虫害进行控制和检测。

二、菲律宾一般服务支持构成及政策

近年来，菲律宾一般服务支出占农业增加值的比例有所增加，支出的大部分用于发展基础设施，特别是农田灌溉设施，并给予农业知识推广越来越多的支持，2021 年这两项目的投入占 GSSE 的比重分别在 41.56% 和 21.25%（见图 11－3）。从发展趋势来看，基础设施的投入较为稳定，变动幅度不大；农业知识与创新体系保持了稳步增加的态势。大米的公共储存支出也是一项重要的 GSSE 支出。

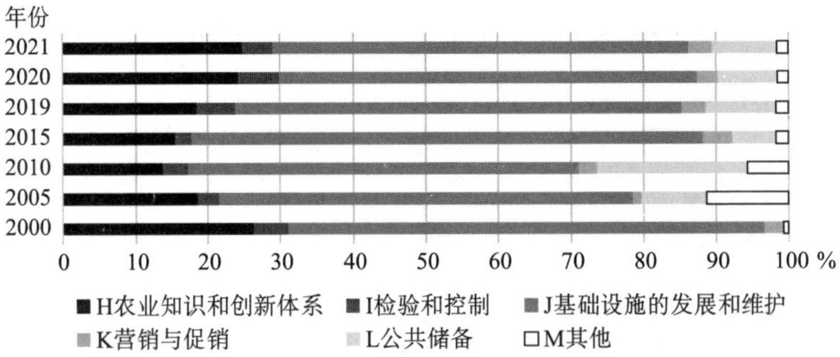

图 11－3　2000—2021 年菲律宾 GSSE 构成

数据来源：根据 OECD 数据库整理。

菲律宾农业部门的生产率增速低于世界平均水平，也低于该地区大多数国家。原因在于几十年的投资不足（或投资方向错误）、政策扭曲、土地改革的不确定性和极端天气等，因此进行结构改革成为菲律宾促进生产力增长的关键。近年来菲律宾将部分资金从可变投入补贴转向基础设施投资，包括灌溉系统的建设、从农田到市场的道路以及机械化和收储设施。2021 年投入 6.63 亿美元用于全国范围内灌溉系统的建设，并拨出 1600 万美元用于加快农民土地流转。此外，出于国家粮食安全的考虑，近年来菲律宾增加了对公共储备的支出（见表 11－4）。

表 11－4　2000—2021 年菲律宾一般服务支持（GSSE）政策变化

单位：百万美元

政策分类	2000 年	2005 年	2010 年	2015 年	2019 年	2020 年	2021 年
GSSE 总水平	289	177	855	1540	1389	1723	1595
H 农业知识和创新体系	76	33	118	239	257	416	395
H1 农业知识的形成	30	10	24	62	51	53	56
研究与开发	30	10	24	62	51	53	56
H2 农业知识的转化	46	23	94	177	206	363	339
推广支持教育和培训服务	31	12	55	85	105	120	103
I 检验和控制	14	5	30	34	73	98	67
I1 农产品安全及检验	14	5	30	34	73	98	67
监管服务	14	5	30	34	73	98	67
J 基础设施的发展和维护	189	101	461	1084	855	991	913

续表

政策分类	2000 年	2005 年	2010 年	2015 年	2019 年	2020 年	2021 年
J1 水文基础设施	120	83	312	671	627	763	667
灌溉发展	117	81	309	667	624	760	663
J2 仓储、销售等物质性基础设施	69	18	149	413	228	228	246
农场到市场的道路	54	16	146	245	228	228	246
K 营销与促销	8	2	21	62	45	49	52
K1 加工和销售的合作社计划	8	2	21	62	45	49	52
市场发展（贸易中心）	4	1	18	45	31	34	32
糖业监管局	3	1	0	0	10	10	14
L 公共储备	0	16	178	93	135	141	142
国家食品安全	0	16	178	93	135	141	142
M 其他	2	20	49	27	24	27	26
土地的流转	1	2	5	20	12	15	16

数据来源：根据 OECD 数据库整理。

三、俄罗斯一般服务支持构成及政策

通过图 11－4 可以看出，2021 年俄罗斯一般服务支持的大部分用于农业知识与创新体系，其比例占到总 GSSE 的 40% 左右，其次是检验和控制支持以及基础设施方面的支出。近年来基于粮食自给的需要，公共储备支出有所增加。

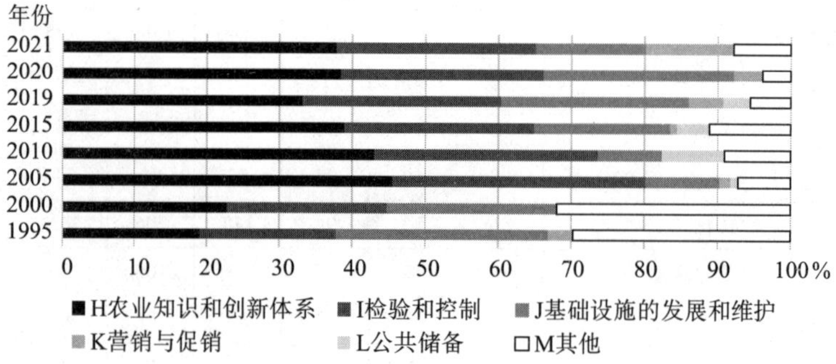

图 11－4　1995—2021 年俄罗斯 GSSE 构成

数据来源：根据 OECD 数据库整理。

从各部分内部结构来看（见表 11－5），农业知识与创新体系支出中农业知识的转化占 60%，更加侧重于农业技术的推广与应用；检验检疫支出中，大部分的支出为病虫害防治支出；基础设施建设支出中则以农业土壤改良、电力网络、港口设备以及道路的修建为主；杂项的支出主要用于农村住房的补贴。

表 11－5　1995—2021 年俄罗斯一般服务支持（GSSE）政策变化

单位：百万美元

政策分类	1995 年	2000 年	2005 年	2010 年	2015 年	2019 年	2020 年	2021 年
GSSE 总水平	787	547	1009	1943	1439	1912	1620	1555
H 农业知识和创新体系	150	125	460	837	559	633	623	617
H1 农业知识的形成	52	22	99	264	157	215	207	236
研究计划和机构的融资	52	22	99	264	157	215	207	236
H2 农业知识的转化	98	103	361	573	402	418	416	381
教育	0	93	321	555	389	417	414	380
推广服务	2	10	40	18	13	1	2	1
I 检验和控制	147	120	350	596	374	521	450	447
I1 农产品安全及检验	0	0	3	1	1	0	0	0
I2 害虫和疾病的检查和控制	147	120	347	595	373	521	450	447
防治病虫害的检验服务和措施	147	120	347	595	373	521	450	447
J 基础设施的发展和维护	229	127	101	168	268	490	422	246
J1 水文基础设施	131	107	100	131	141	219	143	51
公共水管理结构投资	0	0	0	0	25	28	23	0
2014—2020 年农业土壤改良计划	0	0	0	0	107	192	119	51
J2 仓储、销售等物质性基础设施	56	1	1	0	123	258	256	187
农村可持续发展目标规划——农村道路	0	0	0	0	115	255	232	157
J3 服务机构设施	41	0	0	37	3	13	23	8
遗传改良和育种中心的建立	0	0	0	0	0	0	0	0

续表

政策分类	1995 年	2000 年	2005 年	2010 年	2015 年	2019 年	2020 年	2021 年
J4 农场重建	1	19	0	0	1	0	0	0
建立私人家庭农场补助金（1991—2000）年）	1	19	0	0	0	0	0	0
K 营销与促销	27	0	16	1	13	90	65	196
K1 加工和销售的合作社计划	27	0	9	0	12	21	14	18
支持供销合作社发展小农业	27	0	9	0	12	21	14	18
K2 农产品促销	0	0	7	1	1	69	51	98
L 公共储备	0	0	10	166	64	72	0	0
维持粮食干预基金	0	0	9	166	64	72	0	0
M 其他	234	175	73	177	161	106	62	128
向俄罗斯农业银行的资本转移	0	0	0	0	0	0	0	0
农村居民住房补贴和贷款	0	0	0	0	83	106	62	128

数据来源：根据 OECD 数据库整理。

近年来，俄罗斯农业发展在政策支持下，大力采用现代农业科学技术手段。积极吸引国外投资，尤其是中国大量投资在种子、肥料、农药农业机械等方面，都有了很大程度的提高，并拓展农业可耕种面积。与 2021 年相比，2022 年俄罗斯可种植面积较上年增加了 100 多万公顷。

四、南非一般服务支持构成及政策

土地改革是南非农业政策的核心，为土地改革的受益者创造有利环境包括教育和培训，适当的基础设施和销售渠道，直接影响土地改革的步伐。没有这些方面的发展，土地重新分配本身是不能产生预期效果的。

如图 11 –5 所示，南非 GSSE 的主要构成是农业知识和创新体系和基础设施开支，近 10 年来所占比例均占 30% 以上。其次是检验和控制的支出，占到 20% 左右。从趋势来看，农业知识和创新体系的支出有所下降，基础设施的发展和维护、检验和控制稳步提高。此外，用于市场营销与促销的支持费用有所增加，2019—2021 年平均占比达到 6% 以上。

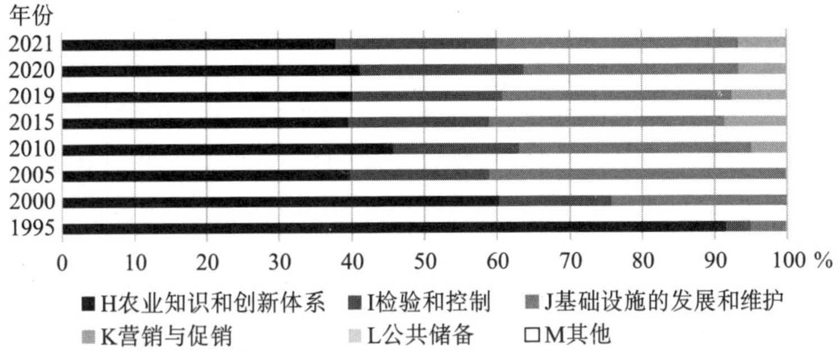

图 11 - 5　1995—2021 年南非 GSSE 构成

数据来源：根据 OECD 数据库整理。

通过表 11 - 6 可以看出，农业支持与创新体系中更注重新技术的研发，研发与转化的比例大致为 3:1；基础设施的支出则与土地改革有关，主要支出为土地测绘与农场重建中的基础设施建设支出；检验检疫支出则重视病虫害防治的同时兼顾了农产品安全及检验；市场营销与促销的支出主要用于对发展农村的企业和工业。

表 11 - 6　1995—2021 年南非一般服务支持(GSSE)政策变化　单位：百万美元

政策分类	1995 年	2000 年	2005 年	2010 年	2015 年	2019 年	2020 年	2021 年
GSSE 总水平	651	298	543	327	346	306	301	323
H 农业知识和创新体系	596	179	216	150	137	121	124	119
H1 农业知识的形成	68	68	85	111	103	94	98	100
研究	68	68	85	111	103	94	98	100
H2 农业知识的转化	528	111	131	39	34	27	26	19
推广和培训	0	48	103	37	27	26	19	21
开发援助	524	56	0	0	0	0	0	0
I 检验和控制	22	46	104	57	67	62	68	70
I1 农产品安全及检验	11	23	52	24	31	29	30	29
兽医服务	7	19	41	9	18	9	10	12
植物检疫服务与质量控制	4	4	11	15	13	20	19	17

续表

政策分类	1995 年	2000 年	2005 年	2010 年	2015 年	2019 年	2020 年	2021 年
I2 害虫和疾病的检查和控制	11	23	52	33	36	33	38	41
兽医服务	7	19	41	9	18	9	10	12
植物检疫服务与质量控制	4	4	11	15	13	20	19	17
J 基础设施的发展和维护	32	72	222	105	112	95	89	104
J1 水文基础设施	3	1	10	6	18	13	13	16
农村基础设施建设——灌溉	0	0	0	5	17	12	12	15
J2 仓储、销售等物质性基础设施	26	57	142	33	19	15	14	17
农村基础设施建设——其他	0	0	0	5	17	12	12	15
弥补资源与环境不足的设施	25	41	100	0	0	0	0	0
J3 服务机构设施	0	0	27	47	52	49	45	51
土地改革——土地测绘服务	0	0	27	47	52	49	45	51
J4 农场重建	3	14	43	19	23	18	17	20
基础设施	0	0	10	19	23	18	17	20
K 营销与促销	1	0	1	16	30	23	20	21
K1 加工和销售的合作社计划	1	0	1	16	30	23	20	21
农村企业与工业发展	0	0	0	15	28	20	18	18

数据来源：根据 OECD 数据库整理。

具体政策的选择，2009 年开始实施的综合农村发展方案（CRDP）通过两项主要方案为农村地区的发展提供支持：农村基础设施发展方案，促进对农村基础设施的投资，特别是卫生、灌溉和道路的项目；农村企业和工业发展方案，协调和促进农村企业发展、工业发展和支持农村地区粮食的自足。实施的 Ilima/Letsema 方案，旨在提高粮食产量，特别是小农部门的产量。它主要为特定的生产项目提供有条件的支持，如改善灌溉计划和其他基础设施以及提高生产能力的农业投资。

五、乌克兰一般服务支持构成及政策

自 2015 年以来，乌克兰对一般服务的支持一直在增长，但与其他国家相比仍然很小。这些开支大部分用于检验和控制服务以及农业学校，近年来分别占到一般服务支持的 60% 和 20% 以上。从一般服务支持演进来看，尽管近两年由于宏观经济的不景气政府减少了这部分支出，但近年来农业知识与创新支持仍保持增长态势。基础设施支出则急剧下降，检验和控制支出稳步增加，此外政府还加大了对杂项的支出（见图 11－6）。

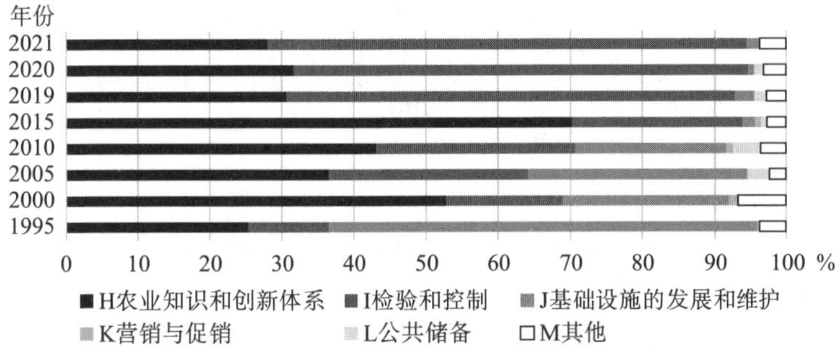

图 11－6　1995—2021 年乌克兰 GSSE 构成

数据来源：根据 OECD 数据库整理。

从内部结构上来看，农业知识和创新体系的支出侧重于知识的转化，转化与研发的比例大致为 3∶1；检验和控制的支出是出口导向型部门的一项关键服务，注重病虫害防治的同时，大幅增加了对食品安全项目的投入；基础设施的支出 2012 年之前以修建灌溉和排水系统为主，2012 年之后取消了此项支出；杂项中注重对环境规划的支出（见表 11－7）。

表 11－7　1995—2021 年乌克兰一般服务支持（GSSE）政策变化　单位：百万美元

政策分类	1995 年	2000 年	2005 年	2010 年	2015 年	2019 年	2020 年	2021 年
GSSE 总水平	296	75	557	613	115	222	224	268
H 农业知识和创新体系	75	39	204	265	80	68	71	75

续表

政策分类	1995 年	2000 年	2005 年	2010 年	2015 年	2019 年	2020 年	2021 年
H1 农业知识的形成	32	15	38	68	18	15	20	24
研究与开发（自 1992）	24	14	31	65	18	15	20	24
H2 农业知识的转化	43	24	166	197	62	53	51	51
农业学校（自 1992）	43	24	166	197	62	53	51	51
I 检验和控制	33	12	155	169	27	138	141	177
I1 农产品安全及检验	1	1	64	76	6	57	62	62
检验服务（自 1992）	1	1	64	76	6	57	62	62
I2 害虫和疾病的检查和控制	32	11	90	93	21	81	79	115
检验服务（自 1992）	1	1	64	76	16	56	59	97
I3 投入品控制	0	0	1	0	0	0	0	0
J 基础设施的发展和维护	176	17	169	128	2	6	2	5
J1 水文基础设施	0	14	87	120	0	0	0	0
灌溉和排水系统	0	0	87	120	0	0	0	0
J4 农场重建	176	3	82	8	2	6	2	5
土地改革	2	3	7	1	2	6	2	2
农村基础设施	174	0	75	6	0	0	0	3
K 营销与促销	1	1	1	6	1	0	0	0
K2 农产品促销	1	1	1	6	1	0	0	0
营销与促销	1	1	1	6	1	0	0	0
L 公共储备	0	0	17	24	1	4	3	0
食品安全目的的政府购买	0	0	11	24	0	0	0	0
M 其他	11	5	13	22	3	6	7	10
环境规划	11	5	13	22	3	6	7	10

数据来源：根据 OECD 数据库整理。

具体的政策选择，于 2016 年批准实施《卫生与环境立法的综合战略》和《植物检疫措施》，规定了乌克兰的立法要与欧盟要求的程序相协调，在 2019 年之前在乌克兰建立一个类似于欧盟的食品质量控制体系。2017 年 12 月通过的《饲料安全卫生法》，于 2020 年 1 月正式生效，为饲料的生产、流通、促销制定法律，并规范行政当局与饲料市场经营者之间的关系。2020 年灌溉和排水基础设施建设支出 1000 万美元。2002 年，政府颁布了一项禁止出售农地的禁令，但允许出租耕地。从 2021 年 7 月起，一项新的法律解除了农业土地出售禁令，并授予公民个人购买最多 100 公顷土地的权利。而且规定从 2024 年 1 月起，乌克兰公民和乌克兰法人实体将获准购买最多 1 万公顷的土地。

六、越南一般服务支持构成及政策

如图 11－7 所示，越南在 1995 年以来农业基础设施的支出始终位于第一位，其比例占到总 GSSE 的 80% 左右，其次是农业知识和创新体系的支出居第二位占近 20% 的比重，公共储备位居第三占比不到 10%。从发展趋势上来看，农业基础设施的支出逐步减少，农业知识和创新体系以及公共储备的支出稳步提高，此外对检验和控制也较为关注。

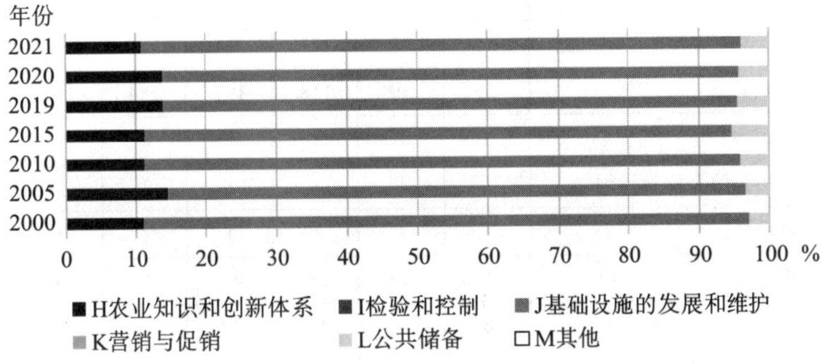

图 11－7　2000—2021 年越南 GSSE 构成

数据来源：根据 OECD 数据库整理。

从内部结构上来看，基础设施的发展与维护中最重要的项目是灌溉，2021 年占到 GSSE 的 52.69%。农业知识与创新体系方面的支出，更侧重于知识的转化，2019—2021 年增加了研发的力度（见表 11－8）。目前，公共储备方面的支出增长最快，自 2008 年出现粮食危机以及 2009 年颁布关于粮食安全的第 63 号决议以来，该项开销呈现显著增长，2021 年达到 4900 万美元。然而，一些可以显著增加农产品质量与农民回报的领域，如检验检疫、营销与推广等，得到的支持相对有限。

表 11－8　2000—2021 年越南一般服务支持（GSSE）政策变化　单位：百万美元

政策分类	2000 年	2005 年	2010 年	2015 年	2019 年	2020 年	2021 年
GSSE 总水平	206	241	630	762	988	1057	1226
H 农业知识和创新体系	23	35	71	86	138	147	133
H1 农业知识的形成	11	15	38	34	81	82	74
农业研究发展	11	15	38	34	38	39	31
H2 农业知识的转化	12	20	33	52	57	65	59
农业教育	9	15	26	42	43	49	42
农业推广和咨询服务	3	5	7	10	14	16	17
I 检验和控制	4	4	4	3	3	3	3
I2 害虫和疾病的检查和控制	4	4	4	3	3	3	3
病虫害监测与控制	4	4	4	3	3	3	3
J 基础设施的发展和维护	178	197	533	635	805	864	1045
J1 水文基础设施	127	157	412	425	551	610	646
灌溉	127	157	412	425	551	610	646
J2 仓储、销售等物质性基础设施	51	40	121	210	254	254	399
可持续扶贫计划	24	39	118	197	254	254	399
K 营销与促销	1	1	1	1	1	1	1
K1 加工和销售的合作社计划	1	1	1	1	1	1	1
市场信息系统	1	1	1	1	1	1	1
L 公共储备	6	8	26	41	45	46	49
稻谷储备支出	6	8	15	13	13	14	16
稻谷收购价格补贴	0	0	11	28	32	32	33

注：根据 OECD 提供的相关资料，越南的数据起始于 2000 年。

数据来源：根据 OECD 数据库整理。

自 20 世纪 80 年代后期以来的一系列改革逐步使越南的农业部门自由化。1986 年农业改革被纳入全经济改革方案，该方案使越南从中央计划经济转变为面向社会主义的市场经济。农业管理的重点从合作社转移到农户，农地以土地使用权的形式重新分配。从 90 年代初开始，改革引入了更多以市场为导向的政策，目的是扩大粮食生产用于出口，以赚取外汇收入。自 2008 年以来，两项重大决议指导了越南的农业政策制定。2008 年 8 月 5 日的第 26/NQ－TW 号决议强调以社会主义导向的市场经济为基础的农业和农村发展，提出了建设现代稳定农业、发展农村、改善农村居民生活的宏伟目标。与此同时，2009 年 12 月 23 日颁布的第 63/NQ－CP 号政府决议，旨在确保国家粮食安全，保证充足的粮食供应，特别是大米。第 63 号决议被 2021 年 3 月 25 日关于确保到 2030 年国家粮食安全的第 34/NQ－CP 号决议取代。与之前的决议一样，第 34 号决议的总体目标包括确保在任何情况下为国内消费者提供足够的粮食供应，同时允许出口，增加农民的收入，以便他们能够购买高质量和安全的食品。

七、印度一般服务支持构成及政策

通过图 11－8 可以看出，印度在一般服务领域，支出主要是基础设施的发展和维护，特别是与灌溉有关的基础设施，公共储备和与农业知识创新体系相关的支持也具有重要意义。2021 年，三项措施占一般服务总支持的比重分别为 86%、5% 和 6%。

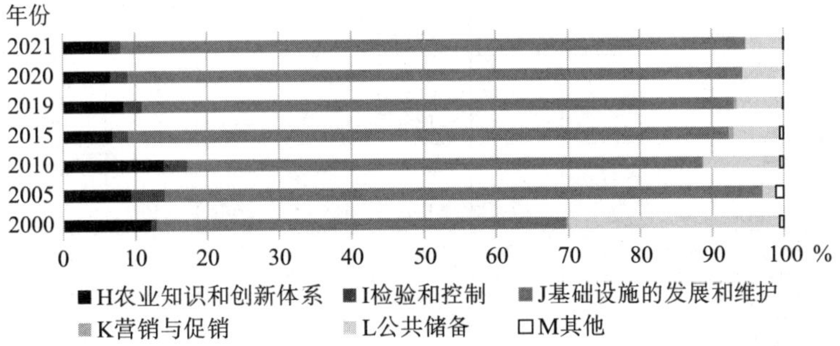

图 11－8　2000—2021 年印度 GSSE 构成

数据来源：根据 OECD 数据库整理。

2021 年灌溉的资金支付占到 GSSE 的 75.93%，是一般服务支持的主要方式。针对灌溉，国家农业和农村发展银行（NABARD）设立了微灌专项基金，用于鼓励公共和私人对微灌的投资。该基金的主要目标是支持各地调动资源，扩大微灌的覆盖面。

在农业知识和创新领域，更加侧重知识的形成，2021 年投入 9.76 亿美元，比知识转化的投入多出 7.64 亿美元，近几年也加大了农业推广的力度以及农民培训费用的支出（见表 11－9）。检验和控制方面，增加了对畜产品检验的支持，畜产品是印度具有出口优势的产品，此项支出的增加，有助于保障印度出口商品的质量及安全，提高竞争力。近年来，随着印度农业的发展，农作物产量的提高，印度的公共储备呈现下降态势。其他项目里增加了对合作社的补贴力度。

表 11－9　2000—2021 年印度一般服务支持（GSSE）政策变化　单位：百万美元

政策分类	2000 年	2005 年	2010 年	2015 年	2019 年	2020 年	2021 年
GSSE 总水平	3164	6576	13237	14340	16014	16524	18499
H 农业知识和创新体系	383	645	1827	976	1346	1090	1188
H1 农业知识的形成	291	433	1163	534	930	864	976
对农业研究委员会的支付	289	429	1161	44	687	668	750
H2 农业知识的转化	92	212	664	442	416	226	212
农业教育经费	13	27	38	40	44	23	19
农业推广	79	185	626	402	372	203	193
I 检验和控制	25	313	418	313	412	388	271
I1 农产品安全及检验	5	28	259	141	58	63	49
畜产品检验	5	28	71	40	0	0	0
I2 害虫和疾病的检查和控制	18	29	43	69	265	225	220
国家畜牧业项目	0	0	0	8	57	57	39
乳业发展	10	18	21	49	89	46	54
I3 投入品控制	2	256	116	103	89	100	2
种子生产	0	0	169	56	36	24	5
J 基础设施的发展和维护	1794	5669	9363	11932	13125	14105	15966
J1 水文基础设施	1771	5651	9083	11801	13023	13948	15803
灌溉的资金支付	1739	5650	8737	10485	11816	12843	14046
J2 仓储、销售等物质性基础设施	0	0	222	122	86	122	161
营销及收获后管理	0	0	95	21	5	13	10
J3 服务机构设施	23	18	58	9	16	35	2
国家土地开发银行	11	18	4	2	0	0	0
K 营销与促销	11	6	13	106	59	6	12
K1 加工和销售的合作社计划	11	6	13	106	59	6	12
农业营销综合方案	0	0	0	87	38	1	4
L 公共储备	928	125	1410	932	1042	941	958
M 其他	19	72	66	68	14	6	4

注：根据 OECD 提供的相关资料，印度的数据起始于 2000 年。

数据来源：根据 OECD 数据库整理。

八、阿根廷一般服务支持构成及政策

尽管有税收负担，阿根廷的农业生产和出口一直在增长，这是由于私营部门的创新和公共服务的支持，特别是在农业知识创新（占 GSSE 的二分之一）和卫生检验（占 GSSE 的三分之一）方面（见图 11－9）。

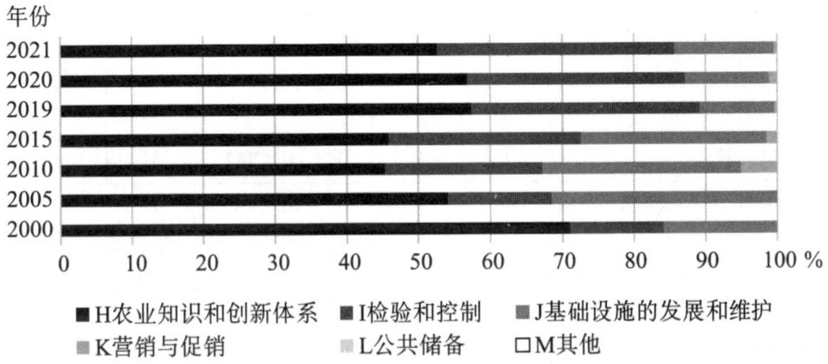

图 11－9　2000—2021 年阿根廷 GSSE 构成

数据来源：根据 OECD 数据库整理。

阿根廷是一个农牧业强国，从大豆、玉米到牛肉，在国际市场上都有很强的竞争力。阿根廷的农牧业优势一方面得益于气候和土壤的自然条件，另一方面源于阿根廷在农牧业上长期不倦的科技投入和创新。2001 年，阿根廷成立了塞雷斯生物技术公司，自主研发适合当地土壤和气候的转基因大豆种子。经过多年研究，该公司成功研发出抗旱抗盐碱大豆种子，打破了跨国公司的技术控制，取得了很好的市场效果。阿根廷生源霸科公司主攻畜牧业用药，是全球领先的口蹄疫疫苗生产商之一。阿根廷为大中型农场研发出一套用低轨道卫星监控作物生长的管理系统。这套系统把监控区域划分为 5 公顷大小的区块，随时将区块内的土壤温度、湿度、作物生长状态等信息传送到农业公司的电脑，管理人员据此来安排施肥或收割。

如表 11－10 所示，在检验和控制方面，侧重于农产品安全及检测，近年来此项投入不断增加，表明阿根廷对农产品安全给予了越来越多的关注。基础设施方面的投入不断减少，一方面是由于阿根廷经济的衰退，减少了对农业投入；另一方面也体现了阿根廷经过多年的农业发展，逐渐形成了较为完善的基础设施。

表 11－10 2000—2021 年阿根廷一般服务支持（GSSE）政策变化 单位：百万美元

政策分类	2000 年	2005 年	2010 年	2015 年	2019 年	2020 年	2021 年
GSSE 总水平	145	146	518	749	292	264	230
H 农业知识和创新体系	103	79	235	344	168	150	121
H1 农业知识的形成	102	38	114	163	87	78	67
应用研究创新与技术转移	0	25	78	111	52	46	34
基础研究与技术创新	101	13	34	50	34	31	31
H2 农业知识的转化	1	41	121	181	81	72	54
应用研究创新与技术转移	0	37	117	167	78	70	52
I 检验和控制	19	21	113	200	93	80	76
I1 农产品安全及检验	14	13	74	103	53	42	52
动植物卫生检疫局实验室服务	0	6	53	74	41	34	44
I2 害虫和疾病的检查和控制	2	6	34	85	38	33	14
动植物检疫	0	4	18	46	17	12	3
I3 投入品控制	3	2	5	12	2	5	10
促进种子生产和贸易	3	2	5	12	2	5	10
J 基础设施的发展和维护	23	46	143	194	31	31	32
J1 水文基础设施	6	2	11	33	12	4	6
灌溉	6	2	11	20	11	4	6
J2 仓储、销售等物质性基础设施	13	43	124	147	11	22	22
地方农业服务项目	13	43	124	147	11	22	22
J3 服务机构设施	4	1	8	14	8	5	4
K 营销与促销	0	0	27	11	1	3	1
K1 加工和销售的合作社计划	0	0	27	11	1	3	1
农产品市场的跟踪与促进	0	0	17	0	1	2	0

注：根据 OECD 提供的相关资料，阿根廷的数据起始于 2000 年。

数据来源：根据 OECD 数据库整理。

九、中国一般服务支持构成及政策

中国一般服务支持中，对比 1995 年、2020 年一般服务支持种类和支持力度，发现21世纪后，GSSE支持力度增大、支持项目增多（见图11－10）。但对公共储备的支持占比仍最大，2000年初占比达到60%以上，2021年这项支持减少至50%以下，说明我国有意识地降低公共储备支持比重，以期降低库存量，改变粮食库存过量的现象。近年来增加了在基础设施和农业知识创新上的投入，所占比例均已超过20%。除此之外，在食品安全问题上也给予了越来越高的关注，增加了对检验和控制的支持力度。

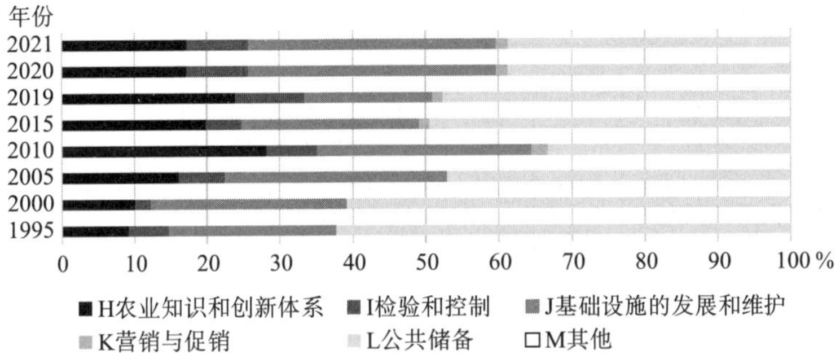

图11－10　1995—2021年中国GSSE构成

数据来源：根据OECD数据库整理。

从政策选择方面，公共储备支出中注重以粮食安全为目的的储备，我国人多地少，政策选择倾向于保障粮食生产销售的安全（见表11－11）。对基础设施的支持，支持的重点在于农田水利建设和节水改造，向农业绿色发展转型。2010年新增对农业产业化基础设施、农业执法以及对农场土地平整的支持，投入力度不断加大。农业知识与创新体系中注重研发的同时，近年来更侧重于知识的形成，研发略高于转化，2021年知识转化的支出为20.47亿美元，研发的投入为44.82亿美元。检验和控制支出中，2010年增加了食品质量安全计划与农业资源保护项目，以应对频繁出现的食品安全问题以及日益严重的农业资源紧缺问题，同时对病虫害防治的投入也大幅增加。这些项目的实施体现了我国一般服务支持政策的多元化，与美国欧盟农业政策改革历程有相似之处。在未来政策选择方面，应参考美国完善的农业保险支持体系，对生产者支持加大保险补贴投入力度，同时加强一般服务支持中对相应保险机构的补贴。

表 11－11　1995—2021 年中国一般服务支持(GSSE)政策变化　单位：百万美元

政策分类	1995 年	2000 年	2005 年	2010 年	2015 年	2019 年	2020 年	2021 年
GSSE 总水平	4609	11824	13923	20708	45319	29530	35360	37837
H 农业知识和创新体系	422	1194	2249	5835	9023	7062	6102	6529
H1 农业知识的形成	36	118	243	2687	4170	4293	4189	4482
研究与开发	36	118	231	2687	4170	4293	4189	4482
H2 农业知识的转化	386	1076	2006	3148	4853	2769	1913	2047
农业推广和咨询服务	361	994	1721	1726	2712	1250	958	1026
农业产业化技术服务支出	0	0	0	731	1083	864	537	575
I 检验和控制	256	262	867	1438	2213	2812	2970	3178
I1 农产品安全及检验	0	0	0	546	809	547	533	570
农产品质量安全计划	0	0	0	544	795	541	525	562
I2 害虫和疾病的检查和控制	256	262	867	775	1081	1403	1068	1143
病虫害防治	125	72	475	775	1081	1403	1068	1143
I3 投入品控制	0	0	0	117	323	862	1369	1465
农业资源保护	0	0	0	117	323	862	1369	1465
J 基础设施的发展和维护	1059	3174	4248	6085	11020	5169	12032	12875
J1 水文基础设施	0	0	220	2981	4816	2624	2055	2199
农田水利建设	0	0	0	2104	3377	1226	757	810
灌溉区节水改造	0	0	220	877	1439	1397	1298	1389
J2 仓储、销售等物质性基础设施	1059	3174	4027	918	2254	560	0	0
农业产业化的基础设施建设——农业综合开发项目	0	0	0	583	1736	238	0	0
J3 服务机构设施	0	0	1	349	632	404	368	394
农业执法监察	0	0	0	241	424	248	253	271
统计监测和信息服务	0	0	0	107	209	157	115	123
J4 农场重建	0	0	0	1837	3318	1581	9609	10282
土地平整	0	0	0	1837	3318	1581	0	0
K 营销与促销	0	0	0	460	632	417	548	586

续表

政策分类	1995 年	2000 年	2005 年	2010 年	2015 年	2019 年	2020 年	2021 年
促进农产品营销计划	0	0	0	460	632	417	548	586
L 公共储备	2872	7194	6559	6891	22431	14070	13708	14669
食品安全目的的公共储备	2872	7194	6559	6087	22431	14070	13708	14669

数据来源：根据 OECD 数据库整理。

第三节　一般服务支持演变规律

一、政策共性

从政策共性来看，九个新兴经济体国家中一般服务支持水平呈上升态势，各国给予农业服务项目越来越多的关注。近年来由于宏观经济形势的恶化，各国对一般服务支持的力度减小，GSSE 支出水平都有所下降。从一般服务支持结构上来看，各国支持力度较大的为农业知识与创新体系、基础设施两大项目上，两项之和占到各国一般服务支持总量的二分之一以上。在农业知识与创新体系上越来越多的国家加大了对农业推广的支持力度；在基础设施上侧重于对灌溉以及排水设施的投入；在检验检疫支出上各国均注重病虫害的防治。

二、政策差异性

从政策差异来看，近年来巴西不断加大了对农业知识与创新的支持力度，同时减少了对基础设施的投入。中国一般服务支持中，公共储备支出占据了较大比例，随着我国粮食收储政策的不断调整，这一比例不断下降，由 1995 年的 62.32% 下降到 2021 年 38.77%，增加了在基础设施和农业知识与创新上的投入。俄罗斯近年来的政策内容集中于通过进口替代导向保证农产品领域的长期自足，因此政策侧重于提高土壤改良、基础设施、病虫害的防治以及注重农业知识的转化，以此来提高农业生产水平，实现农产品的进口替代。南非一般服务支持紧紧围绕土地改革以及提高农民收入展开，近年来加大了对土地测绘、农场重建以及农民培训的支出。菲律宾一般服务支持的60%以上用于对基础设施的投入，主要包括农田灌溉设施以及从农场到市场道路修建的支出。近年来，乌克兰基础设施支出急剧下降，而检验和控制支出稳步增加。越南和印度一般服务支出主要是基础设施的发展和维护，特别是与灌溉有关的基础设施，近年来仅此一项占到GSSE的80%以上。阿根廷一般服务支持的二分之一以上用于农业知识创新体系上，并越来越注重农产品安全，减少了基础设施方面的投入。

第十二章　新兴经济体国家单项农产品支持水平及规律分析

本章研究的是各国对粮食作物类农产品的支持政策，以 OECD 农业评估工具中单项产品生产者转移（SCT）为基础，分析和比较各国单项农产品的支持水平。单项产品生产者转移（SCT）是衡量一国对某一种农产品生产者的补贴数额。单项农产品支持率（%SCT）是指一国给予某种农产品生产者补贴数额（SCT）占该种农产品生产者所得收入的比重。

第一节　单项农产品生产者支持

一、巴西单项农产品支持水平

巴西是南美洲面积最大、人口最多、经济实力最强的国家，其地理位置优越、农业自然条件良好，拥有世界第四大耕地面积，加上巴西政府为农业提供了有力的支持政策，农产品已具有较强的国际竞争力，所以对农产品的支持率基本呈下降趋势。总体来看，平均支持率最高的是对大米生产者的补贴，不过下降速度较快，由 1995 年的 46.99% 下降到 2021 年的不足 1%；其次，玉米、小麦和棉花的%SCT 尽管波动较大，但支持率也较高；除此之外的农产品支持率均不足 1%，保护程度较低，甚至是负保护（见表 12－1）。

表 12－1　　1995—2021 年巴西单项农产品支持变动　　单位：%

年份	1995	2000	2005	2010	2015	2019	2020	2021
玉米	6.36	25.48	35.19	1.88	1.13	0.55	2.95	24.86
棉花	12.78	9.72	2.28	44.16	0.85	0.18	0.07	21.95
小麦	11.20	17.89	7.85	9.50	9.41	6.23	6.18	5.99
牛肉	0.91	－0.07	－0.73	7.03	0.54	0.43	0.09	0.61
大豆	4.21	3.32	1.52	0.94	0.80	0.47	0.31	0.27
咖啡	0.46	2.28	0.92	1.26	0.97	0.43	0.25	0.22
大米	46.99	34.93	30.56	20.54	0.94	0.40	13.11	0.22
食糖	—	3.74	0.52	1.52	0.36	0.10	0.06	0.05
家禽肉	0.88	－3.60	－7.29	0.22	0.23	0.04	－0.61	－6.93
猪肉	1.16	－4.60	－6.39	9.87	0.47	0.07	－0.52	－7.83

数据来源：OECD 数据库整理。

二、菲律宾单项农产品支持水平

菲律宾农业资源丰富，主要出产大米、玉米、甘蔗、香蕉、菠萝、芒果等农产品。菲律宾是世界主要的水果生产国之一，水果的生产偏重于外向型，主要销往国际市场，与国际价格保持一致，政府对其补贴基本为0。粮食作物中的大米和玉米是政府重点补贴的对象，大米是政府补贴率最高的农产品，2019—2021 年平均60%以上（见表 12－2），生产者收入的大部分来自政府补贴。随着生活水平的提高，居民对畜产品的需求增加，2000 年以来政府对畜产品补贴率仅次于粮食作物，家禽和猪肉的支持率平均在 20%以上，牛肉的补贴则固定在 9.09%。

表 12－2　　1995—2021 年菲律宾单项农产品支持变动　　单位：%

年份	1995	2000	2005	2010	2015	2019	2020	2021
大米	—	41.43	25.94	39.35	65.38	62.45	68.16	76.12
食糖	—	2.65	19.02	63.21	28.32	41.62	49.99	37.89
玉米	—	49.44	－39.97	－11.12	－32.31	14.84	22.26	34.36
家禽肉	—	29.51	30.49	24.01	25.86	23.57	23.11	26.04
猪肉	—	19.97	30.44	28.59	31.09	21.24	18.98	12.92

续表

年份	1995	2000	2005	2010	2015	2019	2020	2021
牛肉	—	9.09	9.09	9.09	9.09	9.09	9.09	9.09
鸡蛋	—	9.33	6.77	5.23	4.99	4.38	4.29	6.72
椰子	—	0.94	0.26	0.62	3.31	0.98	0.84	0.81

数据来源：OECD 数据库整理。

菲律宾的主要农业政策目标集中于粮食安全，通过以可负担得起的价格，确保主食（大米）的稳定供应减轻贫困。同时菲律宾正在逐步取消对大米进口的数量限制，并改变国家粮食管理局（NFA）的角色（唯一获准进口大米的授权机构）。NFA 向符合条件的进口商发放进口大米的许可证，并将缓冲库存维持在相当于全国两周消费量的水平。

三、俄罗斯单项农产品支持水平

俄罗斯农业政策导向是通过进口替代保障农产品的长期自足，主要的支持产品为畜产品。随着饲料成本大幅增加，近年来对家禽、猪肉和牛肉的生产者支持力度不断增加，平均支持率均在 20% 以上，对家禽肉的补贴率稍微低但也接近 10%（见表 12－3）。由于受地理位置以及气候的影响，不利于糖类的生产，食糖也是俄罗斯重点支持对象。俄罗斯对其优势产品—粮食作物大麦和小麦的支持基本为负值，并对其隐性征税，支持措施主要为市场价格干预，如市场价格超出设定的波动边界，政府可以回收或购买市场上的谷物产品，干预期间可以采用进出口限制措施。2022 年 4 月俄乌战争爆发后，俄罗斯临时取消了糖类和谷物的出口。

表 12－3　　1995—2021 年俄罗斯单项农产品支持变动　　单位：%

年份	1995	2000	2005	2010	2015	2019	2020	2021
猪肉	6.35	－15.20	40.10	55.61	32.51	19.33	23.81	32.69
牛肉	－77.48	－39.55	12.74	28.35	32.53	21.25	19.78	6.99
食糖	26.03	－34.94	27.95	14.76	31.61	22.87	18.64	0.00
家禽肉	26.36	18.69	23.60	20.83	9.61	6.07	11.27	4.36
牛奶	28.98	30.02	13.36	19.55	24.16	8.49	11.16	6.31
鸡蛋	23.22	4.90	5.79	1.15	3.25	－0.40	2.35	4.05

续表

年份	1995	2000	2005	2010	2015	2019	2020	2021
玉米	18.22	-20.33	-43.07	7.41	-6.99	15.88	-1.21	-15.92
小麦	-36.06	-16.90	-2.98	-3.09	-9.17	-1.04	-5.94	-8.56
大麦	-91.00	-11.23	-15.88	-14.21	-19.95	0.42	-10.30	-10.20

数据来源：OECD 数据库整理。

四、南非单项农产品支持水平

如表 12-4 所示，南非在 20 世纪 90 年代中后期进行市场化改革后，对单项农产品的直接支持呈现快速下降的趋势。1995—2005 年农业补贴支持的产品主要有食糖、牛奶、羊肉、玉米、小麦和家禽肉。2005 年至今，除对食糖和小麦依旧进行补贴外（从均值看，分别占其各自总收入的 30% 和 5%），其他单项农产品的补贴率基本为 0，已取消保护，表明南非对单项农产品的支持率处于较低水平，价格扭曲较小，几乎与世界价格水平一致。

表 12-4　1995—2021 年南非单项农产品支持变动　单位：%

年份	1995	2000	2005	2010	2015	2019	2020	2021
小麦	0	8.45	24.92	0.00	8.90	6.63	7.77	1.99
食糖	38.84	19.48	28.77	10.97	41.92	32.15	28.85	28.89
玉米	19.25	0.00	0.00	0.00	0.00	0.00	0.00	0.00
牛奶	31.52	26.10	9.63	0.00	15.23	0.00	0.00	0.00
牛肉	15.84	-0.01	-0.04	0.00	0.00	0.00	0.00	0.00
羊肉	39.56	37.49	2.53	0.00	0.00	0.00	0.00	0.00
猪肉	-8.46	-0.09	-0.27	0.00	0.00	0.00	0.00	0.00
家禽肉	10.04	-0.02	1.94	0.00	0.00	0.00	0.00	0.00
鸡蛋	-9.78	-0.04	-0.11	0.00	0.00	0.00	0.00	0.00

数据来源：OECD 数据库整理。

不过，南非于 2018 年 4 月 1 日起征收糖税，希望通过该税预防并控制肥胖等疾病。此举意味着南非将加入全球对含糖饮料征税的 30 个国家之列。每年生产饮料含糖量超过 500 千克的厂商需要缴纳糖税，每百毫升含糖量超过 4 克的饮料，将按每克 2.1 分收税。

五、乌克兰单项农产品支持水平

乌克兰气候温和，土壤肥沃，拥有得天独厚的农业自然条件，一度被誉为“欧洲粮仓”。粮食作物是其主要的农产品，包括玉米、小麦、燕麦以及黑麦，近年来对其支持水平均为负值，或者由正转为负，表明依旧对粮食作物的生产者征以重税，用以增加政府的财政收入。乌克兰的畜牧业历来是具有传统优势的产业，在苏联时期相当发达，养牛业和养猪业举世闻名。独立后受到很大损失，政府对其进行了改革，对畜牧生产者由剥夺收入变为财政补贴，补贴的力度一度加强。2010 年后随着畜牧业的恢复及发展，政府减少了对其补贴，对猪肉和牛肉的支持率已降到 10% 以下，并于 2020 年取消了对牛肉的补贴。乌克兰主要的支持产品为糖类，2021 年达到 82.97%，表明糖类生产者收入的 80% 以上来自政府补贴（见表 12－5）。

表 12－5　　1995—2021 年乌克兰单项农产品支持变动　　单位：%

年份	1995	2000	2005	2010	2015	2019	2020	2021
食糖	－50.03	21.28	35.73	31.55	22.99	75.43	59.07	82.97
猪肉	—	－37.52	16.46	12.85	12.37	9.91	9.91	9.91
鸡蛋	17.53	－1.41	15.15	7.79	0.94	0.22	0.05	0.11
大麦	－29.77	－12.15	－12.60	－4.47	－15.00	0.00	0.00	0.00
玉米	－30.19	－20.04	－6.48	－7.22	0.00	0.00	0.00	0.00
小麦	－51.26	15.77	－9.06	－9.52	－2.98	0.00	0.00	0.00
牛肉	－66.17	11.08	17.75	4.74	1.05	3.12	0.00	0.00
牛奶	－68.66	－6.55	5.52	－8.96	－11.40	－0.99	－3.95	－6.24

数据来源：OECD 数据库整理。

六、越南单项农产品支持水平

2000 年以来越南对单项农产品的补贴为：出口导向型农产品给予“负”保护，而进口替代型农产品给予“正”保护。糖类和玉米是越南主要进口产品，表 12－6 显示，对食糖和玉米的% SCT 是最高的，不低于

30%，且支持率呈大幅上涨态势。蛋类的支持率，受国际农产品价格波动的影响，呈现波浪形状。牛肉的支持率尽管下降但仍保持较高的补贴，2021 年达到 45.27%。猪肉、家禽肉、大米、咖啡和茶叶的支持为负值，其中茶叶是 2021 年“负”支持水平最高的商品，为 -78.46%，表明生产者收入的绝大部分被政府以税收形式拿走，收入严重受损。

表 12-6　　1995—2021 年越南单项农产品支持变动　　单位：%

	1995	2000	2005	2010	2015	2019	2020	2021
牛肉	—	53.80	-7.35	31.32	26.51	20.12	31.81	45.27
食糖	—	29.51	31.18	40.70	47.89	33.10	35.24	41.89
玉米	—	28.16	23.76	30.28	55.96	44.44	49.87	37.87
腰果	—	-46.13	-36.57	-55.66	-21.92	-44.05	32.17	10.13
胡椒	—	2.83	2.89	-3.43	5.42	-15.70	2.79	6.81
鸡蛋	—	55.31	57.65	32.71	-3.32	20.98	4.42	-0.26
猪肉	—	-4.84	-3.84	-4.88	-7.13	-2.86	-3.51	-3.24
大米	—	9.73	4.67	18.02	-4.12	-14.50	-20.79	-11.11
咖啡	—	-36.43	23.98	-19.43	-15.85	-22.90	-16.37	-24.50
家禽肉	—	42.09	44.85	6.64	-58.49	-40.65	-36.44	-30.05
茶叶	—	-60.50	-12.90	-30.04	-45.24	—	-80.98	-78.46

数据来源：OECD 数据库整理。

七、印度单项农产品支持水平

印度有着良好的农业生产条件，已成为农产品出口的重要国家。目前，印度仍对大多数商品进行隐性征税，商品不同税率不同，从 2% 到 95% 差异很大（见表 12-7），对市场价格的干预程度较高，对生产和贸易造成了极大的扭曲。

表 12-7　　1995—2021 年印度单项农产品支持变动　　单位：%

年份	1995	2000	2005	2010	2015	2019	2020	2021
食糖	—	25.93	15.64	-7.16	8.32	26.48	17.99	17.50
家禽肉	—	28.29	-11.25	7.97	20.70	32.79	31.89	6.62
大豆	—	11.84	22.47	-15.24	-25.06	0.00	0.00	0.00

续表

年份	1995	2000	2005	2010	2015	2019	2020	2021
洋葱	—	-94.69	-29.59	-30.23	-20.13	0.00	0.00	0.00
土豆	—	-81.03	6.71	-68.56	-25.45	0.00	0.00	0.00
油菜籽	—	-16.82	22.61	-21.51	-2.86	-3.92	-14.96	-10.23
花生	—	-17.51	-16.43	-14.84	-20.46	-8.07	-10.49	-10.66
牛肉	—	-46.19	-27.60	-18.43	-49.97	-13.37	-25.36	-10.98
大米	—	18.62	-22.97	-21.31	-5.57	-19.54	-34.76	-12.25
棉花	—	-0.76	-4.80	-14.28	-5.48	6.02	-9.99	-20.10
小麦	—	-1.54	-14.89	0.00	-4.18	0.75	-4.50	-22.59
番茄	—	-31.19	-34.24	-37.19	-27.48	-61.81	-62.93	-28.74
玉米	—	-16.53	7.55	-22.99	12.94	26.22	-9.03	-31.86

数据来源：OECD 数据库整理。

印度因宗教原因，饮食习惯偏重于果蔬类及大米，生产的大量畜产品用于出口，印度养牛的头数名列世界第一。印度对其出口竞争力高的产品包括牛肉、番茄、土豆、洋葱、大米以及棉花等进行征税。对于玉米，每年印度的家禽、牲畜和淀粉产业要消耗该国玉米产量的近 75%—80%，政府为了鼓励玉米的种植，自 2010 年后对玉米的补贴明显增加，2020—2021 年受新冠疫情影响，为增加财政收入对玉米又进行了征税。印度是继巴西之后的全球第二大产糖国，近年来连续的产量过剩导致食糖库存过于庞大，不仅打压了国内糖价，也使糖厂财务状况恶化；此外，国际糖价低迷导致无法出口，政府为此提高了补贴力度，以促进食糖的出口。《2018 年农业出口政策框架》免除对有机和加工农产品实施出口限制，成为降低交易成本的重要一步，目标是到 2022—2023 年实现农产品出口翻一番，提高农产品出口附加值。

八、阿根廷单项农产品支持水平

阿根廷农业拥有很大的先天优势，作为主要农业区的潘帕斯草原土壤肥沃，穿过潘帕斯草原的帕拉纳河不仅为农业生产提供了丰富的水资源也是高效的运输线路，凭借着先天优势和一系列先进技术的投入，阿根廷成为世界上重要的农业生产和出口国，被誉为“世界的粮仓肉库”。阿根廷农业作物包括玉米、大豆、小麦、高粱、向日葵、大麦、燕麦和棉花等。畜牧业主要是养牛（奶牛和肉牛）以及养羊。阿根廷大豆产量紧随美国和巴西之后，居世界第三位，其他的诸如玉米、高粱、小麦以及大麦产量等也都在世界上具有重要地位。

阿根廷对绝大多数的农产品存在隐性征税，目前仅对猪肉和鸡蛋给予价格补贴（见表 12 - 8）。征税的对象多为其具有竞争优势的农产品，例如大豆、玉米、牛肉等，政府借此增加税收收入，以加大对公共产品的补贴力度。其中对大豆和牛奶征税一直居于较高水平，2021 年分别为 51.54% 和 15.90%。

表 12 - 8　　1995—2021 年阿根廷单项农产品支持变动　　单位：%

年份	1995	2000	2005	2010	2015	2019	2020	2021
猪肉	—	11.50	16.60	17.20	22.89	25.66	16.37	29.43
鸡蛋	—	3.59	11.86	11.67	14.88	17.34	10.17	17.72
小麦	—	7.49	-18.70	-40.55	-62.97	-11.79	0.00	-18.56
果蔬	—	0.00	0.00	0.00	0.00	0.00	0.00	0.00
玉米	—	3.96	-35.38	-24.00	-96.27	-20.38	0.00	-10.62
牛肉	—	-0.09	-8.52	-25.70	2.69	-28.86	-3.53	0.78
家禽肉	—	0.04	-57.79	-9.79	-23.60	-29.81	-6.67	-5.51
葵花籽	—	-3.50	-23.50	-32.00	-30.70	-10.00	-7.00	-7.00
大豆	—	-3.50	-36.08	-39.78	-59.96	-54.45	-27.43	-51.54
牛奶	—	-5.52	-35.61	-30.05	-14.33	-23.41	-29.91	-15.90

数据来源：OECD 数据库整理。

九、中国单项农产品支持水平

如表 12 - 9 所示，21 世纪前中国农产品支持率为负值，说明政府对农民税收大于政府对农民补贴，农民收入部分转移到财政收入中。21 世纪后中国不断加大对农业支持力度、取消对农民的税收，单项农产品支持率逐年增加。横向对比各种农作物，对土地密集型产品的支持率较高，如棉花、油菜籽、小麦等；畜产品一直是中国出口的主要优势产品，近年来对其的支持水平维持在 20% 以下。

表 12-9　　1995—2021 年中国单项农产品支持变动　　单位：%

年份	1995	2000	2005	2010	2015	2019	2020	2021
棉花	17.96	-1.92	46.97	53.82	45.30	36.46	50.10	63.35
食糖	15.11	47.27	34.13	26.55	55.24	60.94	59.88	54.50
玉米	25.61	20.54	22.46	20.87	26.74	25.01	43.97	45.98
油菜籽	17.33	0.79	1.35	19.40	41.21	43.63	47.45	38.18
大豆	-1.73	4.30	7.17	18.00	24.79	33.92	47.23	35.22
大米	0.95	-4.73	1.14	-0.50	35.62	9.89	17.22	33.03
牛奶	53.47	43.58	-5.55	9.59	44.02	32.93	33.62	28.72
小麦	18.81	-14.10	-11.46	28.24	36.01	17.46	20.34	20.16
羊肉	27.23	16.29	12.53	13.91	13.98	13.88	12.94	12.71
牛肉	-3.80	-2.24	-1.79	12.72	12.81	12.68	11.70	11.62
家禽肉	-0.75	-0.47	13.60	12.66	12.82	14.86	12.07	10.81

数据来源：OECD 数据库整理。

从单项政策演变方面，中国自 2006 年以后对小麦支持水平由负值变为正值，主要原因是 2006 年《中华人民共和国农业税条例》被废止，对小麦生产者由剥夺收入转变为财政补贴。2004 年政府决定对部分短缺的重点粮食品种在粮食主产区实行最低收购价格，2005 年首次启动了小麦最低收购价执行预案，2021 年小麦支持率达到 20.16%。

2004 年中国出台了大米的最低价收购办法并于 2005 年第一次启动，并将大米分为早籼稻、中晚籼稻和粳稻三类，分别制定最低收购价格。受到全球经济危机和国际农产品价格的冲击，2008—2009 年中国大米支持水平急速下降，甚至为负值。“最低收购价格政策”有利于调动农民种粮积极性，提高粮食产量。2014 年中国政府继续提高对大米的最低收购价格。受新冠疫情的影响，2020—2021 年再次提高了籼米的最低支持价格，2021 年支持率达到 33.03%。

中国曾是世界上最大的大豆生产国，但随后被美国取代，后来又被巴西和阿根廷追上，现今中国是世界第四大豆类生产国。中国对大豆的支持水平波动较大，个别年份为负值。与美国等其他国家相比，中国的大豆支持水平较低，同时由于中国历史上对粮食的统购统销政策，严重扭曲了大豆收购价格，使大豆产量下降。对于大豆的补贴主要是良种补贴，2014年中国政府启动大豆目标价格与最低收购价并行的支持政策，以此减轻对大豆市场的扭曲程度。2017—2018年取消了大豆目标价格的补贴，其支持率在2017年有明显的下降。2018年由于中美贸易战，中国对美国大豆提高了进口关税，同时为鼓励国内大豆的种植，又提高支持水平。2020年历史最高水平达到47.23%，表明大豆生产者收入的近一半来自国家财政补贴。

第二节　单项农产品支持的政策规律

一、粮食作物和畜产品支持力度分化

1. 粮食作物成为新兴经济体国家单向农产品支持的或者被“剥削”的重点对象。粮食作为一个国家的战略物资，人民生活的必需品，新兴经济体国家对粮食作物的支持率一直处于较高水平（除俄罗斯、南非、阿根廷和乌克兰），特别是对大米、玉米和小麦的支持。2021年巴西支持率最高的是对玉米生产者的补贴，达到24.86%；中国对小麦的支持水平在20%以上，对大米的补贴超过了30%。1995—2021年期间，菲律宾在对大米的平均补贴率接近于60%，越南对玉米的支持率在50%左右。除此之外，其他研究对象国，由于国内良好的农业自然条件，粮食产品具有一定的竞争优势，因此政府对其补贴水平很低，甚至成为征税对象，生产者的部分收入以税收的形式上交政府。

2. 对畜产品的支持持续上升。随着人们生活水平的上升，逐渐增加了对畜产品的需求，但是近年来牲畜饲养的成本不断上升，为此各国政府增加了对畜产品的支持。2015年以来，中国对牛肉和羊肉的支持率均在10%—15%之间；对猪肉的补贴是阿根廷和俄罗斯单项农产品支持中补贴率最高的产品，在20%以上，个别年份超过30%，乌克兰在10%左右；对牛肉的补贴率俄罗斯、越南在20%左右；对蛋类的补贴阿根廷在10%—20%之间，俄罗斯、菲律宾低于10%。

二、支持力度与本国供需、出口竞争力密切相关

1. 对本国供需缺口大的农产品补贴较高。以鼓励本国农业生产者生产的积极性，提高相应产品的竞争力。中国的棉花支持率保持在50%以上，说明生产者收入的一半以上来自政府的补贴；由于饲料成本的上升，猪肉成为俄罗斯补贴水平最高的产品，2021年达到32.69%；糖类是南非补贴水平最高的农产品，2021年支持率为28.89%。

2. 对出口压力大、竞争力弱的产品给予大力支持。近几年来，越南和印度由于食糖的产量高超过国内需求，造成大量积压，加上生产成本高、竞争力弱，出口难度大，政府对其提供补贴援助，以促进食糖出口，所以食糖成为两国补贴水平最高的农产品。

3. 对竞争力强的农产品进行征税。阿根廷的大豆、玉米、牛肉，印度的牛肉、番茄、土豆、棉花，越南的大米、家禽肉，乌克兰的牛奶、大麦，俄罗斯的大麦、小麦，都成为各国政府征税的对象。

4. 政府对单项农产品的支持波动幅度较大。支持的水平易受到国际经济形势、国际农产品价格以及各国宏观经济运行和政治局势的影响，缺乏一定时间内较为稳定的支持，长期来看不利于农业生产的调整以及调动农业生产者的积极性。

第十三章　启示与对策建议

第一，强化政策的系统性，完善农业补贴的政策体系。中国过去的农业补贴政策体系，以鼓励增产为目标，片面强调产量，忽视了影响农业生产者收益的综合性支持政策。当前农业补贴政策正处于改革和完善的关键时期，农业补贴体系应以保障国家粮食安全、主要农产品供给和农民增收为主要目标，以提高农业综合生产能力、保护农业和农村生态等为协同目标，形成多目标多层次的农业补贴政策体系。参考 OECD 农业补贴政策的分类标准，应进一步明确农业补贴政策的内容、范围、分类，确定补贴的优先级，对特定目标和目标主体实施有针对性的政策。鉴于目前价格支持仍然是我国农业支持政策的主要方式，这种方式往往以生产扭曲或贸易扭曲为代价，也是常常为 WTO 规则所不允许，因此适当降低对农产品的市场价格支持，进一步加大农业保险、信贷等与当前生产相脱钩项目的支持力度，已成为完善生产者支持项目体系的关键。同时提高一般服务支持比重，加大对农村基础设施、农业科技推广、教育培训等有利于农业生产力长期发展相关措施的投入力度。

第二，进一步探索我国农村土地改革，完善土地制度。土地改革已成为新兴经济体国家农业支持政策的重要内容。2017 年 11 月我国出台了修订后的《农村土地承包法》草案，计划在期满后延长 30 年的现有农村土地承包合同。目前我国农村呈现的土地破碎化、农业低效化、农村空心化与农业现代化相去甚远，农业补贴政策体系面临着确保小规模农户增收和推动农业规模经营的双重任务。为了同时达到这两重政策目标，农业补贴政策必须要以实现农业现代化为导向，引导土地流转的实现形式多元化，鼓励家庭农场、种养大户等新型经营主体通过土地流转、土地互换、土地入股等，扩大土地经营规模，提高规模效益。同时改变过去直接将补贴发放至小农户的做法，推动完善新型经营主体和小农户的联结机制，确保农民增收的同时提高补贴资金利用效率，更好地激励农业产业发展。除此之外，为了使土地改革达到预期的成果，还需要加大与此密切相关的配套项目的补贴，如基础设施、教育和培训以及金融服务等。

第三，引入监测、评估以及约束机制，及时掌控农业补贴的效果。现行的农业支持项目涵盖非常广泛和涉及多个领域，这一系列政策工具的实施，产生的效果差异很大，所以应根据成本和收益对政策工具和农业支持方案进行系统的审查和评估，及时改进或者剔除不利因素，增加积极因素。同时加快农业基础信息平台的建设，通过信息平台可获得农业补贴数据和有效的监测补贴结果，建立健全农村经济信息网络体系，形成涵盖农村土地性质、权属、用途等基础信息的数据库，为农业补贴政策提供更好的依据和更科学的基础。另外，应建立与补贴政策相配套的农业经营行为约束机制，逐步要求农户在享受补贴的同时，履行相关规则等义务，利用权责对等的原则，探索引入简明易行的约束办法，使各项农业补贴政策更好地发挥作用。

第四，注重政策措施的环境标准，实现农业可持续发展。新兴经济体国家越来越关注到农业可持续发展，将农业补贴与农业生态环境的改善结合起来，补贴的投入越来越倾向于有利于环境保护的项目。除此之外，新兴经济体国家根据《巴黎气候变化协定》承诺的减少温室气体排放量，纷纷制定了一些农业部门的具体目标以实现减排的承诺，促进环境的改善。我国现行农业补贴政策中，过于重视对物质要素，特别是化学物质的投入，短期内虽然能使粮食产量快速提高，但不可忽视的是其对生态环境和耕地资源造成不可逆转的破坏，农业生产环境受到很大挑战。2010 年以来我国政府增加了农业资源保护、土地平整、草地生态保护、退耕还林、水土保持等以环境标准作为补贴标准的一些特定项目，并不断加大对这些项目的投入力度。除此之外，政府还要在相关技术的研发方面给予大力的支持，中国农业专家应在农业资源充分调查和研究的基础上，制定不同农业区域农业可持续发展战略及有力措施，加强资源可持续利用技术的研究和应用，重点研究可再生资源的综合利用技术，促进中国农业可持续发展迈上新水平。

下 篇

农业对外合作项目贷款优惠政策的国际比较研究

当今世界正经历百年未有之大变局，面对深刻变化的国内外环境，以习近平同志为核心的党中央提出要“加快构建以国内大循环为主体、国内国际双循环相互促进的新发展格局”。农业对外合作是我国对外开放和农业发展的重要组成部分。2022 年 1 月农业农村部印发的《“十四五”农业农村国际合作规划》强调，通过统筹用好国内国际两个市场、两种资源，继续深化农业“引进来”和“走出去”，加快培育农业竞争新优势，深入推进农业国际合作，为全面推进乡村振兴、加快农业农村现代化提供有力支撑。

随着全球产业重组和生产要素流动加快，世界各国农业发展的关联度明显提高，我国农业对外合作既面临新的机遇，也面临新的挑战。在农产品贸易对国内产业影响加剧，对外农业投资面临资金约束，缺乏强有力的政策支持体系背景下，以创新金融支持对外农业合作为突破口，借鉴发达国家农业对外合作项目贷款政策的先进经验，优化、创新我国对外农业合作贷款优惠政策，对于破解我国农业企业融资能力较弱、促进农业“走出去”以及加大农产品海外市场拓展、培育农产品出口新优势具有重要的现实意义。

本篇以美国、日本、韩国为研究对象，系统研究了各国在推进农业对外投资领域合作以及推动农产品贸易领域合作的贷款优惠政策体系，涵盖出口信贷、贷款担保、贷款保险、贷款贴息等相关政策。力求梳理和厘清相关贷款优惠政策的政策目标、演进阶段（特别是政策设计中的相关重要参数如贷款利率、担保费率等）以及政策支持规模及效果。同时为了在操作层面更好地借鉴国外先进经验，在研究内容上还涵盖了相关贷款优惠政策的管理办法及操作流程。

第十四章　研究背景与研究界定

农业一直是“一带一路”倡议合作的重点领域。自“一带一路”倡议提出至今，农业国际合作在对外贸易、投资、科技合作等领域取得了显著成效。我国累计与世界140多个国家和地区开展了广泛的农业合作，与94个国家建立了稳定的农业合作关系，与80余个共建“一带一路”国家签署农渔业合作协议，农业对外合作进入了新阶段。我国累计与80个国家及21个国际组织签署了543份科技合作文件，获得11个引智示范和国际合作基地认证，农业科技对外合作体系初步建成。农业贸易规模不断扩大，并与全球26个国家（地区）签署19个自贸协定，农产品市场开放程度达到90%以上[①]。截至2020年底，农业对外投资存量、境外设立企业数量和覆盖国别分别达到302亿美元、1010家和108个，投资存量为2015年底的2.3倍，农业对外投资合作成绩显著。总之，“一带一路”建设在营商环境、要素流通渠道、互联互通基础设施等方面为农业国际合作提供了更为广阔的发展空间。但农业对外合作仍旧面临着复杂多变的国际形势、东道国政局和政策不稳、保护主义提高投资壁垒、自然风险及社会风险频发等一系列问题，特别是当下的新冠疫情给农业对外投资带来了沉重打击，农业“走出去”面临诸多挑战和困难。

第一节　研究背景

一、农产品贸易持续增长，国际市场对国内产业影响加剧

农产品贸易是对外贸易的重要组成部分和农业农村经济的重要领域，

---

① 《“十四五”农业农村国际合作规划》。

目前中国已成为全球第一大农产品进口国、第五大出口国，在世界农产品贸易中占有举足轻重的地位。贸易对我国农产品供给保障、农业产业发展、农民增收的作用和影响加大，在贸易总量快速增长的同时，我国农产品贸易呈现出大宗产品全面净进口、贸易逆差急剧扩大、进口价格波动加大、优势产品出口增长乏力等突出特征。2021 年，中国农产品贸易额 3041.7 亿美元，同比增长 23.2%，首次超过 3000 亿美元。其中，出口 843.5 亿美元、同比增长 10.9%；进口 2198.2 亿美元，同比增长 28.6%。虽然水产品、蔬菜、水果等优势农产品出口整体保持较快增长，但近年来水产品和水果的贸易顺差在下降，畜产品的贸易逆差进一步扩大。总体来看，我国农业综合生产能力和供给保障能力仍然存在不足，农产品国际竞争力不强，极易受到贸易战以及国际价格波动的影响；农产品贸易对国内产业影响加剧，农产品国内市场与进口调控面临着越来越严峻的压力和挑战。

二、我国农业"走出去"步伐加快，对外投资面临融资难等多因素制约

中国对外农业投资在规模、企业数量及经营规模等方面都有显著增长，企业未来的投资意向也呈现积极态势，对外农业投资的经济和社会效益日趋显著。但是，中国农业企业规模普遍偏小、投资能力较弱，这是限制企业走出去的关键因素。目前中国在境外投资农业，大多为中小企业，龙头企业和大型集团较少。而大型龙头企业之前因一直大力开展国内布局和投资，也没有足够的资金开展境外直接投资。

三、农业"走出去"政策环境日益完善，但缺乏系统的支持政策体系

农业"走出去"是国家"走出去"战略的重要组成部分，自 2007 年"中央一号文件"正式把农业"走出去"作为国家战略提出以来，农业"走出去"获得了政府的大力支持，取得了明显成效。2016 年，"中央一号文件"对农业对外合作提出了新要求，要加强与"一带一路"沿线国家和地区及周边国家和地区的农业投资、贸易、科技、动植物检疫合作。"十三五"期间，农业农村部联合国家发展改革委员会、商务部、外交部等单位印发了《农业对外合作规划（2016—2020）》、《共同推进"一带一路"建设农业合作的愿景与行动》等文件，通过开展农业对外合作境外

示范区和境内试验区建设、打造农业对外合作服务体系等，推动农业“走出去”。农业对外合作是统筹利用国际国内两个市场、两种资源、两类规则的必然要求，是我国建立开放型经济新体制的重点内容，是提升农业国际竞争力的重要途径①。但目前中国境外农业对外合作的支持政策还不完善，没有形成系统的支持政策体系。从国际经验来看，美国、欧盟、日本、韩国等对农业海外投资与市场的开拓投入了大量资金，在财政、金融、保险、税收等方面都建立了比较成熟的政策支持体系和具体操作程序，在促进境外农业投资、农业合作与市场开拓中发挥了重要作用。

因此，在农产品贸易对国内产业影响加剧，对外农业投资面临资金约束，缺乏强有力的政策支持体系背景下，以创新金融支持对外农业合作为突破口，借鉴发达国家农业对外合作项目贷款政策的先进经验，优化、创新我国对外农业合作贷款优惠政策，一方面对于破解我国农业企业融资能力较弱，融资手段单一，融资规模偏小问题，提升对外投资能力，促进农业“走出去”具有重要意义；另一方面，对于加大农产品出口促进支持力度，培育农产品出口新优势，提升农业农产品国际竞争力也具有重要的现实意义。

第二节 研究范围界定

考虑到国家特征以及相关政策资料的可获得性，本部分选择美国、日本、韩国作为研究对象。

一、农业贸易大国代表——美国

美国是发达国家的典范，农业竞争力也是全球最强的，保持着全球出口大国的地位。美国作为农产品生产大国，在开拓国际市场，促进农产品对外贸易合作领域具有丰富的政策支持经验，特别是在贷款支持方面政策体系成熟，因此将美国列为研究对象国。在美国农业对外合作贷款优惠政

① 2015 年 2 月 28 日，农业部部长韩长赋在农业对外合作企业座谈会讲话。

策的研究中，侧重农产品贸易合作领域的贷款支持。需要说明的是，这些对外贸易促进贷款支持政策也往往发挥着促进对外投资合作领域的支持功能。

二、资源相似国家代表——日韩

日韩是中国的近邻，有着相似的农耕文化，而且都是从农业国家转变为工业国家的代表。日本和韩国是主要的农产品进口国，农业资源稀缺，农业对外合作动力强。虽然日韩两国的农业发展形态和经营形态类似，但农业海外开发历史有所不同，对外合作促进政策也各有特色。因此，本篇将日韩两国列为研究对象国，并且在对日韩对外农业合作贷款支持的研究中，侧重对外农业投资合作领域的贷款支持。

第三节　农业对外合作领域

2017 年“中央一号文件”指出，加强农业对外合作，推动农业走出去，以“一带一路”沿线及周边国家和地区为重点，支持农业企业开展跨国经营，建立境外生产基地和加工、仓储物流设施，培育具有国际竞争力的大企业大集团。朱丕荣（2013）认为，农业对外合作涵盖科技以及经济合作领域。科技方面包括互访考察、培训讲学，举办研讨会，办展览会、展销会，交流情报资料、品种资源、样本，进行合作研究，共建实验室、科研中心，创新示范，技术援助等；经济合作方面，包括接受援助、贷款，吸收外企投资，援外、境外办企业、技术培训、发展农产品进出口贸易和生产资料贸易等。《“十四五”农业农村国际合作规划》中农业国际合作的主要任务包括：构建新型农业对外合作伙伴关系、优化农产品贸易布局、扩大农业对外投资、深化农业科技合作、深度参与全球粮农治理、精准实施农业对外援助。

本书涵盖的农业对外合作领域主要包括三个方面：加快农业“走出去”，推进农业对外投资领域的合作；积极开拓国际市场，推动农产品贸易领域的对外合作；推动农业科技进步，开展农业科技领域的对外合作。

第四节　贷款优惠政策框架

政策是由政府部门实施的具体很强计划性的管理活动。它是由政策背景、政策目标、政策设计、政策实施条件和政策实施手段构成的一个严密的逻辑体系，见图 14－1。本书中农业对外合作项目贷款优惠政策的研究体系基本围绕政策背景、实施条件、政策设计和实施手段等方面，但主要侧重政策设计和实施手段。除此之外，研究时也考虑到了政策效果。

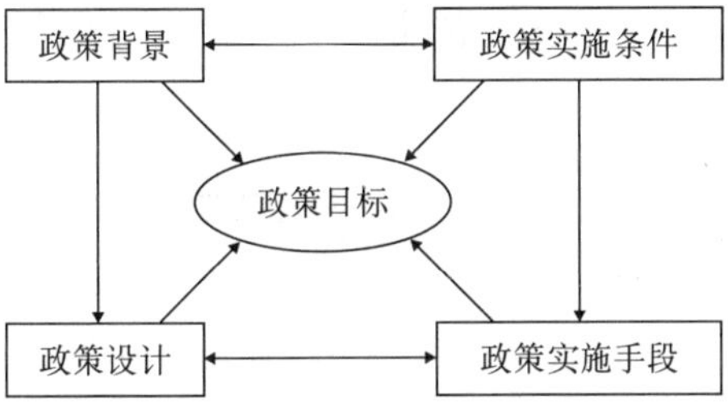

图 14－1　政策体系及其逻辑联系

对外农业合作优惠贷款的政策类别主要包括：出口信贷、贷款贴息、贷款担保、贷款保险等相关政策。此外，鉴于很多贷款政策与专项贸易及海外开发计划有结合之处，并且美国、日本、韩国在对外农业合作领域建立了多项专项计划或基金，因此，本书也涵盖了贸易促进及海外开发专项计划。需要说明的是，本书重点关注农业对外投资和农产品贸易合作项目贷款优惠政策，没有专门研究农业对外技术合作领域的相关政策，然而对外投资与贸易合作这两个方面的支持中，很多政策涵盖了对农业技术合作领域的支持。

第十五章　日本农业对外合作贷款优惠政策

第一节　政策背景、目标与保障措施

日本人地关系相对紧张，受资源禀赋限制，依靠本国资源难以保证国内农产品的供给。为保证本国的粮食安全，日本政府一方面要求事关国家粮食安全核心的大米确保自给；另一方面采取官民一体的海外投资模式实施海外农业发展战略。在日本的海外农业发展战略中农业对外合作项目贷款优惠政策为“走出去”企业营造了良好的投资环境，推动了日本的海外农业发展，进而渗入主要产粮国和全球主要粮食贸易网络，保证其粮食的稳定供给。

一、政策背景

第二次世界大战后日本经济快速发展，国民生活水平迅速提高，国民饮食结构不断向现代化、多元化转变，对农产品需求的逐渐增加使得日本国内农产品供给无法满足国民饮食需求变化。20 世纪 60 年代以来日本食物自给率从 79% 降至 38%，粮食进口量日趋增多。在大约 70% 的进口来源中，来自中国的约占 20%，美国略高于中国。为保证本国粮食安全，在有保有压的措施下①，日本对水稻这一国民主食主要采取了国内生产，其他粮食品种则依赖进口，同时辅以相应的关税等进口限制措施，其结果

① 为保证本国粮食安全，日本政府要求大米实现国内自给，对大米进出口采取限制措施，其他粮食品种依赖进口。

是日本国内大米过剩，其他粮食供给不足，小麦、大豆和饲料用农产品只能满足国内1个月左右的需求。这就迫使日本不得不加大国外农产品供应，积极开展海外农业战略，以保证国内食品安全。

20世纪50—60年代，日本企业在东南亚国家置地发展种植业，但是由于一些国家地籍管理制度的不完善，使得卖地者随意更改土地边界，再加上东南亚国家和地区社会不稳定，政权更迭，日本企业的海外土地投资损失惨重。因此，日本政府与海外投资企业开始探索更为适宜的海外农业投资方式。到70年代，日本确立了促进全球农业发展来实现日本食品保障的概念，开展了大量的海外农业援助项目。2011年，为了进一步完善农业海外拓展模式，日本农林水产省与外务省主导，财务省、经济产业省、国际协力银行（又称国际合作银行）、日本贸易振兴机构、日本贸易保险共同构建了日本海外农业投资的金融支持与保险服务体系，其中为符合条件的日本企业进行海外投资提供长期的海外贷款成为重要组成部分。

二、政策目标

为保证日本的粮食安全，日本政府一方面通过高额农业补贴等措施加大对国内农业的支持力度；另一方面则积极探索农业“走出去”的模式和路径。到目前为止，日本已经拥有3倍于本国农田数量的海外农田，日本的海外农场遍及巴西、阿根廷、俄罗斯、乌克兰、中国、印尼、新西兰、美国等地。在政府的参与和扶持下，农业对外合作项目贷款优惠政策目标主要体现在建立海外农业投资的长期战略。日本国际协力银行（JBIC）、日本进出口银行（JEXIM）等金融机构为符合条件的日本企业提供长期的低息优惠贷款，最高贷款额度为2.5亿日元，偿还期限最长为15年，其利率比一般的商业贷款低约67%。日本把目光放大到具有农业潜力的发展中国家，长期的优惠贷款使得一些农业投资项目可以延续至30年，为日本农业企业进入这些国家进行了长期铺垫。以对外合作项目贷款优惠政策为代表的政府开发援助，有利于为日本企业创造良好的投资环境，拓展海外市场，形成完整的农业产业链。例如日本农业海外扩张的领头羊三井物产，控制了庞大的农产品产业链上端，除了生产环节，还通过大型贸易公司直接在投资国建立稳定的供货基地。日本海外农业投资战略政策框架见图15－1。

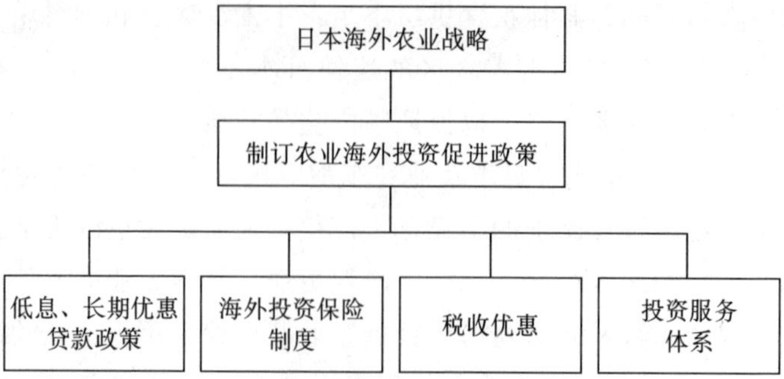

图 15-1 日本海外农业投资战略框架

第二节 对外合作优惠贷款的类别

在极其重视海外农业开发的日本，政府鼓励、支持包括粮食在内的资源型企业进行海外投资，通过日本国际协力银行和日本政策金融公库等金融机构提供低息、长期的优惠贷款，为日本企业进军海外农业提供资金支持。

一、政府开发援助

日本政府开发援助（Official Development Assistance，ODA）带有鲜明的政治色彩和利益指向，服务于日本政府的经济政策和发展战略，对日本海外直接投资的投向、投量发挥着重要的引导作用。日本经济经过 20 世纪 60 年代的高速增长期，日本政府开发援助进入大幅增长期，并在 1989 年超过美国成为世界第一援助大国，政府援助的地理分布呈现以东南亚为重点，逐渐向非洲、中东和南美洲地区扩散的趋势。

日本政府开发援助（ODA）的主要援助形式有赠款、技术援助和日元贷款三种，前二者属于“赠予”，后者属于“有偿援助”，主要用于教育、医疗、公共治理、交通运输、农业、环境治理等 19 大类。日本对外援助已构建了成熟的政策体系，政策决策机构、政策执行机构、受援国三方密切联系，日本外务省担任对外援助政策管理的核心，日本对外援助的执行机构为日本协力机构（JICA）。2008 年，JICA 在原有业务基础上，整合了日本国际协力银行（JBIC）日元贷款与外务省无偿援助业务，实现了集中化管理。

日本政府开发援助（ODA）项目实施流程见图 15 - 2。

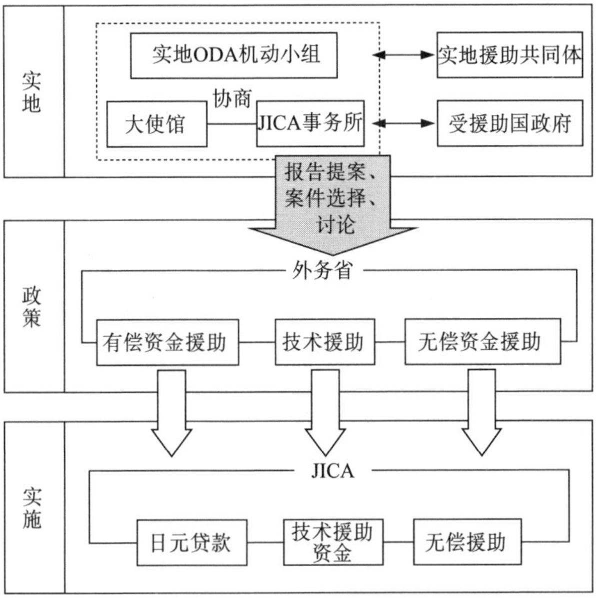

图 15 - 2 日本政府开发援助（ODA）实施流程图

二、境外经济合作基金援助

日本境外经济合作基金（Overseas Economic Cooperation Fund，OECF，又称日本海外经济协力基金），是日本政府向发展中国家提供长期、低息贷款的金融开发机构。该机构 1961 年成立，目前已有 70 多个国家接受了 OECF 基金贷款。OECF 主要为政府直接贷款，也可以由政府担保，由政府某个机构接受贷款，近年来开始向民间企业提供融资服务。OECF 贷款以日元支付，以项目贷款为主，运输、电力、教育、水利等基础设施，贷款利息原定平均利率为 3%，1988 年下降为 2.6%，2000 年以后，贷款利率降至 2.36%，还贷期限 20—30 年，包括 7—10 年的宽限期（宽限期内只需要支付利息）。

贷款申请程序包括：首先进行项目文件准备，并将项目相关资料送交日本大使馆向日本政府提出申请；日本政府组织经济计划厅、外务省、通商产业省、OECF 进行审查，必要时派遣调查团与申请贷款国家进行协商；随后 OECF 派遣审查组与贷款申请国相关部门协商会谈，了解贷款偿还能力；日本政府内部协商，对贷款条件与额度做出裁决；最后，OECF 和贷款人签订贷款合同，借款人对项目所需材料进行公开招标并按期完成贷款项目建设①。

三、对外直接投资外汇贷款

这是日本政府对于从事海外直接投资的企业实行的外汇贷款制度。政府规定，只要企业在对外直接投资过程中准备 10% 的日元资金，其余的部分可通过日本开发银行、日本进出口银行等政府机构和外汇银行进行外汇贷款，这表明对外直接投资的大量外汇资金可由政府和金融机构提供。

四、政策性金融机构优惠贷款

（一）日本政策金融公库贷款

日本政策金融公库（Japan Finance Corporation，JFC）设立于 2008 年 10 月，由国民金融公库、环境卫生金融公库、中小企业金融公库以及农林渔业金融公库合并成立，简称“日本公库”。日本政府金融公库隶属财务省，日本政府通过财政贷款、政府担保、利息补贴等方式向日本公库融资。日本政策金融公库的农林贷款借贷利率倒挂，如 2005 年借入资金利率为 3.09%，而贷出资金利率平均为 2.58%，平均贷款期限 18 年，其中农业 17 年，林业 25 年，渔业 10 年，食品产业 12 年。日本政策金融公库为保证农业、林业、渔业、食品业高品质产品的稳定供应，推出 AFFF 单位贷款业务，向农林渔业企业提供融资支持与信息服务。自 2002 年开始，AFFF 为农业企业提供投资支持，2014 年 AFFF 开始向商业计划获得日本农林渔业部批准的有限责任公司提供融资服务。

（二）国际协力银行贷款

日本国际协力银行（Japan Bank for International Cooperation，JBIC）

① 《日本海外经济协力基金（OECF）贷款采购程度—附：对外经济贸易合作部关于重申 OECF 贷款采购程序的通知》，1996 年 3 月 13 日（1996）外经贸贷函字第 6 号。

为符合条件的日本企业提供长期的低息贷款。国际协力银行负责日元贷款业务、海外经济合作业务以及日本外务省主管的无偿资金援助业务，JBIC给企业境外投资的最高贷款额度为2.5亿日元，偿还期限最长为15年，为缺少资金的企业提供了开展境外投资的可能。

根据“应对日元升值紧急措施”，为支持日本企业的海外并购，JBIC为企业收购大型贸易公司提供贷款。例如通过三菱东京日联银行、三井住友银行及瑞穗银行与丰田通商签订了贷款协议，对丰田通商（株）收购法国大型贸易公司（法国西非公司）提供所需资金支持。该项贷款为日本企业的海外业务拓展提供了支持，有助于维持、提高日本产业的国际竞争力。

五、日本贸易振兴机构海外投资补贴

日本贸易振兴机构（Japan External Trade Organization，JETRO）会员一揽子服务始于1958年（JETRO创立年）。任何日本的公司、企业或个人均可以申请成为会员，会员每年收取73500日元的会费，为会员企业提供海外投资信息服务与资金支持。首先，会员可以免费订阅《JETRO日报》、《JETRO月刊》与《JETRO全球贸易与投资年报》，这些刊物只能在日本获得，由JETRO与海外分析机构搜集投资信息出版；其次，会员海外业务调查可以免费获得JETRO海外办事处提供的当地经济形势简报；再次，会员在参与JETRO举办的研讨会、展览、商业会议以及书展中可以获得参会折扣；最后，实行海外投资调查费用的补贴制度。

第三节 贷款优惠政策执行主体与细则

一、日本国际协力银行

（一）日本国际协力银行资金来源

1. 日本国际协力银行宗旨。日本政府于1999年10月1日将日本输出入银行和日本海外协力基金正式合并，成立了“日本国际协力银行”（Japan Bank for International Cooperation，JBIC），是一家不以盈利为主要目的

的政策性银行。成立日本国际协力银行的目的是：通过提供贷款和其它金融手段支持日本经济和国际经济的发展，促进日本的进出口业务和海外经济活动；稳定国际金融；促进发展中地区的社会发展和经济稳定；不与商业金融机构竞争。

从日本国际协力银行的运行方式看，图 15－3 所示，充分体现了“政府的银行”的特点：一是经营目标不以盈利为目的，而是以支持出口、开发资源、开拓市场、扶持战略资源进口、稳定周边关系等国家利益为己任；二是监管方式由业务的经营目标决定，以国家经济利益为目标的业务由财政监管，以国家政治利益为目标的业务由外交委员会监管，银行业务财务预算由内阁审议批准后执行；三是防范风险以政府财政为后盾。资本金、准备金和营运资金主要来源于政府，低成本资金来源既规避了有关补贴的国际规则，又有利于防范风险；四是按不同性质业务分账管理，国际金融合作账户项下主要管理出口信贷与海外投资业务，海外经济合作账户项下主要为政府的政治外交目的提供援助业务。

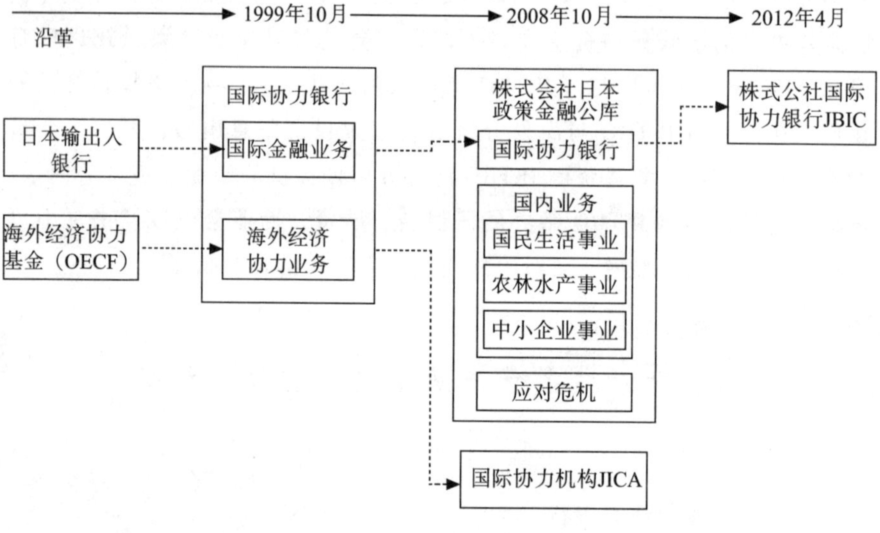

图 15－3　日本国际协力银行发展沿革

2. 国际协力银行资金来源。日本国际协力银行的资金来源主要由三部分组成：一是资本及准备金；二是借款；三是发行金融债券。

（1）资本金及准备金。按照《日本国际协力银行法》规定，国际协力银行的股份全部为日本政府所有，政府为其提供了充足的资本金。国际协力银行的准备金分为两部分：一是将税后利润按内阁令规定的比例提取法定准备金；二是除法定准备金外还可根据不同目的提取特别准备金。该行国际金融合作账户资本及准备金/总资产的比率为13.82%，海外经济合作账户资本及准备金/总资产的比率为56.16%，两个账户合并后，这一比率高达34.49%。充足的资本有利于提高国际协力银行的信用等级，降低筹资成本，增强抗风险能力，确保国际协力银行履行职能和稳健运行。

（2）借款。除资本金外，国际协力银行的资金大部分来源于向政府和其他机构的借款，具体来说，是来自政府的信托基金局和邮政人寿特别账户（负责管理邮政储蓄、职员养老基金和国家养老基金）。到2021财年末，国际协力银行的政府借款为8.37万亿日元，这部分资金成本较低，远低于在金融市场上发行债券的成本。

（3）发行金融债券。根据日本法律规定，日本国际协力银行可以在国内外金融市场上发行金融债券，以弥补资本金和借款的不足，日本政府为债券的本金与利息提供担保。截至2020财年末，政府担保的外国债券账面余额4.91万亿元，占未偿还借款和债券总额的42.27%。

另外，日本政府还为国际协力银行的经营运行提供了税收优惠、风险补偿等一系列财政保障机制。根据《日本国际协力银行法》规定，国际协力银行可以享受税收减免等优惠政策，同时日本政府会承担国际协力银行因为国家利益而产生的亏损，及经营的最终风险。

（二）JBIC海外投融资支持体制

1. JBIC企业支持体系。

（1）出口金融。JBIC是以日本企业的机械、设备及技术等出口为对象，为外国进口企业或外国金融机构提供贷款。原则上，融资金额为出口合同金额范围内减去首付款部分的金额。

（2）进口金融。JBIC进口金融贷款主要为日本企业进口资源、重要物资等融资，分为面向日本进口企业和外国出口企业两种。

融资对象进口种类（资源）包括石油、石油开采、天然气、石炭、金属勘探、萤石、木材、木材加工等。

（3）投资金融。JBIC是为企业海外投资设立的专门融资机构，为日本企业在海外投资和并购提供金融支持。JBIC 的服务对象广泛，既包括日本独资企业、合资企业，还包括与日本企业合资的外国政府。便利了日本企业在境外投资方面的融资需求。

（4）业务开发金融。业务开发金融是指日本为进口所需资源，通过为当地政府项目开发机构提供开发贷款，促进海外业务开发。

（5）海外投资。为支持日本企业的海外并购，推出海外投资支持。支持日本企业投资于海外基础设施领域，如印度、埃及的电力部门，印度尼西亚的可再生能源等；支持开展海外并购活动，如投资于越南码头的重建及营运，印度汽车零部件制造及销售业务，面向美国硅谷的 IT 尖端企业投资等。

（6）保证。JBIC 向大中型企业、民间金融机构、发展中国家政府或当地日资企业等提供债务担保业务。针对产品的进出口、当地日资企业新发行债券、公债、互惠外汇信贷等提供担保，并对出口金融再担保。

出口金融再担保是指当日本企业在与外国企业共同出口设备等产品时，JBIC 对外国出口信用机构提供的担保再次进行担保。通过该担保，可与其他国家的出口信用机构之间建立相互担保体系，通过这些体系，对与外国企业合作的日本企业出口项目提供支援。

（7）过桥贷款。过桥贷款是指向国际收支困难的发展中国家政府，提供短期资金贷款，以满足外币资金周转的需要。JBIC 曾在 2003 年 1 月向缅甸政府提供过桥贷款，帮助该国偿还了亚洲开发银行及国际开发银行的延迟债务。

2. 骨干企业、中小企业海外开发业务金融支持。JBIC 适应经济全球化发展的趋势，积极支持骨干企业、中小企业推进海外业务开发。为了适应骨干企业、中小企业的海外拓展资金的多样化需求，JBIC 与日本民间金融机构、当地金融机构进一步加强了合作，扩大了支持范围。JBIC 采取的相应措施主要包括以下几个方面：

（1）骨干企业、中小企业支持政策。JBIC 为骨干企业、中小企业提供的支持政策包括：优惠贷款、对应数百万乃至数千万日元的小额贷款、当地货币贷款、海外企业并购支援、民间金融机构（地方银行、基金、银行）合作与协调、海外派驻官员办公与调查费用等。

（2）通过当地货币融资提供支持。为了满足骨干企业、中小企业的海外商务拓展需求，JBIC 提供了使用泰铢、印尼卢比及人民币等当地货币结算的融资。骨干企业、中小企业在投资国使用本地货币筹措资金时，面临着贷款期限短（基本上是一年以下的短期贷款）、利息高等问题，因此，JBIC 为了解决这些问题，采用与民营金融机构合作融资的形式，直接向骨干企业、中小企业的当地法人进行当地货币结算融资，且实行适用于骨干企业、中小企业的优惠措施，长期的固定利息。另外，还实施了协议融资，由 JBIC 以当地货币结算进行融资，由民营金融机构通过日本国内的总公司进行日元融资。

（三）JBIC 贷款细则

为支持日本的海外直接投资，JBIC 推出海外投资贷款，申请人可以是日本企业（投资人）、海外子公司（包括日本企业拥有股权的合资企业）以及向海外子公司发放贷款或拥有股权的政府与金融机构。对日本企业的直接投资也包括中小企业，适用于对海外资源开发与股权投资项目以及兼并收购项目等。而且，JBIC 还可以向包括中小企业在内的日本企业海外部署以及兼并收购活动提供两步贷款（TSLs）。操作方式是先由 JBIC 将资金贷给金融机构，再由金融机构为日本的境外投资企业提供借贷便利。JBIC 还向海外投资企业运营提供短期贷款，用于长期贷款执行前弥补资金缺口的过桥贷款。JBIC 为促进符合条件行业的海外投资，逐步扩大海外投资贷款范围。

1. JBIC 贷款标准。JBIC 的贷款利率与资金成本挂钩，也包括由财政贷款基金专项账户借款利率。如此一来，JBIC 贷款利率将随金融市场利率变化而波动，贷款申请人应向相关部门查询贷款条件。日本国际协力银行的贷款平均利率往往比债券筹资成本要低，利率形成倒挂，但仍有一定的盈利空间。究其原因，是因为该行充足的资本和准备金及大量低成本的政府借款，在很大程度上分摊了发行债券的利息支出，使银行的综合资金成本比债券成本低，确保了国际协力银行的正常运营。

标准贷款利率如表 15－1、表 15－2 所示：根据 2018 年 8 月 15 日与 2021 年 8 月 15 日 JBIC 贷款标准利率与利率折扣可以发现，日本国际协力银行贷款利率相对较低，且呈现下降趋势，如偿还期 8.5 年以上的长期出口贷款利率从 0.95% 下降至 0.88%，海外投资贷款利率从 0.2075% 下降至 0.1955%，进一步降低企业融资成本。

表 15－1　　日本国际协力银行贷款标准利率（2018 年 8 月 15 号）

信贷种类	标准贷款利率＊2	JBIC 利率折扣
出口信贷	·承诺贷款时固定利息＊3＊8 0.88%（偿还期 5 年以下） 0.90%（偿还期 5 年以上 8.5 年以下） 0.95%（偿还期 8.5 年以上） ·出口合同签约前的固定利息＊3＊8 在以上利息的基础上上浮 0.2%	最高 60% 折扣
进口、投资·实业开发等（资源·国际竞争力）＊1	·日元贷款＊4 0.2075%＊6＊7 ·外币贷款＊5 LIBOR＋0.5875%＊6＊7	最高 60% 折扣＊9

表 15－2　　日本国际协力银行贷款标准利率（2021 年 9 月 15 日）

贷款种类	标准贷款利率＊2	JBIC 利率折扣
出口信贷	·承诺贷款时固定利息＊3＊8 0.86%（偿还期 5 年内） 0.88%（偿还期 5 年以上，8.5 年以下） 0.88%（偿还期 8.5 年以上） ·出口合同签约前的固定利息＊3＊8 上述利率上浮 0.2%	最高 60% 折扣
进口、投资·实业开发等（资源·国际竞争力）＊1	·日元贷款＊4 0.1955%＊6＊7 ·外币贷款＊5 LIBOR＋0.5875% SOFR 复利后决定＋1.0075%	最高 60% 折扣＊9

备注：

＊1. 对于骨干企业、中小企业，另备有贷款利率等贷款条件优惠条件。

＊2. 与贷款利率等相关的基本规定，请参考《株式会社国际协力银行（JBIC）的贷款利率、保证金相关的基本规定》。

＊3. 该值是 JBIC 的利息和合作贷款金融机构的利息之和。

＊4. 根据贷款·冻结期限和偿还方式设定进口·投资贷款的日元贷款利率。（但是，当前最低利息为 0.25%）。本表记载的贷款利率为“10 年（冻结 3 年后 7 年均等半年赋）”时的示例，

其他贷款・冻结期限的贷款利率请咨询贷款服务窗口。

*5. 外币贷款利率以美元 LIBOR（6 个月）为基础进行计算。美元以外的外币贷款利率请咨询贷款服务窗口。

*6. 根据对于有助于促进我国重要资源的海外开发及获取、以及有助于维持及提高我国产业国际竞争力项目的不同，适用特殊贷款利息。

*7. 无论日元贷款还是外币贷款，都根据客户的信用度、担保・保证以及贷款方案，追加风险金，并且需要根据金融市场的实际情况作进行相应的调整。

*8. 追加基于 OECD（经合组织）公共出口信用溢价定位的 OECD 溢价。

*9. 面向资源领域（进口・投资）的海外贷款上限为 70%。

数据来源：日本国际协力银行 2018 年年 https://www.jbic.go.jp/ja/information/annual-report/year-2018.html；日本国际协力银行 2021 年 https://www.jbic.go.jp/ja/information/annual-report/year-2021.html。

2. 海外投资贷款流程。发达国家海外投资贷款符合条件的部门：铁路（高速、城际项目和主要城市的项目）、水利、可再生能源、核能、变电输电、高效燃煤发电、煤炭气化、碳储存（CCS）、智能电网、电信网络、生物燃料、高效燃气发电、飞机维修和销售、并购活动等。

海外投资贷款种类包括海外机构直接贷款与国内企业贷款（企业投资项目需有助于日本获得持续稳定的资源需求与其他利益）。贷款分类与流程如图 15-4 所示。

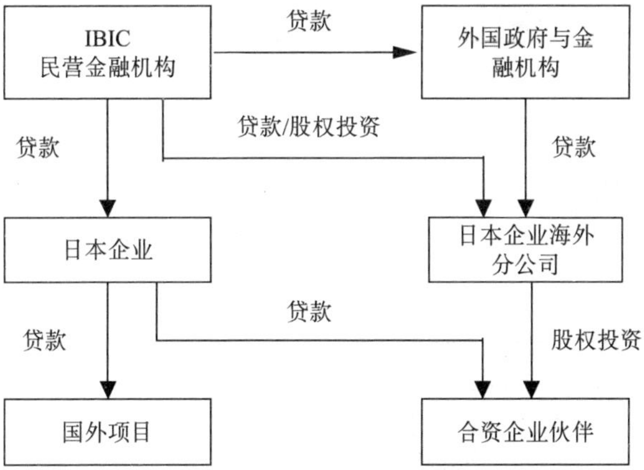

图 15-4　日本国际协力银行对外合作项目贷款流程

3. 海外投资贷款条款。通过贷款评估确定贷款的条款和条件后，还需要考虑以下方面：

（1）贷款金额、币种与利率。

①贷款金额不能超过海外投资合同的总额，贷款用于满足特定海外投资项目或长期投资发展海外业务的需要，当实际融资需求产生时发放贷款。

②原则上，贷款融资最高达到融资需求的一定比例，用于满足民营金融机构无法达到的补充融资需求。

③贷款除日元外，也可以是其他国家货币（原则上使用美元或欧元）。

④日元贷款适用固定利率，当贷款是其他国家货币时，原则上采用浮动利率。贷款申请者应向有关贷款部门查询特定贷款条件。

（2）偿还期限与偿还方式。偿还期限由海外投资实际需要的时间决定，在还款期内没有限制，偿还期由于包括宽限期，因此可以根据期望利率以及项目回收期灵活设定。偿还期通常在1—10年之间。本金和利息的总和必须分期偿还。

二、日本政策金融公库

（一）政策金融公库资金来源

如表15－3所示，日本政策性金融机构的资金来源，除自有资金外，主要来自财政资金和债券市场融资。财政资金包括财政贷款和财政投资，其中，财政贷款是有偿资金，由日本政府发行财投债（国债）筹集，需要返还本金、支付利息。财政投资则用于形成企业资本金，以股份形式参加分红。债券市场融资也存在两种形式，即发行政府担保债券和财投机构债，后者没有政府担保。实施财政投融资改革后，日本规定政策性金融机构融资的优先顺序为，首先发行非政府担保债券——财投机构债；其次发行政府担保债券，当难以从债券市场融资时，再利用财政资金融资。

表15－3　　JFC资金来源细目　　单位：十亿日元

资金来源	2020年度预算	2020年度业绩	2021年度预算
财政贷款	44098.7	14315.4	24727.6
政府担保债券	7600.0	200.0	1200.0
财政资金融资	12301.5	4117.6	51.1
来自政府的资金 （占整个资金的比例）	64000.2 （100%）	18633.1 （99%）	25978.7 （99%）

续表

资金来源	2020 年度预算	2020 年度业绩	2021 年度预算
财投机构债	300.0	260.0	290.0
总资金	64300.2	18893.1	26268.7

资料来源：https：//www.jfc.go.jp/n/english/pdf/jfc2021e_2.pdf.

（二）政策金融公库贷款类别

2008 年，日本政府依据《日本政策金融公库法》对其政策性金融体系进行改革，于 10 月 1 日成立了株式会社日本政策金融公库，整合了原有的国民生活金融公库、农林渔业金融公库、中小企业金融公库。改革后，日本政策金融公库成为日本目前唯一的政策性金融机构，原有的农林渔业金融公库演变成为日本政策金融公库的农林水产业务部。

1. 优惠贷款类别。日本政策金融公库为日本企业的国内及国外农业经济活动提供无差别融资。具体来说，如企业在海外农业开发中购买设备；在海外从事农林水产品加工、销售使用的设施；与国外企业开展合作、为取得商标而开展的活动等，这些经济活动都可以获得日本政策金融公库贷款。根据具体经营活动内容不同，政策金融公库提供的贷款利率不同，并且还设有无息贷款。贷款利率一般为 2%，对国家认定的农业生产者可低达 1.6%。贷款的偿还期限平均为 17 年，有的可长达 33 年。平均 1 次的贷款金额高达 2200 万日元，最高限额为 1.5 亿日元。贷款方式一般为担保，但担保资本充足率不一定要达到 100%。

2. 优惠贷款发放程序。政策金融公库的贷款形式可采取直接向借款人发放贷款的形式，也可采取委托株式会社商工组合中央金库、信用金库、农协系统金融机构等向借款人发放贷款的形式。当委托农协系统金融机构向农业贷款人提供贷款时，由政策金融公库向其提供相应的利息补贴。

日本的农业协同组合是农民的合作经济组织，简称“农协”，在日本农业历史上发挥了非常重要的作用。农协系统金融机构属于合作性金融，是农协系统的一个子系统，由基层农协的信用组织、都道府县的信用联合会（简称县信联）、农林中央金融公库（简称农林中金）三级构成。

（三）政策金融公库对外农业投资企业支持

日本政策金融公库年度预算中“面向国民一般业务”与“中小企业融资业务”均包含对海外投资企业的支持。其中一般业务中包括对在海外进行投资的小企业进行融资支持，对于满足一定条件的企业，降低贷款利率，并与日本贸易振兴机构、日本海外农业开发协会等成立支持海外扩张的专业组织合作。2020 年向 254 家企业提供了海外投资扩张贷款（同比增长 12%），总额为 189 亿日元（同比增长 34%）。

对在海外进行投资的小企业进行融资支持，支持的方式包括：为海外投资和扩张提供贷款，通过备用信用证计划支持中小企业海外子公司和分支机构以本币计价融资，提供管理咨询服务，在海外举办商务网络会议等。截至 2021 年 3 月底，使用信用证的海外企业有 720 家，已向泰国、中国、韩国、菲律宾、印度尼西亚、马来西亚、越南、中国香港、墨西哥、新加坡和中国台湾的金融机构开出信用证。此外，为扩充“海外投资资金”还提出创建海外投资型劣后贷款（优先劣后是指在信托理财项目中，既吸收社会公众资金也吸收机构或高风险偏好者资金，信托受益权结构设置优先和劣后分级处理的活动）。

三、日本贸易振兴机构

日本贸易振兴机构（Japan External Trade Organization，JETRO）的前身是成立于 1958 年的“日本贸易振兴会”，以全面振兴日本贸易为宗旨，并于 1998 年与亚洲经济研究所合并为特殊法人，其工作重心由战后为获得外汇的“振兴出口”，逐渐转变为“开展针对发展中国家的经济合作与研究”。JETRO 拥有 73 个海外办事处，与东京和大阪总部、亚洲经济研究所一起积极致力于促进日本与海外之间的贸易与投资，加强企业之间的商务合作，其中尤其以加强东亚地区的商务合作为重点。

四、海外农业开发协会

海外农业开发协会（Overseas Agricultural Rural Development Center，ARDEC）是日本农林水产省下设的专门从事海外农业投资开发的部门。海外农业开发协会每年有一定的政府预算用以开发海外农场，自 20 世纪 80 年代以来，日本政府以“综合国家安全”作为对外援助政策的主要目标，同时政府为农业企业“走出去”提供信贷、税收、保险方面的支持。ARDEC 提供的对外农业投资扶持包括有偿资金援助与无偿资金援助两种。

五、日本贸易保险公司

（一）日本海外投资保险制度

2001 年，日本贸易保险有限公司（以下简称 NEXI）成立。NEXI 为日资企业的贸易、融资和投资提供保险业务。针对海外投资保险，日本贸易保险公司推出了“海外投资保险制度”，用于保护由战争或自然灾害等不可抗力造成的损失、东道国政府的征收和权利损害以及外汇管制而造成收益无法汇回的损失，保险期最高 30 年。

日本海外投资保险制度的特点是以国家输出信用保险制度为基础，以政府财政作为理赔后盾，采取单边保险制度，即不与东道国订立双边投资保护协定为法定前提，日本自然人、法人在国外投资都可以申请保险。境外投资保险的范围包括外汇险、征用险和战乱险，保险补偿率为 95%；并对因海外合作伙伴破产造成的损失提供信用保险，保险补偿率为 40%。企业投保的费用可申请由政府贷款解决。

日本贸易保险公司主要向海外工商业投资提供保险服务。2014 年三井住友银行与巴西农业巨头 AMAGGI 公司签订 200 亿日元（约合 12 亿元人民币）长期融资协议，由独立行政法人日本贸易保险（NEXI）对该融资进行信用保险，这是 NEXI 首次对海外农业贷款提供贸易保险。

（二）承保风险

根据 NEXI 海外投资保险承保细则，海外投资保险覆盖的风险包含以下三种，可根据客户的投资形式及风险，自由选择需要覆盖的风险。

1. 征收与权利侵害风险。征收险是指东道国政府采取征收、征用、国有化、没收或类似措施，致使外国投资者的投资以及有关权益遭受损害的风险。可保风险包括投资方的股份及收益支付请求被外国政府（包含地方公共团体）剥夺；投资对象企业在不动产、设备、原材料等相关的权利、矿业权、工业所有权等业务开展过程中，尤其是特别重要的权利受到外国政府的侵害，符合以下任意一种状况：不能开展业务、决定开始破产手续、因银行导致的交易停止、停止 1 个月以上的业务，均可申请保险赔付。

另外，也包括因外国政府违反国际协议及两国间投资协定的政策原因，导致不能开展业务的损失。有一些并不一定属于违法的行为，但也可以通过特殊条款进行补偿，如以下情况：外国政府为了实现一定的国产化比率，要求外资企业遵循新的政策，导致不能采购所需的零部件，企业陷入不能继续开展业务的状态时；因投资对象国地方政府的原因，对外资企业实施高额的固定资产税，因不能支付该税而被扣押开展业务时所需要的资产，导致不能继续开展业务（违反国民待遇）。

2. 战争风险及不可抗力风险。战争风险及不可抗力风险又称作战争与内乱险，投资国业务所属国家发生的“战争风险”及“不可抗力风险”是指东道国发生革命、战争和内乱，使外国投资企业或财产遭受重大损失，以致不能继续经营所产生的风险。

3. 汇兑险。汇兑险包括货币兑换险和汇出险是指东道国通过颁布法律或采取其他措施，禁止或限制外国投资者将其投资成本或利润兑换成可自由使用的货币，并转移出东道国境外，致使该投资者受损的风险。

（三）保险金额确定（覆盖率）

本保险的覆盖率可在最多95%以下的范围内任意进行设定。投资额与覆盖率相乘计算得出的金额称为“保险金额”，客户受到损失时，该“保险金额”为保险合同中可支付的最高限额。

1. 保险金额变更。保险金额变更基于两种情况，一种是由于企业经营业绩变更保险金额，另一种是根据汇率变动变更保险金额。

（1）经营业绩变更。在保险合同期间，需要按年支付每年的保费（年度保费），每年在支付当年的保费时可变更保险金额。依据企业的资产价值或预期业绩，当投资对象企业的业绩上升时增加保险金额，当业绩低迷时减少保险金额。在变更保险金额时，需要提交注册会计师审计或公示的企业财务报表（见图15－5）。

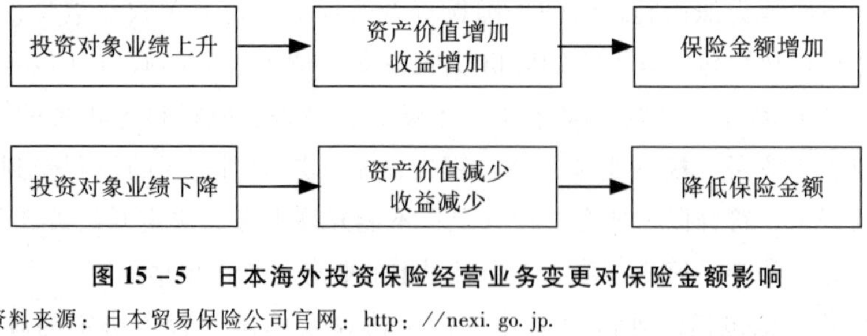

图15－5 日本海外投资保险经营业务变更对保险金额影响

资料来源：日本贸易保险公司官网：http：//nexi. go. jp.

（2）汇率波动变更。在保险合同期间，当出现5%以上的汇率变化时，每年在支付当年的保费时可变更保险金额（见图15－6）。

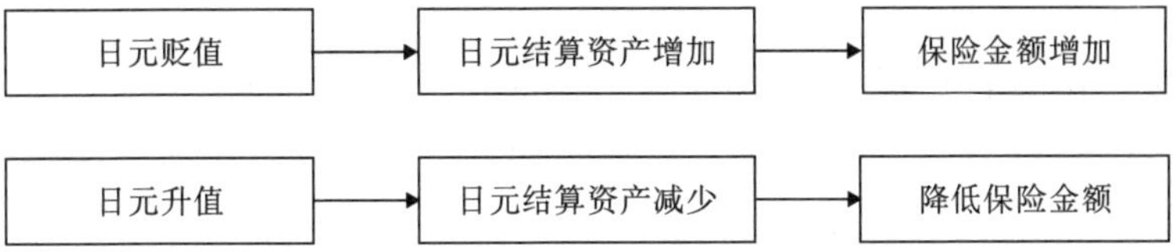

图 15－6　日本海外投资保险汇率变动对保险金额影响

资料来源：日本贸易保险公司官网：http：//nexi. go. jp.

2. 保险金额支付。保险事故发生时支付保险金额的方法是根据损失额与补偿率进行核算，公式为：支付保险金额＝损失额×补偿率（95%）≦保险金额

（四）保险期限与保费计算

1. 保险期限。在签订最初合同时，客户可根据业务计划在最短 2 年、最长 15 年的范围内任意设定保险期间。另外，当保险合同期间即将期满时，可每年进行合同更新（最长 15 年）。保险期间的开始日期为签订保险合同的当月 1 号。原则上在保险合同期间不能解除保险合同。

2. 保费计算。保费因进行投资国家的分类及覆盖内容（仅投资原始资本、投资原始资本＋股份分红）不同而有所差异。在保险合同期间，每年在支付当年的保费时可变更保险金额（年度保费）。保费的计算公式如下所示：

投资额×投保率（最多 95%）×保险费率＝年度保费（保险金额）

（五）海外投资保险申请流程

1. 海外投资保险申请手续。初次申请贸易保险时，首先应进行注册，通过海外贸易保险公司登录，将投资对象企业的名称、地址等信息进行登记。投资对象企业的等级划分即使是 PU 级（信用状况未知企业）也没有关系（见图 15－7）。

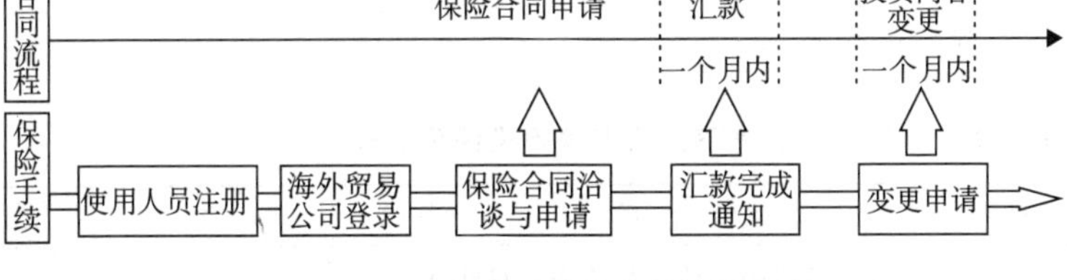

图 15－7　日本海外投资保险申请手续

资料来源：日本贸易保险公司官网：http：//nexi. go. jp.

2. 申请所需文件。

(1) 承诺申请书 (仅限进行承诺申请时)。

(2) “海外投资 (股份等) 保险申请书” 或 “海外投资 (不动产等) 保险申请书”。

(3) 投资对象企业的条款、投资合同 (股份买卖合同、合资合同等); 增资时, 确定此次增资的股东大会的会议记录及增资决议书。

(4) 投资对象国政府的投资许可证 (需要认可时)。

(5) 证明该投资已实施的文件, 现金汇款时, 要求出具银行发出的汇款证明; 实物投资需出具出口许可、装船文件及购买合同等相应证明文件及会计账本; 涉及获取账面净资产金额的等价金额时, 则需出具出资企业的最新财务报表。

(6) 关爱环境社会的审查表 (已进行承诺申请时不需要)。

(7) 反不正当竞争法相关的宣言。

3. 重大变更申请。签订保险合同后, 客户变更海外投资内容时, 如果该变更内容属于重大变更, 须在该重大变更之日起 1 个月且在保险期内通知 NEXI, 必须获得 NEXI 的批准。如果不进行通知, 可能导致保险合同失效。重大变更包括: 投资对象的外国法人的变更; 投资对象国及开展业务国家的变更; 投资对象业务内容的变更; 与投资对象国政府之间合同内容的变更 (仅限投保违反合同风险特殊条款时)。

4. 续保申请。投保期间保险到期时的再申请, 在当前签约保险期间结束之日 1 个月以前进行申请 (例如到期日期为 8 月 31 日时, 需要在 7 月 31 日以前进行申请)。所需文件包括: 海外投资 (股份等) 保险申请书 (与现有保险合同相同的保险种类); 投资对象企业最近的财务报表 (通过账面净资产额确定投保金额)。

备注: 保险到期再次申请时不需要 “反不正当竞争相关的宣言” 及 “关爱环境社会的审查表”。

表 15－4　　日本海外投资保险投保手续一览表

手续种类	手续期限	注意事项
承诺申请	获得承诺考虑使用保险时, 尽快进行协商	承诺有效期间为 6 个月

续表

手续种类	手续期限	注意事项
海外贸易公司名单登录	在保险申请计划日之前尽快完成手续	初次投保的企业，需要完成投资目标"海外贸易公司登录"手续。（已经完成名单登录时无需该手续）
保险申请	在申请期间没有特殊限制	有承诺书时，在承诺书的有效期间内进行申请
有重大变更时的通知等	日期开始1个月以内且在保险期间内	未收到通知时可能导致保险失效
保险期间到期时的再次申请	当前签约的合同保险期满之日1个月以前	不需要反不正当竞争法相关的宣言及关爱环境社会的审查表

资料来源：日本贸易保险公司官网：http：//nexi. go. jp.

（六）海外投资保险理赔流程

1. 事故发生的通知。出现受到损失可能性较高的事情时，请从该日期开始的1个月以内提交"发生事情通知书"。

2. 出现损失通知。已经知道出现损失时，请在出现损失的日期开始的1个月以内提交"损失发生通知书"。

3. 汇入款项的通知。提交出现损失通知书后，在请求该保险费用之前，收到该通知书相关的金额时，须在收到汇款日期开始的1个月以内且在保险费用请求之前提交汇入款项通知。

4. 保险费用请求和保险费用的支付。提交"出现损失通知书"后，在提交合同等保险费用请求所需文件和"保险费用请求单"之后，原则上在2个月之内支付保险金。因保险事故原因的不同，提交保险请求单的时间有所差异，详细情况将在提交出现损失通知书时进行说明（见图15－8）。

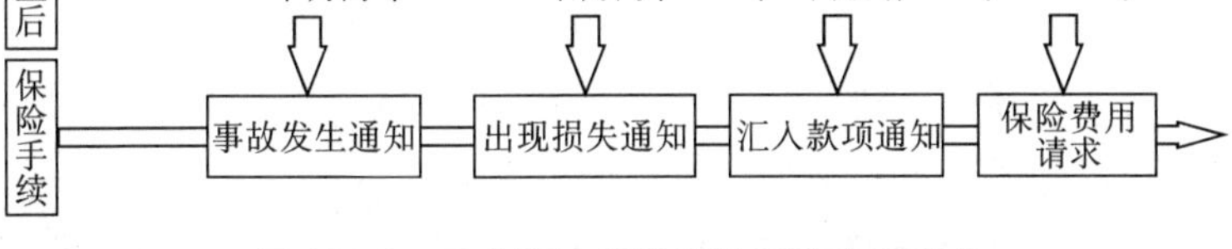

图15－8　日本海外投资保险理赔申请流程

资料来源：日本贸易保险公司官网：http：//nexi. go. jp.

保险费用的请求期间原则上在提交出现损失通知书以后，从表 15－5 中开始计算日期的 9 个月以内。因正当理由，客户在请求期间内无法请求保险费用时，可设定保险费用请求的延长期间。

表 15－5　日本海外投资保险事故相关费用申请表

手续种类	手续期限	注意事项
发生事情通知	出现受到损失可能性较高的事情 时，请从该日期开始的 1 个月以内提交	
出现损失通知	获知出现损失的日期开始 1 个月以内	未提交时，不能请求保险费用
汇入款项通知	汇入日期开始 1 个月以内	
保险费用请求	出现损失通知之日开始 9 个月以内	不在期限内进行请求或不申请请求期间延缓时将失效
回收金缴付通知	回收日期开始 1 个月以内	通知延迟时，可能出现违约金

资料来源：日本贸易保险公司官网：http：//nexi. go. jp.

六、日本国际协力机构

（一）当地货币海外投融资

日本外务省、财务省、国际局、经济产业省、贸易经济协力局与国际协力局在 2014 年 6 月共同进行日本海外投资融资制度的修订。日本国际协力机构（Japan International Cooperation Agency，JICA）成立于 2003 年 10 月 1 日（其前身是日本国际协力事业团，该事业团成立于 1974 年 8 月 1 日），是直属日本外务省的政府机构。它以培养人才、无偿协助发展中国家开发经济及提高社会福利为目的。

为了降低在海外投资基础设施建设的日本企业的汇率风险，JICA 改革了海外投融资制度，在原来的日元结算的基础上，增加了用当地货币进行结算的融资。

1. 实施背景。在对海外投融资提供支持的基础设施项目中，业务收入大多为美元结算或当地货币结算，但当前 JICA 海外投融资币种中只有日元结算，汇率风险由作为贷款者的民营企业等负担。

2. 制度概要。降低贷款者的汇率风险，为了向日本企业海外基础设施项目投资提供支持，有效使用海外投融资战略，以当地货币结算的形式进行融资。

（二）官方开发援助

JICA 充分利用官方开发援助（ODA）支援日本中小企业的海外发展，发挥日本中小企业的技术和产品优势，以达到帮助发展中国家发展及日本经济良性提升的目的。

1. JICA 与经济产业省、日本贸易振兴机构合作。JICA 与外务省、经济产业省合作，通过 ODA 支援建设发展中国家，也促进日本中小企业的海外拓展。其中，JICA 向经济产业省提供技术合作、企业参会等相关信息，经济产业省向其提供优质企业的介绍和发展中国家相关制度建设等信息。JICA 在支援本国企业海外拓展时，着重培养发展中国家的政府职员，以发展当地的人际关系；支援发展中国家的法律、制度建设；并无偿输出技术和产品（包括医疗、护理设备、能源节约技术等）。

2. 无偿资金援助。JICA 通过与当地的民间组织在“基层——人类安全保障无偿资金协力”计划下进行合作，承担相应的社会责任，并向发展中国家展示日本中小企业的产品目录清单（包括职业训练、医疗等不同主题），再根据其要求向其提供产品，进行援助。

七、日本农林水产省的政策性金融机构

（一）政策支持类别

1. 海外原料采购。日本农林水产省重要支持方向是海外农业业务开发。包括确保海外原料采购的稳定，在“促进食品安全保障的海外投资相关方针”的基础上，与相关部门进行协作，通过官方开发援助、政策金融、贸易保险等对海外农业投资提供支持。

2. 面向亚洲国家的海外投资

（1）预算。

①收集各国食品相关法规的信息，为解决技术性课题、召开投资研修会等提供支持。

②在国外各地设置联络协商会，为单个企业很难解决的课题提供解决方案，为促进海外销售、洽谈活动等提供支持。

③编写防止技术泄漏合同范本，为强化国外知识产权保护措施（农林水产知识产权保护国际协议）提供支持。

（2）金融服务主体。包括国际协力银行（JBIC）的融资、日本贸易保险公司（NEXI）的保险、日本政策金融公库提供的低利息融资（中小企业的业务）。

3. 海外农业调查开发补助金。海外农业调查开发补助金用于海外农业调查的费用，近年来，这一部分补贴费用保持在每年3.92万亿元。

（1）调查内容。针对海外农业农村地球环境问题以及与国外技术合作情况，从地区变更以及业务变更两方面展开调查，涉及民官联合技术合作、国际技术交流、农业直接补贴、农业基础设施体系、水资源管理等内容。

（2）补助科目。包括工资、奖励费用、差旅费、开发费用、委托费用、机械租赁费及材料购买费用等。

（3）申请流程。由符合条件的企业填写《海外农业农村开发促进的调查工作计划书（项目名）》、《业务许可实施计划通知书（项目名）》和《海外农业农村开发促进调查业务实施计划变更书》，并提交至农林水产省农村振兴局。是否决定给予支持原则上是以项目推进为决定基础，农村振兴局局长根据提交的文件决定是否给予补助金支持。

（二）农林水产省财政贴息政策

作为政策性金融机构，日本政策金融主要提供合作性金融机构和商业性金融机构不愿提供的贷款，成为日本农业金融中的“最后贷款人”。公库在贷款发放过程中采取低息、长期的原则，利率长期倒挂，使得日本政策金融公库连年亏损，对于这些亏损，政府予以全额补贴，使其财务收支保持平衡。

农林水产省利息补贴流程：首先由农林水产省制定贴息项目财政预算，再将政府出资与利息补贴，通过农林渔业信用基金，依托日本政策金融公库进行无利息贷款发放；或向相关民间金融机构提供利息补贴。

第十六章　韩国农业对外合作贷款优惠政策

第一节　政策背景、实施与保障措施

2021 年韩国国土面积 10.329 万平方千米，总人口 5200 万人，耕地面积 175.9 万公顷，人均耕地仅 0.04 公顷，是农用种植地奇缺的国家。城市化进程的加快使韩国粮食自给率急剧下降，对联合国粮农组织（FAO）发布的粮食自给率数据进行分析，结果显示，2020 年韩国的自给率仅为 19.3%，历史上首次跌破 20% 大关。近年来世界粮食市场价格不断上升，作为世界第五大粮食进口国的韩国，韩国积极进行海外农业项目投资，并将开发海外粮食生产资源作为战略性全局问题，试图通过全球农业投资，保障粮食生产的地理安全布局。

一、海外农业投资战略演进

首先，政府坚定海外屯田粮食安全战略。2008 年初韩国总统李明博提出“建立海外粮食基地”，力争将韩国粮食（包括国内生产与海外屯田）自给率增至 50%。2008 年 6 月韩国政府又提出“10 年海外农业开发战略计划”，并于 2011 年进行完善修正。2012 年 1 月韩国《海外农业开发合作法》正式生效，为开发外国农业项目提供法律保障。其次，成立专门的海外农业开发服务机构。为支持海外屯田战略，韩国政府成立了海外农业开发服务中心，建立了包括目标国调查、农村基础设施调查、融资服务等内容的完整海外投资服务体系。最后，借助对外农业援助拓宽海外农业开发渠道。随着韩国政府对海外农业开发战略的明确定位，韩国政府设立了海外农业开发服务中心，并颁布了海外农业开发指南，开展国际农业屯田联盟，与其他国家联手共同海外屯田进行农业投资，对农业对外合作企业金融支持力度的增加，农业海外投资稳定增长。

二、海外农业投资布局与规模

韩国海外农业投资开发涉及五大洲的 24 个国家，其中投资亚洲的企业占 70% 以上，投资中国的企业数量最多，投资俄罗斯规模最大。韩国海外农业投资的种植品种包括大米、大豆、玉米类粮食作物以及西红柿、苹果等蔬菜和水果，其中俄罗斯远东地区的大米种植成效明显。目前韩国在海外拥有农地企业为 90 多家，约 90% 为中小企业，诸如现代集团、韩国农业水产食品流通公社、大宇集团等大型跨国企业为韩国海外农业直接投资的主要力量，这些企业除直接进行粮食种植外，还建立了相对完善的农业产业链。

三、对外农业合作贷款的保障措施

（一）贷款担保政策

海外投资项目担保主要由韩国进出口银行负责。韩国进出口银行贷款担保分为财务担保和履约担保两大类。当符合条件的借款人在无法偿还向国内或国外金融机构借款的情况下由进出口银行进行本息的偿付。同时韩国进出口银行还提供履约担保，通过投标保证金、预付款债券、履约保证金、担保债券和保留债券等形式，支持进出口交易以及海外业务活动。

当国内或国外金融机构提供的贷款由韩国进出口银行提供财务担保时，按照“经济合作与发展组织安排的官方支持出口信贷”所采用固定商业参考利率，韩国进出口银行补偿国内或国外金融机构由于利率波动所带来的任何损失。担保需要国内外金融机构的支付保证书、信用保证基金与技术信用保证基金的信用保证书、不动产、有价证券、上市公司股份等。协议手续费比率大企业为 0.5%，中小企业免手续费（见表 16－1）。

表 16－1　　　　　　　韩国进出口银行贷款担保

申请人（借款人）	有资格获得海外相关业务贷款的公司
受益人	国内/国内金融机构
担保规模	包括债务本金与利息
担保期限	直至债务到期日 60 天后

资料来源：http：//www. koreaexim. go. kr/.

（二）海外投资保险制度

1988 年韩国成立国际投资保障机构承保外汇交易限制风险、投资引进国毁约风险，目前由韩国贸易保险公社（Korea Trade－Investment Promotion Agency，KOTRA）承担海外投资保险业务。

韩国专门制定了海外投资保险制度（也称海外投资保证制度），对海外投资企业提供中长期出口保险、海外投资保险等，承保险种包括战争或暴乱险、没收和国有化风险、汇兑风险。对外投资保险由韩国出口保险公司负责，保险基金来自政府财政资金拨款与保费收入，对具备投保条件者提供保险，保险最大金额为投资额的 90%，最长期限 15 年。保险公司负责对出口产品提供外汇援助，对投资企业的外汇证券、贷款债权、不动产进行保险。

韩国对外投资保险一个主要问题是保险范围不包括自然灾害与信用风险，也不包括农业对外投资在海外贷款时的债务担保，而且由于风险的调查取证较为困难，使得赔付周期较长。

第二节　对外农业合作项目贷款金融主体

韩国政府近年来在财政与金融方面均出台扶持政策支持，通过低息、长期的优惠贷款支持对外农业合作企业进行海外农业投资。韩国国际合作局（Korea International Cooperation Agency，KOICA）、韩国进出口银行（Korea Eximbank，EXIM）以及韩国农村发展局（Rural Development Administration，RDA）是支持韩国海外屯田的重要部门，支持韩国企业对外直接投资的金融机构以韩国进出口银行为核心，以韩国国际合作局、中小企业振兴公团等金融机构为有力补充，这些机构均属于政策类贷款性质，资金数额大、利率低、偿还期限长。

一、韩国进出口银行

为有效促进产品出口与海外投资，韩国进出口政策性银行于1976年7月1日成立，是集信贷、保险、担保于一身的综合性进出口政策性金融机构，主要业务内容包括：（1）出口金融，提供出口资金贷款、技术资金贷款等；（2）海外投资及主要资源开发支援资金贷款，包括海外投资资金贷款、海外业务资金贷款等；（3）进口资金贷款，对重要物资及主要资源进口提供贷款；（4）担保业务，对其他金融机构的债务担保、出口交易及工程合同相关担保；（5）发行金融债券。

1988年3月，为鼓励海外投资，韩国进出口银行开始下调对外投资贷款利率，大企业贷款利率由9%下降至8.5%，中小企业由8%下降至7%。同时，银行还将贷款在企业对外投资额中所占份额从70%扩大到80%，中小企业可以达到90%。近年来，随着韩国市场利率的降低，进出口银行对外投资贷款利率呈进一步下降趋势。

韩国进出口银行为各个行业提供海外投资贷款，通过表16－2可见，至2021年韩国进出口银行共为10567家企业提供融资服务，总金额为7587.3亿美元，其中农业类企业85家，融资总金额9.4亿美元，占总融资额的0.12%，占比极低，有待提高。

表16－2　　2021年韩国进出口银行分行业海外投资贷款

单位：个；百万美元

行业	报告数量（个）	新公司数量（个）	投资金额（百万美元）	申报金额（百万美元）	净投资额（百万美元）
总计	10567	2301	75873	109528	58423
农业、森林与渔业	85	13	94	118	60
矿	124	10	1923	1599	940
制造业	3707	578	18173	25181	14238
电力、燃气、蒸汽与空调供应商	195	23	2678	2446	2010

续表

行业	报告数量（个）	新公司数量（个）	投资金额（百万美元）	申报金额（百万美元）	净投资额（百万美元）
水、污水和废处理、原材料回收	12	5	23	26	2
建筑业	357	75	838	882	668
批发与零售	1502	444	3592	5476	2777
运输和仓储	202	74	1362	1287	363
住宿餐饮业	150	39	148	200	-35
信息通信业务	977	285	6665	7674	6234
金融和保险	1506	289	29323	46006	23129
房地产	609	166	7009	12196	4601
专业、科学和技术服务	663	165	2888	3325	2648
业务设施管理、业务支持和租赁业务	271	87	958	1040	632
公共行政、国防和社会保障局	5	3	0	1	0
教育服务业	59	21	21	28	18
健康产业和社会福利服务业	34	4	124	241	102
艺术、体育和休闲相关服务	88	16	46	1792	29
协会和组织、维修和其他个人服务企业	21	4	8	10	7

资料来源：https：//stats. koreaexim. go. kr/en/enMain. do.

自2000年开始，韩国进出口银行对韩国农业企业海外投资的融资支持力度开始大幅度增加，发放贷款的海外农业投资企业数量在2008年达到最高峰，当年有172家企业获得融资支持，但自2011年开始，获得融资支持的企业数量及融资金额均呈现下降趋势，如表16-3所示，2021年仅有13家企业获得贷款，融资额度仅为9.4亿美元，相对于2011年的17.9亿美元，缩减了近一半。

表 16－3　2011—2021 年韩国进出口银行贷款支持的海外农业投资情况

单位：个；百万美元

年份	报告数量（个）	新公司数量（个）	投资金额（百万美元）	申报金额（百万美元）	净投资额（百万美元）
2011	161	43	179	287	172
2012	148	18	157	170	128
2013	149	24	94	166	71
2014	114	12	139	104	107
2015	136	28	159	240	129
2016	146	28	120	155	84
2017	136	21	128	176	100
2018	161	29	248	265	189
2019	139	29	154	169	111
2020	97	12	117	128	111
2021	85	13	94	118	60

资料来源：https：//stats. koreaexim. go. kr/sub/detailedCondition. do.

二、韩国国际合作局

KOICA 也称韩国国际协力事业团，成立于 1991 年 4 月 1 日，主要任务为最大限度地通过实施政府的无偿援助和技术合作项目对发展中国家提供援助。在过去，发展合作主要集中于满足发展中国家的人类基本需要和促进其人力资源开发。随着世界经济发展，现在的重点已扩大到促进可持续发展，加强同发展中国家的伙伴合作关系。

三、韩国中小企业振兴公团

韩国中小企业振兴公团是隶属于韩国中小企业厅的非营利性社团组织，是针对韩国中小企业的综合援助机构，预算全部由政府拨款。其主要业务是向政府提交中小企业发展战略的意见和建议；执行中小企业发展基金，对中小企业结构调整、投资新技术、开发新产品和解决经营危机等提供资金支援；支持中小企业扩大出口，加强中小企业的国际合作；积极引导外国公司到韩国投资，引进先进技术；推动中小企业开拓海外市场。海外投资中小企业特别贷款由韩国中小企业振兴公团推荐筛选后，给予特别支持，此业务由外汇银行负责执行。

四、韩国农村发展局

韩国农村发展局（又称韩国农村振兴厅）隶属于韩国粮食、农、林、水产部（Ministry of Agriculture，Food and Rural Afairs，MIFAFF），是韩国国家级农业研究机构，总部设在首尔以南韩国著名的农业科技城水原市。韩国政府将农林部科教局、农科院、培训中心和推广中心合并，成立了农业振兴厅，其主要职能是农业科学技术的研发、农业技术的推广；化肥、农药和农业机械等农用资料的品质管理；农业专业人员的培养和为农村生活改善提供指导等。从立项制定科研计划到经费划拨，以及实施推广、培训计划，均与现有的成果相结合，使得资源、经费获得充分利用，为韩国农业“走出去”提供完善的技术支持。

五、韩国贸易保险公司

韩国政府为鼓励对外直接投资，控制海外投资风险而设立了对外投资保险制度，并在韩国《出口保险法》中规定了海外投资保险相关条款。韩国贸易保险公司（Korea Trade Insurance Corporation）在2010年由韩国出口保险公司更名而来。韩国出口保险公司创建于1992年7月，是韩国商业、工业和能源部下属的政府机构，是韩国出口保险的唯一提供者。韩国出口保险公司提供的海外投资保险专门用于补偿由于政治环境变动而未能挽回最初投资的韩国投资人损失，也包括投资国未履行合同所带来的损失。

第三节　优惠贷款类别与操作程序

一、海外农业开发贷款基金

（一）贷款利率与偿还条件

海外农业开发基金由韩国农林部主导，农业相关企业进行投资，由韩国进出口银行负责贷款，目的是为海外农业投资提供融资服务。海外农业开发贷款基金主要支援韩国企业的海外农业项目开发，政府最高给予这些企业所需经费70%的融资额度（需要在国内金融机关信用情报系统中无不良记录），融资金额将实行2%—3%的低利率，融资期限按3年、7年、10年期限进行偿还，如果偿还困难，还可拖欠5年。韩国政府对那些在粮食作物的生产和出口上没有制约的国家进行投资的韩国企业给予优先支援，受资助的企业应按照融资协议在韩国国内粮食危机时将生产的主要农产品运往韩国国内。

（二）项目审批流程

第一号海外农业开发基金于2001年成立，2005年解散。韩国生物投资的二号基金于2002年成立。三号海外投资基金2006年成立，民间出资556万美元，政府出资370万美元，共926万美元。海外农业开发风险较大，因此，海外农业开发基金的成立与运用规模较小。

韩国农业对外合作项目贷款审批是经财务部委托的韩国银行、韩国进出口银行和韩国外汇银行推进，其中，韩国银行主要负责海外投资的许可和申请受理；韩国进出口银行负责所提供50%以上贷款项目的许可和申请受理，并负责认证工作；韩国外汇银行仅负责认证工作。

韩国财务部、韩国银行、韩国进出口银行对韩国海外投资负有监督责任。其中，财务部长负责制定海外投资政策，必要时派遣工作人员现场检查；韩国银行负责分析海外投资事业的经营成果；韩国进出口银行必要时向现场派遣资金管理人员，甚至停止金融支援。

二、对外经济合作基金

1987年韩国政府成立了经济发展合作基金（Overseas Economic Cooperation Fund，EDCF）为发展中国家提供优惠贷款。1987年12月由进出口银行负责执行，主要负责对发展中国家农林水产业风险高、收益低、回收期长的部门的投资，为发展中国家的经济发展提供支持。其特点是贷款期限长，一般是15年；年利率低，一般年利率为5%—6%。EDCF贷款的发放有严格的流程，首先要进行项目识别与准备；再进行项目贷款协议签订，项目执行与监管；最后进行项目评价。

（一）项目流程

韩国企划财政部作为EDCF运作主体全面负责包括审定贷款项目在内

的一切业务，韩国进出口银行受政府委托代理 EDCF 运作和管理相关业务。EDCF 贷款流程如图 16－1 所示。

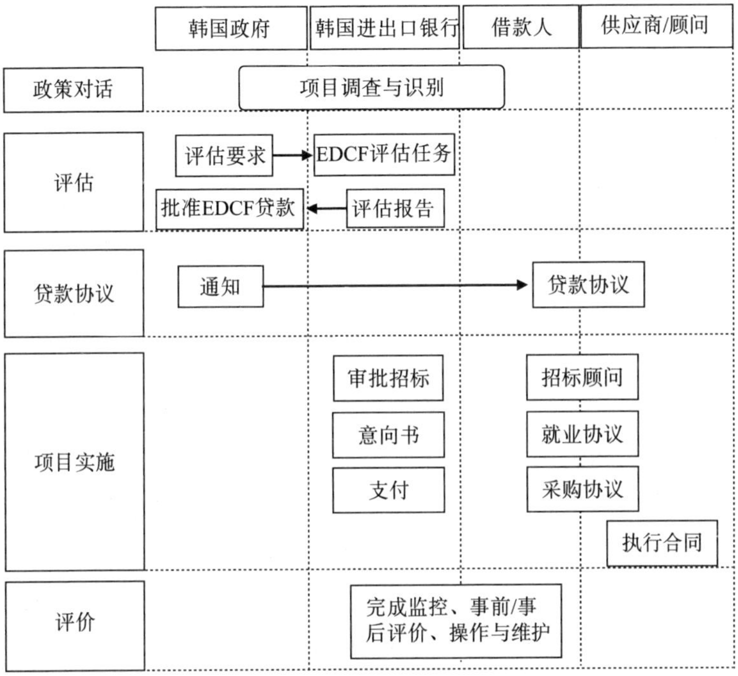

图 16－1　韩国 EDCF 优惠贷款申请流程

资料来源：http：//www. koreaexim. go. kr/.

（二）援助形式

EDCF 是向发展中国家政府或法人发放的贷款。主要包括：

1. 开发项目贷款。对上下水道设施、医院、环保设施、交通及通讯设备等发展中国家社会基础设施建设所需资金提供贷款。

2. 设备贷款。对用于开发项目的设备采购所需资金提供贷款。

3. 民间资本项目贷款。对于民间资本项目所需资金向发展中国家政府或专设法人提供贷款。

4. 基金转贷。先与发展中国家金融机构核定授信额度，在最终受益人从韩国进口所需设备时在额度内提供贷款。

5. 商品贷款。对发展中国家为紧急调整国内收支或保障国内经济稳定从韩国进口商品时所需要资金提供贷款。

（三）贷款利率与期限

EDCF援助按不同的收入水平将援助对象国分成不同的组别，对不同组别采取不同的利率和还款期限。援助基本条件如下：

1. 利率：0.01%—2.5%。

2. 还款期限：40年以内。

3. 宽限期：15年以内。

4. 还本方式：每年分期还款两次。

5. 付息方式：每6个月后付。

6. 贷款数额：项目总费用的100%（向最不发达国家以外的国家提供的、不附带条件贷款的覆盖率，最高比率为项目总成本的85%）。

三、韩国进出口银行海外投资贷款

韩国进出口银行的海外业务类贷款包括海外投资贷款、海外项目贷款、海外商业贷款以及海外业务促进贷款四类，此外，还有专门针对中小企业和大型企业的金融扶持项目。韩国进出口银行要求贷款企业必须是具有优良信用记录的企业，合格的优良企业在海外信用评估机构的信用等级在BBB以上，在国内信用评级机构的信用等级为AA以上。

（一）海外投资贷款

韩国进出口银行海外投资贷款为韩国企业提供以股权投资形式投资海外企业的融资服务，如表16-4所示。

表16-4　韩国进出口银行海外投资贷款

贷款对象	韩国海外投资企业
贷款目的	海外投资
贷款范围	最高为所需求资金额的80%（中小企业可至90%，自然资源开发项目可至100%）
贷款期限	最长至30年
还款方式	每年至少定期分期付款 最大宽限期为3年（如果贷款期限为5年，则最长为7年以上的还款期限，如果贷款期限7年，则最长为10年以上的还款期限）

资料来源：http://www.koreaexim.go.kr/.

（二）海外项目贷款

韩国进出口银行海外项目贷款向不设立子公司的韩国企业提供融资，具体执行条款如表 16 – 5 所示。

表 16 – 5　　韩国进出口银行海外项目贷款

贷款对象	韩国企业海外业务
贷款目的	资本投资 营运资金 其他业务
贷款范围	最高为所需求资金额的 80%（中小企业可至 90%，自然资源开发项目可至 100%）
贷款期限	运营资金最长至 3 年 其他项目最长至 30 年
还款方式	每年至少定期分期付款 最大宽限期为 3 年（如果贷款期限为 5 年，则最长为 7 年以上的还款期限，如果贷款期限 7 年，则最长为 10 年以上的还款期限）

资料来源：https：//www. koreaexim. go. kr/fg/HPHKFG056M01#tab5.

（三）海外商业贷款

韩国进出口银行海外商业贷款对象是韩国对外投资企业的海外子公司。主要贷款细则如表 16 – 6 所示：

表 16 – 6　　韩国进出口银行海外商业贷款

贷款对象	韩国企业海外子公司
贷款目的	资本投资 营运资金 向子公司投资或提供借款 其他业务
贷款范围	最高为所需求资金额的 90%（运营资金或自然资源开发项目可至 100%）
贷款期限	运营资金最长至 3 年 其他项目最长至 30 年
还款方式	每年至少定期分期付款 最大宽限期为 3 年（如果贷款期限为 5 年，则最长为 7 年以上的还款期限，如果贷款期限 7 年，则最长为 10 年以上的还款期限）

资料来源：http：//www. koreaexim. go. kr/.

（四）海外业务促进贷款

韩国进出口银行的海外业务促进贷款向有助于拓展海外业务活动的韩国企业提供融资，具体细则如表 16－7 所示。

表 16－7　　韩国进出口银行海外业务促进贷款

贷款对象	韩国企业、外国政府、公司或外国人，有利于韩国企业的海外业务或投资活动
贷款目的	资本投资 营运资金 其他业务
贷款范围	最高为所需求资金额的 90%（银行间信贷可至 100%）
贷款期限	运营资金最长至 3 年 其他项目最长至 30 年
还款方式	每年至少定期分期付款 最大宽限期为 3 年（如果贷款期限为 5 年，则最长为 7 年以上的还款期限，如果贷款期限 7 年，则最长为 10 年以上的还款期限）

资料来源：http：//www. koreaexim. go. kr/.

（五）中小企业与大企业的优惠贷款

为扶持中小企业发展，韩国银行（韩国中央银行）对金融机构的中小企业贷款规定了最低限额。韩国进出口银行也制定了专门的中小企业扶持政策，由韩国进出口银行专用资金中拨出中小企业对外投资专用资金，对海外投资企业实行资金补贴。在优惠利率引导下，韩国农业对外投资企业中，中小企业占 70% 以上。

表 16－8　　韩国中小企业与大企业优惠利率和费率

贷款对象	大型企业（在分支机构间交叉投资的企业团体）	中型企业	小型企业
优惠利率	不适用	中小企业适用于 50%—80% 的折扣	最高 0.6% 的折扣
费用	两年内：每年 0.3% 两年以上：每年 0.5%	两年内：每年 0.15%—0.2% 两年以上：每年 0.25%—0.35%	豁免

资料来源：https：//www. koreaexim. go. kr/HPHKWG023M01.

可以获得优惠贷款以及相应贷款支持的中型和大型企业主要来自在五年内由中小企业成长起来的企业，主要目的是为了降低中小企业成长为大型企业后失去优惠融资扶持政策而受到的冲击。

第十七章　美国农业对外合作贷款优惠政策

2008年金融危机之后，美国政府在促进农产品出口和对外合作方面的政策支持更加具体而务实。一方面，美国政府加速推进双边和区域自由贸易协定的谈判，使得农产品出口受益于由此打开的海外市场；另一方面，美国政府实施的诸多农产品国际市场开发计划和融资与风险管理机制具体而有效，为农产品出口竞争力的提升提供了政策支持。这种对外农业合作支持的制度优势已成为美国保持其农业国际竞争力的根本所在。

第一节　对外农业合作背景与政策框架

美国是世界农业经济强国。20世纪40年代后，美国农业已实现了机械化、现代化、专业化和高科技化。现代化的大农业创造了极高的劳动生产率，使美国各种农产品产量都大大超出国内市场的需求量，为此美国农业必须向海外市场出口大量农产品。20世纪90年代，美国农产品出口已经达到600亿美元，2021年为1770亿美元。2008年以来的经济危机使美国的主要产业遭受重创，财政和贸易赤字空前恶化。不过，值得关注的是，在经济衰退的大背景下，美国农产品出口却一直保持平稳快速的增长。另外，作为粮食出口大国，近年来受国内劳动力不足和国际粮价及大宗原材料价格上涨的影响，美国开始大量开发海外农业资源。拉美国家因土地肥沃、廉价劳动力充足以及地理位置靠近美国，便成了美国农业跨国种植的主要目的地。

美国农产品贸易取得的成果在一定程度上得益于政策的支持。根据美国历年的“农业法”，结合美国农业部海外农业服务局（FAS）等部门的研究，从农产品出口及海外投资支持角度，可把美国的对外农业合作促进措施分为直接出口补贴、海外市场促进计划、出口信贷、食物援助以及为克服技术性贸易壁垒的非经济手段，因为农业出口促进计划中某些项目与出口信贷紧密联系。因此，本章将重点研究美国贸易和海外农业促进措施以及出口信贷支持（见图 17 -1）。

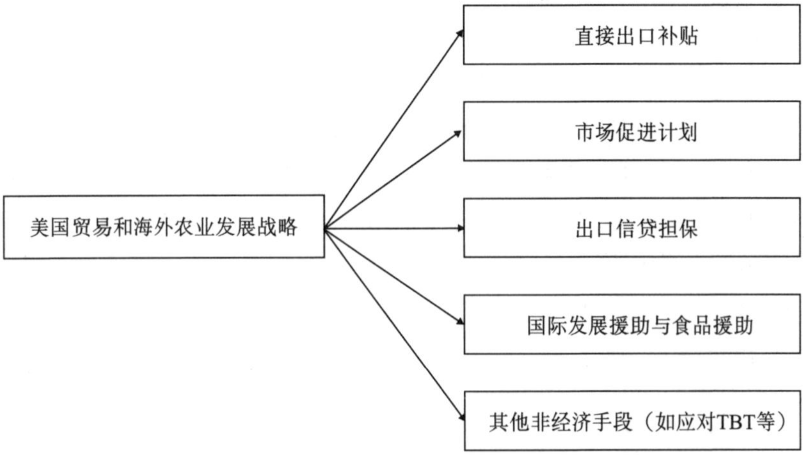

图 17 -1 美国贸易和海外农业战略框架

第二节 美国农业部的海外市场促进政策

美国负责农产品贸易与海外市场开拓服务的政府部门主要是海外农业服务局（the Foreign Agricultural Service，FAS）。FAS 成立于 1953 年，是美国农业部 18 个主要业务局之一，工作宗旨是代表和维护美国食品和农业部门在海外市场的利益。FAS 通过不断扩大美国农产品（包括水产品和林产品）海外市场来服务农场主和保护美国农业的利益。具体来看，FAS 负责国际贸易政策、国外农业事务、海外市场开拓、国际合作与发展、出口信贷五个方面的业务。FAS 在促进农产品出口以及海外农业发展，提供出口信贷保证、对外农业援助及多边贸易协定等方面发挥了重要的作用。

在拓展海外市场业务方面，海外农业服务局（FAS）大力支持构建、维护和扩大美国食品和农产品的海外市场。该机构负责管理出口发展的项目，包括海外市场开发计划（FMD）、市场进入计划（MAP）、新兴市场计划（EMP）、质量样品计划（QSP）、特种作物技术支持计划（TASC）①。考虑到美国2014年农业法案延续了FMD和MAP项目，因此本研究重点介绍FMD和MAP这两项计划。

FAS通过提供项目资金来保证市场调研、产品促销、贸易服务和市场准入等活动的顺利开展。通过与国家区域贸易集团（美国中西部食品出口协会、美国东北部食品出口协会、西部联合协会和美国南部贸易协会）和其他行业组织的共同合作，支持那些专注于促进美国中小型企业出口的外联工作。同时FAS的海外办事处也努力支持美国农产品出口的发展，特别是在发展中国家，通过提供当地市场情报，帮助美国出口商介绍潜在的外国客户；通过参与一系列国际贸易活动和管理信用担保计划促进美国农产品出口。

一、海外市场开发计划

（一）计划目标

美国海外市场开发计划（Foreign Market Development Program，FMD）制定于1955年，专注于美国农产品长期出口市场建设。在FMD下，非营利的生产者组织、各州农业局的地区性组织和私人公司、外国“第三方”与联邦政府共同拓展美国农产品的海外市场，因此这一项目也曾被称作“合作者项目”（Cooperator Program）。

（二）资金来源及规模

2000年之前，FMD是海外农业服务局（FAS）的资助对象，经费由农产品信贷公司（Commodity Credit Corroration，CCC）自由分配。

2000年美国农业部设立FMD专项经费，经费形式转变为强制类。2001年分配的FMD专项经费是2800万美元，2022年为2680万美元，历年来变动幅度不大。2002年、2006年、2010年、2014年以及2018年的美国农业法案都规定继续授权批准FMD。

① 美国2014年农业法案延续了FMD和MAP项目，每年安排2亿美元的财政授权。

（三）操作程序

在每个财政年度开始之前，有关项目可利用经费将在联邦通告上公布。该项公告规定了申请的地址、截止日期、申请条件、经费分配标准以及获得更多有关该项目信息的方式。合作者向 FAS 提供书面的包含具体说明的项目活动建议书和预算方案。在建议书中，合作者必须提供目标市场有关贸易制约因素和出口预测的信息资料，特别是合作者的项目要抓住与需求相关的限制因素，比如缺乏消费者认可、替代商品或其他供应商的竞争，或缺乏技术能力。然后，合作者必须展示所建议的项目活动将如何克服或消除这些制约因素。合作者自身需要对这种联合项目作出贡献，包括所有的国内管理费用。通常全部项目费用合作者承担 1/3，外国第三方合作者一般也承担 1/3，农业部承担 1/3。

二、市场进入计划

（一）计划演进及目标

1990 年前，市场进入计划（Market Access Program，MAP）被称为“目标出口支持项目”（Targeted Export Assistance Program，TAE）。TAE 设立于 1955 年，1990 年农业法案将 TAE 改名为“市场促进项目”（Market Promotion Program，MPP）。1996 年国会将该项目进一步更改为 MAP，MAP 的活动范围非常广泛，其主要内容包括产品促销、市场研究、技术支持和贸易服务。该计划的目的是为了鼓励发展、保持和扩张美国农产品的海外市场，刺激和增加小公司的出口兴趣，开拓新的市场，抵消不公平的海外竞争。

（二）支持对象

可以享受该项目的对象主要是非营利性商品协会、各州的地区贸易组织和私人公司，并且该项目优先给予具有知名产品的小企业。

农产品出口商每年都可以申请由美国 CCC 资助举办的农产品出口促销活动。通过市场准入项目（MAP），FAS 与美国农业贸易协会、合作社、州贸易组织与小型企业合作，共同承担海外营销与促销活动的成本。该项计划专注于产品促销，涉及的产品有水果、蔬菜、坚果、加工产品和大宗商品等，还包括为小型企业与合作社的品牌推广提供支持。

（三）预算资金及主要目标市场

1996 年的农业法案该计划是 9000 万美元，2002 年、2006 年农业法案分别增至 1.2 亿美元和 2.0 亿美元。2014—2022 年，通过 MAP 项目，FAS 给 62—67 家非营利组织与合作社提供了超 1.7 亿美元/年的投资。

在国家和地区锁定方面，该项目初期主要在西欧和亚太地区（特别是日本）展开。从 1986 年开始，该项目加大了在非洲、拉美和亚洲（日本除外）的其他国家进行贸易促进的预算。近年来，美国通过 MAP 计划与中国市场合作逐渐增加，2014—2022 年的合作项目见表 17-1。

表 17-1　　美国通过 MAP 计划与中国的市场合作

财年	非营利组织与合作社数量	投资总额（万美元）	环比增长率
2014	62	17187.48	—
2015	62	17320.82	0.78%
2016	62	17284.74	-0.21%
2017	65	17350.60	0.38%
2018	66	17380.24	0.17%
2019	65	17460.00	0.46%
2020	65	17684.99	1.29%
2021	67	17560.00	-0.71%
2022	67	17599.99	0.23%

数据来源：海外农业服务局网站 https：//www.fas.usda.gov/programs/market-access-program-map/map-funding-allocations-fy-2022.

（四）申请者资格

项目申请者可以是单个的生产者或出口商，但是此种身份的申请者想参与项目，应与代表其特定产品的贸易协会联系；如果没有贸易协会，可以与州级贸易组织相联系。如果项目申请者是一个非营利性的美国农业贸易组织、农业合作组织或一个州的代理机构，可以直接在申请期限内进行申请。

（五）操作程序

FAS 负责每年在项目开始前在联邦通告上公布项目信息，注明条件和申请截止期。然后，申请者按照项目要求进行申请。在项目完成以后，FAS 向行业组织或私人公司偿还部分活动成本。

在项目实施年份，参与者必须就活动所发生的每一项费用进行详细的说明，所有的费用都要经过 FAS 审核。经过审核之后，FAS 才会对项目参与者先期垫付的资金提供补偿。项目把农产品信贷公司的一般商品证书作为补贴支付方式，参加者从农产品信贷公司获得商品证书。

（六）政策效果与政策趋势

美国农业部的国际市场开发项目对美国的农业出口产生了重大的积极影响。2010 年公布的一项独立调查发现，MAP 和 FMD 这类贸易促进项目的回报率达到 1:35，即政府与行业花费的 1 美元带来了 35 美元的经济效益。同时，FAS 提高了收益回报目标，2018 年达到 1:40。参与对外合作贸易活动的公司数量将从 2012 年的 2500 个增加到 3150 个，增加 20.63%，这些参与对外合作公司带来的价值由 13.6 亿美元增加到 17 亿美元，见表 17－2。

表 17－2　美国 FAS 市场发展计划的目标

政策的实施	基线（2012）	目标（2018）
参与区域贸易活动的公司总数（个）	2500	3150
公司参与外国贸易和投资项目带来的价值（亿美元）	13.6	17
经济回报比率（总回报/总成本）	35/1	40/1

数据来源：海外农业服务局网站 http：//www.fas.usda.gov/.

三、新兴市场计划

（一）计划目标

新兴市场计划（Emerging Markets Program，EMP）制定于 1990 年。该项目的主要目的为了支持美国公共和私人组织，改善市场准入，并在那些有望提供市场机会的中低收入国家发展美国农产品和加工品。

（二）支持对象

该计划主要资助技术性项目，如支持可行性研究、市场调查、产业评估、环境考察和专门培训等。因此，资助对象是农业或农产品组织、大学、政府农业部门，并优先资助中小型农业企业或农业综合企业。2008年美国农业部新兴市场计划安排了1000万美元支持了90个新兴国家促进出口的项目；2018年支出1200万美元支持了145个贸易促进项目；2022年资助资金达到3450万美元。

（三）支持范围

EMP以项目的形式资助技术支持活动。其经费不能被用于支持单个组织的正常生产费用，也不能作为恢复以前或正在进行项目的预先费用。由于EMP项目经费有限，而新兴市场的范围遍布全世界，所以该项目将可能排除那些预算过多的方案。通常，EMP资金将优先考虑通过技术与新兴国家合作的项目，并且资金优先给予那些愿意自己承担较多项目费用的申请者。因而，申请中私人资金所占比例成为能否获得资助的一个至关重要的因素。

四、优质样品计划

优质样品计划（Quality Samples Program，QSP）始于1999年，支持美国贸易机构向新兴海外市场的进口商提供少量农产品样品，让潜在客户发现美国农产品的优良品质，该计划针对的是生产者而不是直接的消费者。项目集中于开发新市场或推广美国产品的新用途，并优先考虑美国农产品市场份额不超过10%的国家。当一个项目完成时，美国农业部将补偿参与者采购和运输样品的费用。虽然所有项目参与者都被要求向样品接受者提供技术援助，但这种援助的费用是不报销的。

五、特种作物技术支持计划

特种作物技术支持计划（Technical Assistance for Specialty Crops，TASC）2002年经国会批准，自成立以来一直致力于解决市场准入问题，主要通过技术支持，帮助农业出口商应对出口贸易中面临的有关特殊农作物（除小麦、饲料谷物、含油菜籽、棉花、大米、花生、糖和烟草之外的所有作物及产品）出口的卫生、动植物检验检疫和有关技术贸易壁垒。根据该计划，非营利贸易协会、大学、农业组织、私营企业等均可以申请技术研究的资助。由此资助的研究项目最长为5年，每年度最多可获得50万美元的资助。

2021年，TASC项目的资金总额达到900万美元，主要针对病虫害防治、食品安全、农药田间试验等方面，所有符合条件的提案都将给予资助。其中FAS给予TASC项目的资金为483万美元，一些项目是作为长期项目资助的。

第三节 美国农业部的出口信贷担保政策

农产品出口信贷担保计划是推动美国农业对外合作的有力武器，它会通过资金信贷支持来促进农产品的国际贸易进程，调整农产品进出口结构，从而促进产业结构的优化升级。由于农产品出口信贷担保计划由农产品出口国的政府担当担保人，使出口商在进口方违约的情况下，仍然能获得本国政府提供的补偿货款，这就使得这种措施带有出口补贴的特点。而且与商业出口信贷相比，这种由政府担保的信贷计划，担保期长、担保利率低、担保费用低，为进口方提供了更多的优惠条件，因此有助于吸引他们增加农产品进口。

目前，使用农产品出口信贷担保计划的国家主要是发达国家和地区，如美国、澳大利亚、加拿大和欧盟，其中美国使用的农产品出口信贷担保计划最多。

一、政策框架与执行机构

（一）政策框架

美国提供农产品出口信贷担保始于20世纪30年代。美国的出口信贷担保支持措施可以详细划分为出口信贷担保计划（Export Credit Guarantee Program，GSM）、设施担保计划（Facility Guarantee Program，FGP）、供应商信贷担保计划（Supplier Credit Guarantee Program，SCGP）等，其中出口信贷担保计划根据信贷期限分为短期出口信贷担保计划（GSM－102）和中期出口信贷担保计划（GSM－103）。各项出口信贷担保计划的建立依据、担保比率等见表17－3。由于美国在2004年巴西诉美国陆地棉补贴案中败诉，于2006年停止使用GSM－103和SCGP。因此，本书主要介绍GSM102和FGP两项信贷担保计划。

表 17-3 美国农产品出口信贷担保计划

事项＼计划	短期出口信贷担保计划（简称 GSM-102）	中期出口信贷担保计划（简称 GSM-103）	供应商信用担保计划（简称 SCGP）	设备融资担保计划（简称 FGP）
建立依据	《1978 农产品贸易法》（简称 P. L. 95-501）	《1985 食品安全法》（简称 P. L. 99-198）	《1996 联邦农业促进和改革法》（简称 P. L. 104-127）	《1996 联邦农业促进和改革法》（简称 P. L. 104-127）
担保比率	98% 本金 + 利息	65%	65%	95% 本金 + 利息
担保时期	36 个月（针对政府） 24 个月（针对私人）	7 年	360 天	8 年
担保金额	最多	第三	次之	最少
适用产品	农产品	农产品	农产品	制造品和服务，用于进口方建造农产品储存设备、加工设备和处理设备

注：SCGP 项目 2002 年之前的担保期限是 180 天，2002 年农业法案修改为 360 天。

资料来源：曲云鹤，亢霞．农产品出口信贷担保国家分配的影响因素研究——以美国为例［J］．国际贸易问题，2009.5.

（二）政策执行机构：FAS 和 CCC

这些出口信贷担保计划由 FAS 负责实施，每年针对不同的国家和不同产品确定不同的担保分配额度，并根据实际使用情况及时调整。担保的提供者最初由进出口信贷银行（Export and Import Bank Credit，EIBC）和农产品信贷公司（CCC）负责，后来由美国政府控股的农产品信贷公司（CCC）专门负责。

在 FAS 的工作中，CCC 发挥着重要作用，许多农业支持计划都是通过该公司执行的。CCC 是政府所有并经营的公司，于 1933 年由美国重建金融公司（Reconstruction Finance Corporation）出资建立，1939 年划归美国农业部，并于 1948 年根据 CCC 章程法案重新组建。在贸易及海外农业发展方面，CCC 主要为 FAS 的各项出口促进计划提供资金。

CCC实行董事会管理，农业部部长为董事会主席。除农业部部长外，董事会的其他7名成员须经参议院同意并由总统任命。董事会董事和公司其他官员都是农业部官员。CCC没有自己独立的经营人员，其活动主要依托于FAS和农场服务局（FSA）的工作人员和机构。CCC资金雄厚，有政府持有的资本股1亿美元，除了获得从美国国库直接拨付的资金外，还通过借款等方式筹集贷款资金，如根据需要可向财政部和私营贷款机构一次借款300亿美元，还可以购买股票和债券等有价证券，发行股票和债券等途径筹集资金。CCC的资金来源见表17-4。

表17-4 美国农产品信贷公司（CCC）的资金来源

资金来源	金额
美国国库直接拨款	1亿美元
借款（财政部、私营贷款机构）	300亿美元
购买股票和债券获利	不定
发行股票和债券	不定

资料来源：http：//www. fas. usda. gov/.

二、出口信贷担保计划

（一）政策目标

针对美国出口计划，美国农业部制定了出口信贷担保计划。通过该计划向本国需要融资的出口商提供信用担保，以促进美国农产品出口或企业海外投资；通过降低金融风险和提供银行信贷担保，保证进口国家（主要是有足够的经济实力的发展中国家）可以安排外汇支付。

在出口信贷担保计划下，CCC为本国出口商或私营金融机构向国外进口商或商业银行提供的延期付款或银行信贷进行付款担保，当国外进口商或商业银行未能按期还款时，CCC对本国出口商或私营金融机构进行补偿。其实质是通过CCC承担出口风险的方法，鼓励美国出口商和私营金融机构为国外进口商在赊销付款条件下购买美国农产品筹措资金，从而鼓励农产品出口、扩大美国农产品的海外市场。短期出口信贷担保（GSM－102）计划主要是通过CCC提供出口信贷担保来实现以下目标：增加美国农产品出口；增强农产品出口竞争力；协助各国，特别是发展中国家，满足他们对食物的需求；履行农业部的其他相关规定。

（二）贷款期限和范围

GSM－102是由1982年美国的出口信用担保项目不断完善演化而来，适用于贷款年限不超过3年的政府贷款和私人贷款。该项目要求进口商进口的必须是纯粹的农产品，化肥、农药和机械类等生产要素均排除在外。另外根据美国农业法案，该计划资金多用于高价值产品。在已实施的项目中，既有一般商品，也有高价值商品，但主要是高价值产品。GSM－102计划是在外国进口商购买美国食品和农业产品的条件下，只向进口商所欠贷款和利息提供非全额的担保，而不向海外进口商直接提供资金，因此极大降低了贷款风险。

下面的例子说明了在GSM－102和GSM－103计划下CCC的相关政策规定与核定方法，见专栏17－1。

专栏17－1　在GSM－102和GSM－103计划下CCC的相关计算要求

（1）美国银行在外国银行有300000美元3年期的信贷安排，要求每年支付本金和每年利息的10%，若有逾期欠款，则罚款利率为12%，直至逾期金额被全部支付。

（2）在1月31日到期时，外国银行未能支付本金100000美元和利息10000美元。

（3）2月10日，美国的银行向CCC发送索赔要求。

（4）CCC担保声明，CCC的最高赔偿责任限额为到期本金的98%（98000美元），每年对本金的98%收取8%的利息（依据365天）（7840美元）。

（5）2月22日，CCC支付索赔。

CCC对持票人付款的付款担保将计算如下（单位为美元）：

（1）CCC的付款担保义务。

a	金额的范围（98% ×100000）	98000
	利息覆盖率（8% ×98000）	7840
		105840
c	后期利息（每年7% ×105840）	223.28
d	CCC在2月22日支付的金额	106063.28

（2）信用证或相关义务下外国银行的义务。

a	1月31日应交款	100000
	1月31日的利息（10% ×100000）	10000
	1月31日外国银行所欠的款项	110000
b	到期利息（每年12% ×100000）	795.62
c	2月22日外国银行所欠的款项	110795.6

（3）不包括CCC的支付担保金额的外资银行的债务：466865美元。

资料来源：http：//www.fas.usda.gov.

（三）操作程序

1. 前期评估：确定该担保计划实施的目标市场。根据外国政府和海外农业服务局驻外专员提供的信息和评估报告以及FAS贸易和经济指标处提供的信贷风险资料，FAS项目管理人员来确定可以获得信用担保的国家名单。有资格获得信用担保的国家必须能够为美国农产品提供良好的长期市场发展前景，并且这些国家应具有良好的债务或外汇储备。因此，CCC还要对该国银行偿还债务的能力进行评估。

2. 前期评估：明确适用国家及农产品目录。评估后，FAS发布公告。公告将提供明确的国家和商品分配数量，贷款期限长短和其他相关信息。农产品信贷公司会根据产品的市场潜力选择农产品。美国农业部每隔一段时间会修改信贷担保项目的农产品目录。

3. 出口商评估：审核出口商和金融机构的参与资格。CCC 在接受担保申请之前，还必须审核出口商参与的资格。金融机构必须满足由 CCC 制定的标准，CCC 规定了每个外国银行所能承担的最大债务总额，因为 CCC 能为其担保的数额有限。

4. 计划执行：融资与付款。在美国的出口商和国外的进口商达成买卖协议以后，出口商和进口商要及时与各自的代理金融机构联系。出口商必须在出口之前向美国的金融机构申请一个支付担保，并支付一笔担保费用，担保费用等于需要担保的出口价值乘以一个比率（不同的信贷周期适用不同的比率）。国外的进口商则应与本国符合 CCC 核准条件的银行相联系，由其开具一张以美元为货币单位的不可撤销的信用证给美国出口商。GSM－102 最高可担保商品口岸金额的 98%，对某些国家还包括运费和保险费在内。当出口发生时，出口商可以把信用证或相关债务下的收益权转给美国金融机构，这样出口商就可以在延期付款期到期之前实现销售收益。

5. 违约处置：不履行责任/权利要求。美国金融机构将从外国银行获得定期的支付。如果外国银行不能按照协议来支付，出口商或代理人必须向 CCC 提交一份不履行责任的通知。可以提出申请补偿损失，如果这种要求被认为是情况属实的，CCC 将立即支付。为了便于 CCC 审核，美国出口商必须提供文件以表明商品已经到达符合条件的国家，从完成所有商品交付之日起，保持所有的交易文件 5 年。美国债主给 CCC 签一张违约贷款支付，以后由 CCC 负责回收贷款。

具体操作流程见图 17－2，GSM－103 的操作程序与 GSM－102 基本一致。

（四）核心机构：CCC 的功能

在以上项目活动过程中，CCC 并不提供资金，但必须担保外国银行的支付，包括 98% 的本金和一部分基于一个可调整比率计算出的利息。

CCC 通过评估每个国家和外国金融机构的服务能力以及偿还债务能力来判断担保的可行性；通过立法和监管要求并探测市场潜力来选择担保的农产品。CCC 必须在出口商接受担保之前，严格执行验证程序，金融机构必须满足 CCC 建立的标准才能获得担保的权利。一旦获得担保权利，出口国与进口国针对出口销售的条款进行协商。达成协议之后，美国出口商必须申请在出口日期之前付款担保。出口商通过估计担保金额来支付担保费用，目前收费利率基于 CCC 的国家风险业务确定，包括商品信贷公司承担的国家风险、担保的偿还条件和偿还频率（每年一次或每半年一次）。

CCC 与出口商的关系来往，通过图 17－2 与图 17－3 可以比较直观地展现。

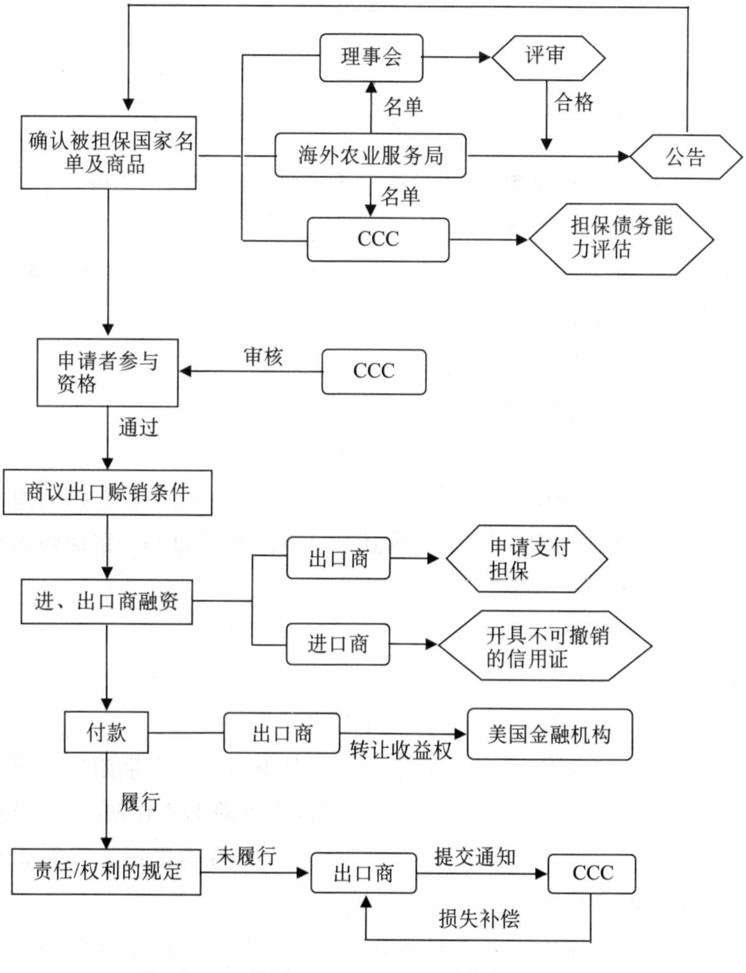

图 17－2　美国 GSM－102 计划的操作流程图

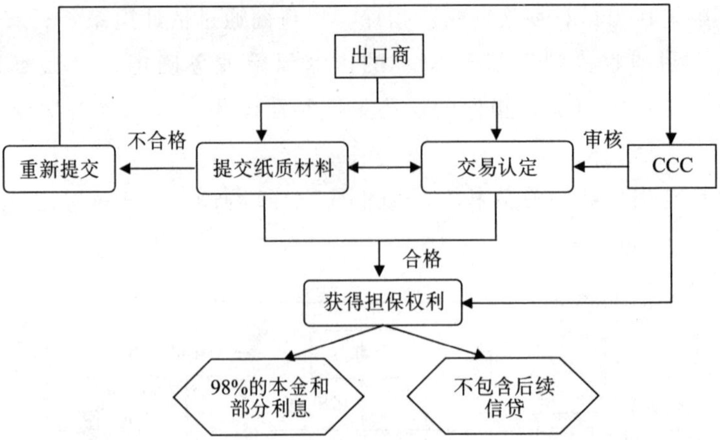

图 17-3 美国出口商获得 CCC 支付担保的简易流程图

（五）GSM-102 的还款期限

GSM-102 的还款计划细节中还包含了还款频率，即年度还款条款和半年一次的还款条款。

1. 年度还款条款。

（1）9 个月的期限：9 个月内完全还款。

（2）12 个月的期限：12 个月内完全偿还。

（3）15 个月的期限：12 个月内还款 4/5，剩下的 1/5 在期限内偿还。

（4）18 个月的期限：12 个月内还款 2/3，剩下的 1/3 在期限内偿还。

2. 半年一次的还款条款。

（1）3 个月的期限：3 个月内完全偿还。

（2）4 个月的期限：4 个月内完全偿还。

（3）6 个月的期限：6 个月内完全偿还。

（4）9 个月的期限：6 个月还款 2/3，剩下的 1/3 在期限内偿还。

（5）12 个月的期限：6 个月还款 1/2，剩下的 1/2 在期限内偿还。

（6）15 个月的期限：6 个月还款 2/5，12 个月内再还全部的 2/5，剩下的 1/5 在期限内偿还。

（7）18 个月的期限：6 个月还款 1/3，12 个月内再还全部的 1/3，剩下的 1/3 在期限内偿还。

（六）GSM-102 信贷担保的分配方案

1. 国家或地区的资金分配。2022 年美国农业部用于农产品短期和中期出口信贷担保额度约为54.71亿美元，详见表17－5。从资金分配的区域来看，对拉丁美洲分配金额最多，为32亿美元，占到分配总额的近60%，实际使用金额达到20.4亿美元，占到实际使用总额的一半以上。2019年因为中美贸易战取消了对中国的信贷担保，在此之前分配给中国的金额也较少，不足3亿美元。2022年GSM－102的资金总额为54.71亿美元，实际使用金额约为36.86亿美元，约占资金总额的67.37%，使用率有待提高。

表17－5　美国2022年GSM－102信贷担保分配方案　单位：亿美元

国家/地区	所有商品发布担保金额	实际使用金额
亚洲	9.21	8.39
拉丁美洲	32.0	20.4
中东、北非、土耳其、高加索、中亚	5.50	5.13
撒哈拉以南非洲	3.00	2.89
总计公布	54.71	
总可用量	36.86	

数据来源：美国农业部网站 https：//www.fas.usda.gov/programs/export－credit－guarantee－program－gsm－102/gsm－102－allocations.

2. 覆盖的商品资金分配。出口商注册的多数商品属于大宗商品（玉米、小麦、大豆、大米等），具体措施仍有差异（见表17－6）。2019年对玉米的担保金额居于第一位达到8.15亿美元（包括白玉米和黄玉米），第二位的是大豆4.87亿美元。在2019财政年度，该项目促进了各种大宗农产品对非洲、亚洲多国的海外开发，包括出口玉米到阿尔及利亚；家禽到安哥拉、贝宁、加纳、毛里塔尼亚；牛肉、玉米、大豆到埃及和尼日利亚；小麦、大豆和玉米到沙特阿拉伯。

表17－6　2019年美国GSM－102项目的注册商品分配额　单位：万美元

商品	登记担保金额	登记口岸金额
糙米	340.39	347.33
玉米面筋饲料	82.04	83.72
玉米蛋白粉	1732.61	1767.97
棉花	2751.31	2816.99

续表

商品	登记担保金额	登记口岸金额
干燥谷物	1709.93	1751.44
谷物高粱	874.26	945.00
橙子	95.29	97.23
大米	10255.08	10464.37
大豆壳颗粒	43.01	43.89
豆粕	33532.29	34449.23
豆油	9609.50	9903.00
大豆	48664.89	49873.49
种猪	14.11	14.40
小麦	22537.37	23039.96
白玉米	3651.90	3727.83
葡萄酒	70.25	71.69
木屑	1143.93	1167.28
木浆	38.23	40.65
黄玉米	77834.36	79854.55
总额	214980.73	220459.99

数据来源：https：//www. fas. usda. gov/programs/export – credit – guarantee – program – gsm – 102/yearly – activity – reportsf.

墨西哥是 GSM – 102 计划支持的最大市场，2019 财政年度销售额为 4.93 亿美元，占该计划支持总量的 1/5 多，美国所有大豆出口支持的近 60%，玉米的 21.47% 和棉花的 10.17%。

3. GSM – 102 资金变化趋势。图 17 – 4 显示了近年美国出口信贷担保规模变化情况。可以看出，2008—2022 年 GSM – 102 担保的贷款水平波动性较大，整体上处于波动性下降的趋势。2009 年的规模出现了一个高峰之后，2010 年 GSM – 102 的担保规模急速下降，降幅约为 2009 年的 42%；2011 年担保规模有所回升，达到 41 亿美元，但是 2012—2014 年再次呈现逐年下降的趋势，直到 2014 年下降至 21 亿美元，相对于 2008 年而言，下降幅度达 33%。

但是 2015 年的信贷担保急剧上升，达到 54 亿美元，比 2014 年增长了一倍多，2016 年保持了 2015 年的信贷担保水平。资金将用于执行 GSM – 102 计划和基础设施的管理功能以及用于支付项目管理、财务管理、开销和其他功能的商品信贷公司出口贷款担保计划。通过承担贸易融资担保义务，FAS通过满足美国出口商（包括中小企业在内）的信贷需求，从而扩大贸易水平。2019年受到美元升值的影响，信贷担保水平再次急剧下降，仅为2015—2016年的一半多。2022年受新冠疫情的影响，信贷担保额小幅上升。

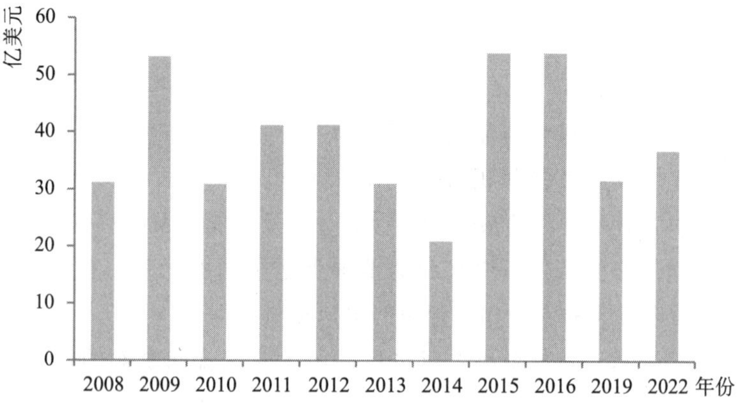

图17-4 2008—2022年美国GSM-102出口信贷担保水平

资料来源：https：//www. fas. usda. gov/newsroom/search？ keyword = GSM （2017年、2018年、2020年、2021年的数据缺失）

三、设施担保计划

（一）政策目标及覆盖范围

设施担保计划（Facility Guarantee Program，FGP）于1990年设立，项目的主要目标是提高新兴海外市场加工、储藏能力建设或运输从美国进口的农产品设备。在FGP下，CCC通过担保外国银行对出口商或金融机构付款来降低贷方金融风险。FGP的使用一直都比较少，但2015—2016年预算授权均为1亿美元①，2022年预算估计达到5亿美元②。

FGP只覆盖从美国出口的商品和服务，而不包括当地费用、建筑材料及劳动。CCC将优先授予如下项目：鼓励新兴市场上农业部门的私有化；

① USDA：2016 Explanatory Notes Foreign Agricultural Service.

② https：//www. fas. usda. gov/programs/facility - guarantee - program/fy - 2016 - fgp - allocations.

有益于新兴市场中的私营农场或合作组织；由非政府的人士支持，并同意承担一个相对大的成本份额。

在首期付款后对销售价格进行扣除，其覆盖担保设施基础建设价值的95%，融资利息也成为其担保的一部分①。融资利率由金融机构与经批准的具有信用证的银行通过谈判协调来确定，通常利率在美国最优惠利率或伦敦银行同业拆息（LIBOR）间浮动（定期调整）。

（二）交易认定

对交易要求较为严格，只有满足以下条件 CCC 才提供设备担保。

1. 获得项目通告。商品信贷公司会不定期地发布项目公告对在新兴市场销售货物或服务提供的设备付款提供担保。公告会详述新兴市场，CCC 承担的以美元计价的最大担保金额，以及可能涉及的特殊条款。

2. 售卖的必要条件。CCC 只为能够促进美国农产品出口项目、与货物或服务销售有关的农业相关设备的出口提供担保。

3. 首付要求。首付金额要求进口商至少支付合同金额的 15%，必须在货物或服务出口之前以美元支付。

4. 支付方式的要求。外国银行签发的不可撤销的信用证，须明确注明延期付款条件下外国银行有到期以美元付款的义务。

5. 信用证。支付方式要求的信用证指的外国银行信用证，是不可撤销的商业信用证。

（三）担保额度的确定

当出口商满足所有条件后，CCC 便可对其设备进行担保。CCC 将在外国银行未能完成信用证付款或相关义务的情况下，支付出口方或其代理人不超过设备付款担保所规定的担保金额以及合法利息。CCC 将通过计算以下方面来确定设备付款担保中的偿付金额：

净合同金额 = 合同金额 -（非美国货物的货物价值 + 非美国服务的劳务成本）（除了那些出口商要求 CCC 决定的，对项目成功至关重要的并且 CCC 同意包括在净合同价值中的劳务项目）

设备基准数 = 净合同价格 - 首付要求相关的部分 - 折扣和补贴部分（折扣与补贴是指除了货物或服务价值以外的任何出口商直接或间接给予

① 设施担保计划，美国农业部网站，http：//apps. fas. usda. gov/excredits/facility - new. as.

进口商的，而且与货物或服务的售卖有关的报酬）

最大担保金额 = 设备基本金（本金与本金利息之和）×项目公告中确定的担保比例

本金利息以适用的项目公告中规定的利率计算，不超过当期最近 52 周国债的投资利率。

付款担保适用于从开始出口一直持续至设备付款保证规定的信贷期限。外国银行本金和利息的支付必须保证担保有效期内完成。

（四）损失的赔付

确认收到损失赔付所需要的相关信息和文件后，CCC 将审核是否发生了设备付款担保项下 CCC 所应承担的相关责任。如果 CCC 对出口商或其代理人负有责任，将按照以下规定向出口商或其代理人支付：CCC 对索赔的最大付款责任仅限于设备付款担保中的保证金加适当利息，或者设备付款担保中明确的出口金额的担保比例加适当利息，但是不包括延期利息支付。延期利息须支付保证金额，以财政部公布的 91 天国债拍卖的最新平均投资利率来计算。

CCC 只赔偿没有按期支付金额的损失。涉及出口销售合同中的提前支付款项、外国银行开立的信用证有关责任下的相关金额不予赔偿，除非此行为由 CCC 的管理者认定是基于 CCC 利益最大化的才予以赔付。

四、供应商信用担保项目

（一）计划演进及目标

供应商信贷担保计划（Supplier Credit Guarantee Program，SCGP）是根据《1996 年农业法》授权设立。《2002 年农业法》授权农业部将该计划实施至 2007 年，并将短期信贷的期限由过去的 180 天延长至 360 天。于 2006 年停止使用。该计划目的是鼓励美国出口商在那些如果没有 CCC 提供担保就难以提供商业融资的地区提供担保，从而保持和发展美国农产品的国际市场。

（二）特点及操作程序

该计划由 FAS 审查批准，CCC 具体负责执行。在 SCGP 中，美国出口商直接向进口商提供购买美国农产品的贷款，进口商只要向出口商签发期票，CCC 担保进口商到期需要支付款项的一部分。而在 GSM－102 和

GSM-103 下，主要是美国金融机构向外国银行提供信用（外国银行要开具一张以美元为货币单位的不可撤销的信用证），农产品信贷公司担保的是外国银行的债务。出口商参加 SCGP 的流程见图 17-5。

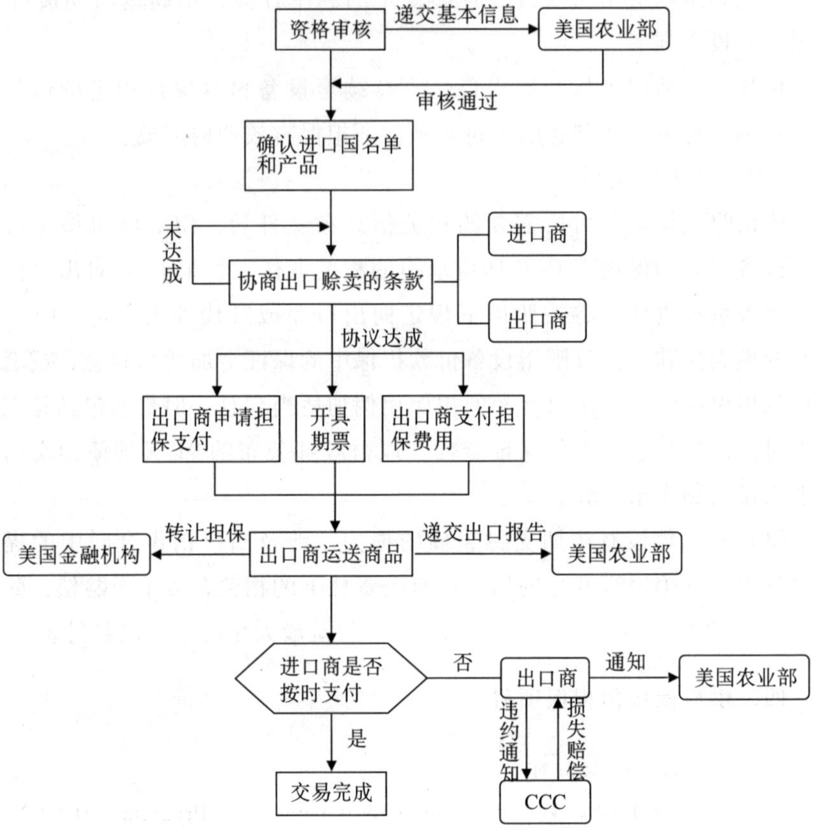

图 17-5 美国供应商信用担保（SCGP）操作流程图

第四节 美国进出口银行的对外合作贷款政策

一、美国进出口银行的宗旨与功能

美国进出口银行是 1934 年设立的一家独立的美国政府机构，与商业银行之间是一种相互补充而非竞争的关系。美国进出口银行的宗旨是促进和扶持美国货物和服务的出口。通过向购买美国货物的境外进口商提供融资便利，来提高美国产品在国际市场上的竞争能力，同时填补超出私人部门融资能力的出口信贷风险的缺口，以解决美国出口商面临的融资困难。

美国进出口银行的主要业务：第一，向购买美出口商品者提供具有竞争性的、优惠的固定利率贷款；第二，向对美国商品购买者提供信贷的商业出资人承诺还本付息的担保；第三，向美国出口商提供出口信贷保险，以防止外国进口商不履行信贷偿还义务的风险；第四，提供流动资金担保，以鼓励商业贷款者向具有出口潜力但需要资金扶持的出口导向型企业、境外营销以及农业开发的中小企业提供融资（见专栏 17－2）。

专栏 17－2　美国进出口银行批准制造业提振计划 LNG 行业有望受益

2022 年 4 月 14 日，美国进出口银行（U. S. Export－Import Bank）批准制造业提振计划，有望为美国能源行业带来大量的融资，包括风能和太阳能项目、电池制造以及向海外销售液化天然气（LNG）的终端。该计划将允许企业利用现有的中长期贷款和贷款担保，并为出口导向型的美国国内制造项目提供贷款。美国进出口银行将在项目的整个周期内提供支持，从资本投资到旨在确保海外销售的融资，并优先为绿色项目融资，包括可再生能源企业和清洁能源制造业。

资料来源：https：//www. cqcb. com/haiwaishichang/2022－04－15/4841832_ pc. html.

二、对外合作项目贷款政策

（一）直接信贷

直接信贷（进出口业务中称为“买方信贷”）是美国进出口银行直接向美国货物购买者提供的信贷。直接信贷规模一般是美出口货物价值的 85%，贷款期限在一年或一年以上。

美国进出口银行的利率是商业参考利率（CIRRs），该利率按还本付息的条件而变动，每月调整一次。CIRR 是根据美国财政部债券利率确定的。美国进出口银行每月在其官网（http：//www. exim. gov/）上公布最新的商业利益参考率，并于当月 15 日生效。

2022年美国进出口银行的最低商业参考利率见表17－7。可以看出，美国进出口银行的贷款利率比较低。

表17－7 2022年1—5月美国进出口银行合同项目贷款利率 单位：%

贷款年限	2022年1月15—2月14日	2022年2月15—3月14日	2022年3月15—4月14日	2022年4月15—5月14日
小于等于5年	1.95	2.25	2.65	3.11
5—8.5年	2.23	2.54	2.81	3.13
8.5—11年	2.40	2.70	2.91	3.17
11—12年	2.40	2.70	2.91	3.17
12—13年	2.60（2.62）	2.90（2.92）	3.11（3.12）	3.37（3.36）
13—14年	2.62（2.64）	2.92（2.94）	3.12（3.13）	3.36
14—15年	2.62（2.64）	2.92（2.94）	3.12（3.13）	3.36
15—16年	2.64（2.72）	2.94（3.01）	3.13（3.18）	3.36（3.40）
16—17年	2.64（2.77）	2.94（3.06）	3.13（3.23）	3.36（3.45）
17—18年	2.67（2.77）	2.96（3.06）	3.13（3.23）	3.35（3.45）

注：（ ）内为新的核动力和大型水利项目贷款率，其与所有合同贷款率有区别时才进行标注。按国际大坝委员会（大坝委员会）的定义，距离地基15米或以上、高5—15米、蓄水池容积超过300万立方米的水坝被列为大型水坝。

数据来源：https：//www.exim.gov/resources/commercial－interest－reference－rates/prior－cirr－rates.

（二）出口信贷保险

出口信贷保险旨在为本国出口商因外国买方或债务人出于政治或商业原因不履行合同而遭受损失提供担保。

美国进出口银行提供出口信贷保险的政策标准是：第一，向那些缺少出口信贷经验的公司短期销售提供优惠担保。这种优惠担保的申请方须满足美国中小企业局有关中小企业的规定，且其年出口额在200万美元或以下。第二，向出口商的短期（一般为6个月）信贷销售提供保险。第三，向单一进口商提供信贷保险是指向单一进口商一笔或多笔销售提供短期或中期保险。第四，向金融机构提供信贷保险是指美国进出口银行向为购买美国货物和服务实行短期信贷的金融机构提供保险。第五，银行信用证措施是指美国进出口银行向美国出口融资相关的外国银行发出不可撤销信用证而涉及的议付行提供保险。第六，特殊保险措施是指进出口银行提供政治险担保、服务出口或受贸易协会支配的担保。另外，美国进出口银行还为经营和融资租赁提供保险。

总之，美国进出口银行保险为 90%—95% 的商业险提供保险，为 90%—100% 的政治险提供保险。对于某些农产品出口，可为 98% 的商业与政治险提供保险。除此之外，出口商也可从进出口银行获得特殊允诺，为寄售、运货拒受、提前装船风险、外币支付、货物展销、二手设备出售以及奶和牛肉制品销售提供保险。上述各种类型的保险费将随偿还期限、债务人与担保人信誉以及进出口国别等因素的不同而变化。

（三）信贷担保

美国进出口银行向为购买美国产品和服务且信誉良好的进出口商进行的私人贷款提供还本付息的担保，还向跨行业的或国际的租赁业务提供还本付息的保证。担保贷款一般达到美国出口货值的 85%，还本付息的期限一般为一年或一年以上，进出口银行将为出口贷款的固定或浮动利率提供担保。根据担保期限长短，可分为中短期信贷担保和长期信贷担保。

中短期担保的担保条件如下：交易额小于或等于 1000 万美元；偿还期限小于或等于 7 年。中期贷款担保的协议主体双方是贷款人与美国进出口银行。中短期担保有三种支付方式：第一，报销。以借款人支付给出口商的资金部分。第二，信用证付款（L/C 付款）[①]。以出口商在信用证的货物和劳务的融资部分。第三，直接支付。由贷款人向出口货物和劳务的融资部分。一笔交易中也可以同时使用不同的支付方法。当美国进出口银行宣布该笔交易在法律上有效后才能付款。

长期担保的担保条件如下：交易额大于 1000 万美元；偿还年限超过 7 年。长期担保有两种支付方式：第一，信用证支付。支付给美国出口商，其为受益人。第二，报销。支付给借款人，以缴付发票融资部分。这两种方法可以在相同的业务中同时使用。

① 信用证付款的方式是随着国际贸易的发展、银行参与国际贸易结算的过程中逐步形成的。由于货款的支付以取得符合信用证规定的货运单据为条件，避免了预付货款的风险，因此信用证支付方式在很大程度上解决了进、出口双方在付款和交货问题上的矛盾。它已成为国际贸易中的一种主要付款方式。

（四）营运资金担保

美国进出口银行的营运资金担保计划旨在鼓励商业银行向与美出口相关的各种商业活动提供融资。该计划只有在没有这种扶持，出口就难以扩大的情况下采纳实施。

美国进出口银行可为担保贷款的本息提供100%的流动资金担保。要获得美国进出口银行的流动资金担保，出口商须出具包括至少能反映一年营运状况和净利润值的财务报表，该财务报表须注明有足够的实力以获得所需的贷款担保。虽说贷款人必须申请最终承诺，但有关出口商也应直接向美国进出口银行申请初步承诺的担保。然后出口商将物色不同的贷款人以期得到最优惠的贷款。在营运资金担保业务中，美国进出口银行不规定利息上限。

（五）对中小企业的融资支持

美国进出口银行对扶持中小企业的出口有着特别的兴趣，并通过优惠的融资条件和良好的服务来加强同中小企业的联系。美国进出口银行成立了由进出口银行营销办和美国分支机构组成的中小企业集团，以帮助中小企业了解并利用进出口银行的项目来扶持它们的出口活动。中小企业集团的服务项目包括免费提供信息，免费提供出口融资热线电话，为商业贷款机构提供培训和咨询，并跟踪处理中小企业有关要求扶持的申请等等。表17－8显示了2020年、2021年美国对中小企业出口融资授权的情况，2020年进出口银行批准了1836笔直接有益于中小企业出口的信贷业务，2021年略有下降，为1802笔；从授权额度上看，2021年相对于2020年下降了近22%。

表17－8　2020年、2021年美国进出口银行对小企业的信贷授权

项目	授权数（笔）		授权额度（百万美元）	
	2020年	2021年	2020年	2021年
出口信贷保险	1680	1646	1552.9	1194.1
营运资金贷款和担保	118	102	391.5	345.1
担保和直接贷款	38	54	137.6	88.5
总计	1836	1802	2082.0	1627.7

资料来源：https：//img. exim. gov/s3fs－public/reports/annual/2021/EXIM_ 2021_ AnnualReport_ web. pdfP31。

三、申请资金支持需要提交的标准文件

“凭单据支付款项”是美国进出口银行提供资金的基本前提。出口商需要提交如下五个标准文件：发票联、付款证明、出口证明、出口证书、反游说证书（仅直接贷款提交）。

（一）发票联

发票联要求：由美国进出口银行提供；写明美国公司地址；由美国进出口银行批准的国外买家；由美国进出口银行批准的商品或劳务；复印件也可以。

进度付款发票是一项附加要求。进度付款必须事先到美国进出口银行办理，付款额必须与认证的出口商的证书发票一致。

美国进出口银行需要统一审核发票是因为出口交易在全球范围内使用标准商业文件，支付买家的商品/劳务，同时确认参加（美国出口商或本地供应商和外国买家）是同一所美国进出口银行，并且确保美国或当地的商品/劳务提供商的出口资格，还能证实美国或当地的商品/劳务的来源，并成为计算资助金额的基础。

（二）付款证明

可以作为付款证明的文件：出口商在商业银行的付款证明，该证明必须含有出口商名称，且与发票金额一致；支付给出口商的已取消支票的双面复印件；自出口国发出的确认付款发票，必须包括发票和支付金额；发票加盖“有偿”，并包括由出口国开出的缴纳印花税证明；可以提供上述文件的复印件。

美国进出口银行要求美国出口商出示付款证明的目的是：确认出口商已经付款；确认买方接受美国商品或劳务；证明符合经合组织（经济合作与发展组织 OECD）至少 15% 的现金支付要求。

（三）出口证明

可以作为出口证明的文件：已签名，注明日期的，清洁已装船海运提单；已签名，注明日期的，航空或者铁路运单；已签名，注明日期的，卡车提单（对于运往墨西哥的货物，或者墨西哥货运代理公司，卡车提单会显示边境交货）；可以提供上述文件的复印件。对于劳务的出口证明，劳务的价值必须等于发票金额（指认证出口商的证明）；劳务必须于美国

进出口银行批准之日起执行；提单是不适用劳务。

有关装运单据的注意事项：提单必须显示从美国运到美国进出口银行批准的买方国家；转运是可行的；在提单中所述货物必须经美国进出口银行审核；提单必须由承运人、货代或船代理签署；必须在注明日期或经美国进出口银行的资格认定日期之后提单；不接受货运代理收据和海关文件。

美国进出口银行需要出口证明的目的是：验证美国进出口银行融资是按照美国出口规章要求进行的；确认核定货物被运到美国进出口银行批准的外国买方国家；验证符合美国国旗海运政策；确认美国进出口银行批准之日起货物发货。

（四）出口证书

出口证书是美国进出口银行颁发的一份独特的文件，证书上要有美国公司名称与具体地址。提交的证书要求手写签署的文件正本，不得复制、传真或 PDF，签署人为公司授权的员工。证书内容要包括公司贷款或担保交易合同条款。

美国进出口银行需要审核出口证书，以确定美国商品和劳务数量和比重，要建立适用于美国出口商的发票支出比例，同时为了获得由美国进出口银行和美国政府需要的重要认证。

（五）反游说证书

出口商、当地供应商及配套服务供应商交易 10 万美元以上合同的必须提交反游说证书，且必须是手写签字。贷款和担保交易的其他参加者必须签署一份反游说证书。反游说证书的形式可在美国进出口银行的网站下载。

四、贷款扶持规模及资金分配

（一）授权的融资及计划分配

受益于美国时任总统奥巴马的 5 年出口倍增计划，美国进出口银行 2012 年进入“出口内阁”机构的核心成员名单。2012 年 5 月，经国会批准后，奥巴马签署一项法令将美国进出口银行经营权延长 3 年至 2014 年 9 月 30 日[①]。

① 由于美国国会未能在 2015 年 6 月 30 日截止日期前批准延长美国进出口银行的经营权，该家官方出口信贷机构将从 7 月 1 日开始暂停新贷款发放业务，这是该机构 81 年历史上经营权首次未得到延续。

2012 财年共批准了美国进出口银行 358 亿美元的融资许可，创下历史最高纪录，带动约 500 亿美元的商品出口销售，为美国创造大约 25.5 万个就业机会，其中有 61 亿美元是直接用来支持小企业的出口销售，这一数字也创下历史最高纪录。2020 年、2021 年授权的融资许可下降，融资额度分别为 53.95 亿美元和 57.65 亿美元，带动出口额也分别降至 108.11 亿美元和 92.19 亿美元。2020 年、2021 年授权融资及带动出口情况见表 17－9。

表 17－9　2020 年、2021 年美国进出口银行信贷授权情况

项目	授权数（笔）		授权额度（百万美元）		出口额度估计（百万美元）	
	2020 年	2021 年	2020 年	2021 年	2020 年	2021 年
贷款	1	1	9.5	69.8	8.0	53.6
长期贷款	—	1	—	69.8	—	53.6
中期贷款	1	—	9.5	—	8.0	—
信贷担保	194	205	2879.8	3422.3	8300.2	6894.4
长期信贷担保	10	15	1201.4	2059.9	1430.4	2116.1
中期信贷担保	53	66	221.1	159.7	269.7	176.8
运营资金担保	131	124	1457.3	1202.7	6600.1	4601.5
出口信贷保险	1878	1868	2505.9	2273.2	2502.9	2271.1
短期信贷保险	1848	1848	2450.2	2232.2	2450.2	2232.2
中期信贷保险	30	20	55.7	41	52.7	38.9
总计	2073	2074	5395.2	5765.3	10811.1	9219.1

资料来源：https：//img. exim. gov/s3fs－public/reports/annual/2021/EXIM_ 2021_ AnnualReport_ web. pdf.

从表 17－9 可以看出，美国进出口银行的出口金融扶持中，从授权融资额来看，偏好信贷担保，2021 年占总授权融资额的近 60%。由信贷担保带动的出口额度最高，占总出口额度的 74.78%，并且在担保中主要是运营资金担保，占担保计划的 66.74%。出口信贷保险位列第二，仅次于信贷担保，其中短期信贷保险占信贷保险总额的 98% 以上。

（二）美国进出口银行对农业部门的信贷支持

美国的产品、技术和服务在全球市场上具有较强的竞争优势，除了质量、创新和价格因素之外，进出口银行为中小企业提供了足够的融资也起到了重要的作用。为了促进美国就业增长，进出口银行选择了具有高出口潜力的部门进行支持，包括农业、飞机和航空电子设备、采矿、石油和天然气开发、电力和可再生能源。

农业企业获得的信贷支持，包括谷物、畜牧业、食品、农业设备、化学品和农业服务等，其中83%（4.2亿美元）的授权直接支持了农业小企业出口。在对美国制造飞机的出口支持上，包含了对价值低于200万美元的小型农用飞机的信贷支持。巴西、乌拉圭是美国农用飞机的重要市场。近年来，美国进出口银行也通过信贷担保政策，促进了美国农用设备对中国的出口。

第五节 美国小企业管理局的对外合作贷款政策

一、美国小企业管理局的宗旨与功能

美国目前约有小企业2500万家，其数量约占美国全部企业数量的98%，是美国经济中最具活力的部分。美国小企业管理局（Small Business Administration，SBA）是美国政府下设的一个小型、独立的联邦机构。主要职责是向中小企业提供资金支持、技术援助、政府采购、紧急救助、市场开拓（特别是国际市场）。SBA在美国小企业信贷体系中发挥着政策性金融的重要作用，是美国小企业最大的金融支柱。

二、对外合作贷款扶持计划

美国小企业管理局为小企业提供的贷款项目包括贷款计划7（a）、504（CDC）贷款计划以及小额贷款计划，见图17-6。其中，504（CDC）贷款计划以及小额贷款计划都是针对美国中小企业在美国本土的融资活动[①]。7（a）计划分为一般小企业计划和特殊类型的计划，其中在特殊类

① 504（CDC）贷款计划中SBA通过由270家注册开发公司（CDC）的网络，每一个都服务于一个特定地区，为成长中的企业提供用于土地和建筑等主要固定资产的长期投资。小额贷款计划则旨在增强最基层的经济能力。通过地方社区中介贷款组织（非政府组织）的网络向小企业提供不超过3.5万美元的贷款。

型的7（a）计划中针对中小企业对外合作方设定了3个计划项目：出口快速贷款计划、出口流动资金贷款以及国际贸易贷款。因此，7（a）项目涵盖了国内和国际市场投资的融资。

贷款计划7（a）通常鼓励长期融资。其中房地产的最长贷款期限可达25年，设备达10年，营运资金可以为7年。7（a）计划的贷款条件为具有前期经营利润；符合小企业定义；在美国从事经营；有合理的投资计划和投资收益；有其他的金融资源（包括个人资产）；能够证明有贷款需求；利用资金进行健全的经营；目前没有任何拖欠美国政府债务。

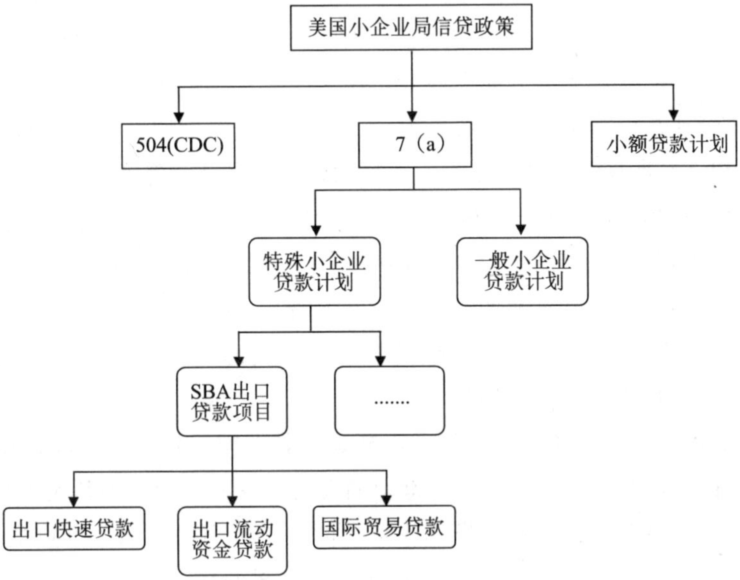

图17－6　美国中小企业管理局信贷政策框架

出口快速贷款计划（Export Express Loan Program）最多提供50万美元融资；该贷款计划是最简单的出口贷款产品，SBA将在36小时以内审核并进行贷款批准。出口流动资金贷款（The Export Working Capital，EWCP）可以提供高达500万美元的采购订单融资，该计划贷款担保费低，处理时间快。国际贸易贷款（International Trade Loan）最高提供500万美元的贷款，用于供企业开始或继续出口的固定资产和营运资金融资，资金也可用于现有贷款再融资。

第六节　美国海外私人投资公司的对外合作贷款政策

一、美国海外私人投资公司的宗旨与功能

美国海外私人投资公司（Overseas Private Investment Corporation，OPIC）成立于1971年，是美国同时也是世界上首家海外投资保险机构。它具有公、私两方面性质，一方面它是美国政府指导下的一个机构，其法定资本由国库拨款；另一方面，该公司作为法人，完全按照公司的体制和章程经营管理，根据市场原则自负盈亏，其担保的保费作为其资金的主要来源。OPIC主要有政治风险保险、项目融资、投资基金等业务。

此外OPIC还通过企业发展网络（EDN）辅助其业务的开展。企业发展网络（EDN）是借助于OPIC的帮助建立的公共和私营部门之间的战略联盟组织，通过世界各地的越来越多的网络，EDN旨在为发展中国家正在寻找商业机会的中小企业提供更多的必要资源，以吸引资金（债券和股票）和为政治风险提供保障。

自OPIC成立以来，美国国会不断延长其期限、扩大其保险范围以及适合项目国家的范围。经过半个世纪的发展，目前美国海外私人投资公司从保险产品的丰富，到融资贷款体系的健全，再到保障地区重点的转移，保护行业门类的倾斜，OPIC为美国企业的海外投资之路起到了很好的保障作用。

二、对外合作项目相关支持政策

（一）政治风险保险

1. 支持对象。政治风险保险是为美国投资者、贷款人、承包商、出口商和非政府组织在150多个发展中国家进行海外投资提供的投资保障。通过提供创新的、全面的和具有成本效益的风险缓释产品，来弥补由于政治风险导致的有形资产、投资价值和收益的损失。

OPIC优先考虑向中小企业提供政治风险保险，保障和扶持中小企

业在新兴市场和发展中国家，特别是在较不发达的国家和地区的私人投资，并且对美国战略利益至关重要的地区，例如中东地区（包括阿富汗和巴基斯坦）、拉丁美洲和撒哈拉以南非洲等提供更多支持。申请人资质上要求为美国国民、在美国注册的公司、合伙企业、美国国民或企业在海外注册的法人但要求美方持有该企业的95%以上股权；每个项目投资保险额最高为2.5亿美元，一些特殊部门的战略投资，可达3亿—4亿美元；在保险的实施中，一般要求OPIC与保险涉及国家或地区签有协议。

2. 政治风险险种。OPIC提供政治风险保险的险种主要有以下几种类型：(1) 货币不可兑换险（Currency Inconvertibility）。它是指因东道国的管制政策，美国投资者不得不以较低的汇率将当地货币兑换成美元而导致的损失。OPIC承保投资人的收入、本金、利得、资产收益、技术援助费用等，但并不包括货币贬值风险。(2) 国有化或征收险（Expropriation）。它是由于东道国政府废除、拒绝承认原有合同的效力对投资者合约权利的损失风险进行的保障。该保险要求OPIC以全面代位权支付保险金偿付投资者损失。(3) 政治暴力险（Political Violence）。它是指由于战争、革命、政治引起的内乱、恐怖主义或破坏，而导致的财产和收入损失。(4) 其他特色产品（Specialty Products）。OPIC还提供几种量身定制的保险产品，以满足特殊的保险需求，如针对国际建筑项目的承包商以及针对资本市场融资的特殊风险、信用评级为B/B+及以上的主权信用国家的未偿付债务风险等①。

3. 保险期限和保险金额。货币不可兑换风险、征收风险和战争风险的承保期最高可达20年。对于贷款、租赁和由承包商和出口商所覆盖的保险产品，期限一般为基础契约或协议的期限。最高的保险金额是投资额的27%。保费按年交付，保险费率依政治风险大小和投资项目的不同而升降，基本费率如表17-10所示。在某些情况下，根据项目的特定风险，OPIC保险费率可能不包含在费率表中。然而，一旦保险合同被执行，该合同中的费率将固定为合同期限内。

① https://www.opic.gov/what-we-offer/political-risk-insurance/types-of-coverage/specialty-products.

表 17－10　　美国 OPIC 政治风险保险费率表

险种	现行	备用
货币不可兑换险	0.18—0.42 美元	0.20 美元
国有化或征收险	0.28—0.60 美元	0.20 美元

资料来源：https：//www. opic. gov/what－we－offer/political－risk－insurance/indicative－rates.

保险的覆盖范围上，OPIC 可以保证高达 90% 的经过资格审查的投资业务。OPIC 的法规通常要求投资者至少承担 10% 的损失风险。股权投资中，OPIC 通常承诺保险金额等于 270% 的初始投资——90% 的原投资以及 180% 未来收益保障。审查程序上，一般由 OPIC 保险政策委员会负责审查和批准；大于 2500 万美元的融资由 OPIC 投资委员会审查和批准；如果超过 5000 万美元，则由 OPIC 董事会审查和批准。

（二）项目融资（信贷）

OPIC 可提供在发展中国家或新兴市场国家的合规投资项目的直接贷款或贷款担保所需的中长期资金。作为私营部门的补充，OPIC 可以在传统金融机构不愿意或无法进行融资的国家提供融资。OPIC 可以满足任何规模的企业在各行业的长期资本投资的融资需求。

OPIC 的最低贷款/担保规模为 35 万美元，最高为 2.5 亿美元。如果项目需要资金超过 OPIC 放贷能力，OPIC 还可通过联合贷款人进行联合放贷，以满足项目贷款的需要。OPIC 的融资用途大部分是用于支付资本成本（如设计/工程服务，设施建设或租赁设备），OPIC 并不提供专门用于营运的资金或收购目的的资金，但如果他们是项目总成本的一部分，则可以为其进行部分融资。OPIC 不为与海外项目长期投资无关的出口销售提供融资。

OPIC 提供三种基本的金融支持产品：直接贷款；由 OPIC 参与资助的投资担保（COP）；投资担保第三方银行。所有产品的承保流程是相同的。

贷款期限一般为 5 年，最多为 15 年，取决于项目的类型和偿债能力。一般允许只需偿还项目利息的 1—2 年的缓冲期，可按季度或半年度进行支付（见表 17－11）。

表 17－11　　　　美国 OPIC 金融产品的基本利率

产品	基准利率	OPIC 担保费
直接贷款	财政固定利率（国债利率）	待商定
投资担保	财政固定或浮动利率或 LIBOR	待商定
投资担保第三方银行	由第三方出贷方确定的固定或浮动利率	待商定

注：LIBOR 为伦敦同业拆借利率。

资料来源：https：//www. opic. gov/what－we－offer/financial－products/indicative－terms－and－pricing.

1. 直接贷款。美国的私人企业必须拥有至少 25% 的自有资金，并且有超过 50% 的股权是在美国注册的法人或拥有美国国籍的个人掌握，或美国组织的任何非营利组织。一般项目可以得到的融资额度从 10 万美元到 2.5 亿美元不等，特殊项目最多可以得到 4 亿美元的直接贷款。还款利率比较灵活，有短期的固定利率和长期的弹性利率组合。OPIC 直接贷款给合规的借款人。这些交易的资金来源是美国财政部。利率是在固定利率的基础上加上一个风险溢价。

2. 由 OPIC 参与资助的投资担保。海外私人投资公司仅就新的投资项目提供担保，包括对现有海外投资项目的扩建、现代化、技术改造和发展等。海外私人投资公司同时保障中小企业投资者采用的各种新颖的投资方式。此外，海外私人投资公司还要求投资者至少承担 10% 的风险，也就是说，投资者最大投保额为其投资的 90%。任一规模的美国合规企业均可申请该担保，OPIC 在美国债务资本市场发行参与证书（“COP”）为这些交易融资。COP 的持有人由美国政府保证支付。OPIC 最近还基于 2014 的绿色债券原则推出了一种特殊类型的 COP 称绿色担保。借款人通过支付代理人（或公司）向 COP 持有者进行支付，如果借款人无法进行支付，OPIC 将基于担保对 COP 持有人进行支付。

3. 投资担保第三方银行。任一规模的合规项目均可申请该产品。第三方银行（“TPL”），直接贷款给借款人，OPIC 为第三方提供担保，如果借款人未能对从 TPL 的贷款进行偿付，TPL 可以向 OPIC 索偿。基准利率（通常是基于 Libor 利率）由 TPL 与借款人协商。

在贷款担保中如商业银行、保险公司或养老金计划贷款给国外企业，由 OPIC 担保该企业将 100% 的本金和利息偿还给贷款人。OPIC 的贷款担保一般在200万美元至2500万美元之间，最高可达5000万美元。OPIC就担保、调研、委托、清偿债务收取手续费，担保费平均是未偿付本金的2%。

OPIC也与其他金融机构（被担保的贷款人除外）一起支持项目的融资。这些金融机构包括商业银行、国际性和地区性发展银行，如世界银行集团的国际金融公司和非洲、亚洲开发银行；出口信用代理商，如美国的进出口银行，以及进行国际开发的美国代理商。

（三）投资基金

针对私募股权资本在发展中国家的不足，OPIC为私人设立和管理的投资基金提供融资。自1987年以来，OPIC在新兴市场已承诺41亿美元，62个私募股权基金。这些资金已经在65个国家超过570家私人管理公司中投资56亿美元，扩大了美国的对外直接投资，同时也促进了这些国家的经济和社会发展①。

① https：//www. opic. gov/what - we - offer/investment - funds.

第十八章　中国农业对外合作贷款优惠政策

近年来，中国政府为发展农业生产、保障粮食安全，在制定农业政策、提高农业科技、促进经营主体发展方面采取了多项措施，使粮食生产增长速度超过人口增长速度，中国人均粮食占有量大幅度提高。但中国人均耕地仅1.35亩，不足世界平均水平的40%，人均水资源量不足世界平均水平的25%。从中国人多、地少的资源禀赋限制出发，提高统筹利用国际国内两个市场、两种资源，拓展农业对外合作是大势所趋。目前，我国农业“走出去”进展迅速，2017年规模曾达到25.08亿美元，存量规模达到165.60亿美元，有1769家境内企业在全世界100多个国家和地区开展农业对外投资合作。自2020年3月以来，受新冠疫情的影响，涉农走出去企业有2/3的项目已处于停工或半停工状态，农业对外投资受到沉重打击，但在国家的大力支持下，农业“走出去”已成为必然趋势。

第一节　农业对外合作项目金融支持主体

我国农业对外合作的金融支持政策已形成了包括贷款、保险、外汇管理的整体框架，国家开发银行、中国进出口银行、中国出口信用保险有限公司等部门与机构成为促进农业对外合作的金融支持主体。

一、中国进出口银行

中国进出口银行成立于1994年，是直属国务院领导的、政府全资拥有的国家银行，其国际信用评级与国家主权评级一致。中国进出口银行总部设在北京，成立目的的主要是为了支持中国企业走出去和引进国外的先进技术、关键设备和紧缺资源。现有国内分行32家，海外分行及代表处5家。中国进出口银行不以盈利为目的，以政府政策为导向，在海外项目运营管理、海外投资、政府优惠贷款、行业风险分析、国别风险分析、涉外法律和境外投资政策研究等方面有丰富的经验。

2008年12月9日，中国进出口银行与农业部签署了《中华人民共和国农业部与中国进出口银行支持农业“走出去”战略合作协议》。根据协议，进出口行将优先配置信贷资金，支持国家对外农业合作项目的实施，加强世界粮农领域的国际合作，提升我国农业企业的国际竞争力。2014年，签署《支持农业国际化发展战略合作协议》，合作范围扩大至农业对外投资合作、农业企业兼并重组、农业进出口体系和农业现代产业体系建设、产品加工业和远洋渔业发展、新型农业经营主体提高农业规模化生产和集约化经营水平等方面。2020年新增“三农”贷款378.30亿元，新增精准扶贫贷款94.55亿元，助力于粮食和生猪等重要农产品稳产保供、涉农企业复工复产。

二、国家开发银行

国家开发银行主要通过开展中长期信贷与投资等金融业务，为国民经济重大中长期发展战略服务。国家开发银行贯彻国家宏观经济政策，筹集和引导社会资金，缓解经济社会发展的瓶颈制约和薄弱环节，致力于以融资推动市场建设和规划先行。2005年，为贯彻国家“走出去”战略，国家开发银行确定了开发性金融支持“走出去”的指导思想，目前，国家开发银行已成为中国最大的对外投融资合作银行与最大的外汇贷款银行。2012年，国家开发银行和农业部共同签署《共同推进现代农业发展合作协议》及《开发性金融支持我国农业国际合作协议》。根据协议，“十二五”期间该行将融资2000亿元支持现代农业发展，其中农业国际合作是十个重点支持领域之一。此外，原农业部、黑龙江省政府和国家开发银行还签署了《共同推进现代化大农业发展合作协议》，在此协议中支持农业“走出去”是8项重点支持内容之一①。2020年2月，商务部、国家开发银行联合印发《关于应对新冠肺炎疫情发挥开发性金融作用支持高质量

① http://www.gov.cn/gzdt/2012-07/20/content_2188344.htm.

共建“一带一路”的工作通知》，对受疫情影响的高质量共建“一带一路”项目和企业给予开发性金融支持①。

截至2018年8月底，该行累计支持农业对外合作项目488个，发放贷款213亿美元，贷款余额75.6亿美元。为支持中国企业对非合作，国家开发银行于2006年设立中非发展基金，2021年克服疫情影响加大对非投资近60亿美元，撬动中国企业对非投融资270亿美元。2019年8月，国家开发银行建立国际金融事业部。2021年上半年，国家开发银行发放共建“一带一路”专项贷款289亿元等值人民币，设立第二期150亿美元稳外贸专项贷款。

三、中国农业银行

中国农业银行是我国国有四大上市银行之一，是中国金融体系的重要组成部分。近年来，中国农业银行将支持国内企业“走出去”业务明确定位为全行战略性业务，并紧密围绕“一带一路”等国家经济外交战略，结合自身的业务特点、客户结构和三农特色优势，将基础设施、能源资源战略项目以及粮食、畜牧业等领域的农业产业化龙头企业“走出去”作为重点，打造“走出去”金融服务特色品牌。中国农业银行建立了“走出去”分层工作机制与“走出去”项目库，安排专项资金满足“走出去”客户融资需求，重点推广出口信贷、内保外贷、涉外保函等客户普遍需要的产品，并充分利用出口信用保险等风险缓释工具规避风险，为支持中国企业“走出去”提供金融产品保障。

2014年，中国农业银行与塔吉克斯坦农业投资银行签署《农业领域合作协议》，打造中塔金融合作典范，助推丝绸之路经济带建设，为圣元集团在法国布列塔尼亚地区投资9000万欧元，建立年产9万吨婴幼儿奶粉工厂，发放了2000万欧元“走出去”贷款。

2018年5月9日，中国农业银行河内分行在越南首都河内宣布正式开业，计划未来为中越两国基础设施建设、产能合作、农业等重点领域合作项目提供综合金融服务。截至2019年底，农行已经在境外17个国家和地区设立了22家境外分支机构以及一家合资银行，已初步建成了遍布全

---

① http：//fec. mofcom. gov. cn/article/qyml/.

球六大洲的经营网络。

四、中国出口信用保险公司

中国出口信用保险公司（简称“中国信保”）成立于2001年，是中国唯一承办出口信用保险业务的政策性保险公司，现有15个职能部门、18个分公司和6个营业管理部，已形成覆盖全国的服务网络，在英国、俄罗斯、巴西、南非和迪拜等地派驻了工作组。为更好地落实2015年“中央一号文件”关于“提高统筹利用国际国内两个市场两种资源的能力”的重要部署，中国出口信用保险公司将采取三大举措支持我国农业“走出去”：一是结合国家“一带一路”重大战略部署，对面向东南亚、中亚等“一带一路”沿线国家和地区的农产品出口和农业投资项目给予有针对性的承保优惠；二是结合各省市自治区农业特产情况，迅速制定具有地域针对性的农业细分行业专项出口支持措施；三是进一步优化海外投资保险产品，提高海外投资保险的承保能力，更好地满足企业风险控制和投融资需求。

2014年，我国政策性信用保险对农产品出口的承保规模达到113亿美元，承保海外种植园、农业经济合作区等农业海外投资项目30余个，承保金额近10亿美元。同时，数据也显示，海外买方拖欠和海外买方拒收已成为我国农产品出口企业无法收汇的最主要原因。2014年，中国信保共计向农产品出口企业支付赔款3700余万美元，其中，买方拖欠致损金额占全部企业损失的84.4%，买方拒收致损金额占企业损失的11.7%，其他致损原因还包括政治风险、买方破产和开证行拖欠等。2020年海外投资保险业务全年累计承保625.6亿美元，主要分布在电力生产和供应业、制造业、土木工程建筑业，包括农业在内的其他行业占13.1%。

2020年为进一步落实《关于金融支持粤港澳大湾区建设的意见》的工作要求，中国信保印发了《关于进一步做好服务支持粤港澳大湾区建设有关工作的通知》，在出口信用保险支持粤港澳大湾区企业抗疫情、保订单、防风险、促融资等方面发挥着重要作用。2020年1—8月，中国信保广东分公司为大湾区内1.75万家企业提供服务，承保规模486.7亿美元。其中支持大湾区企业向“一带一路”沿线国家和地区出口与投资123亿美元，累计支付赔款1812万美元。为大湾区418家港澳资企业提供

54.6 亿美元风险保障，同时支持大湾区港澳资企业出口转内销，为 98.5 亿元人民币国内销售业务提供风险保障支持[①]。

第二节　农业对外合作项目优惠贷款政策

一、政府专项资金扶持政策

我国主要出台了三项专项资金扶持政策，对农业企业的海外经营起到推动作用。

（一）中小企业国际市场开拓专项资金

1999 年，对外经济贸易部等 9 部委联合下发《关于进一步采取措施鼓励扩大外贸出口的意见》[②]，提出提高部分出口商品的出口退税率、出口企业所得税进行适当返还、设立 5 亿元中小企业国际市场开拓专项资金等财政政策。2000 年 10 月，财政部和对外经济贸易部联合印发《中小企业国际市场开拓资金管理（试行）办法》[③]，对“中小企业国际市场开拓资金”加强管理，专门用于支持中小企业开拓国际市场的各种活动。2008 年，财政部、国家税务总局联合公布了《境外所得计征所得税暂行办法（修订）》对企业在境外实际缴纳的所得税予以税收抵免。

（二）对外合作企业前期费用补助

2004 年 10 月，财政部和商务部联合下发了《关于做好 2004 年资源类境外投资和对外经济合作项目前期费用扶持有关问题的通知》[④]，明确规定对“走出去”企业的前期费用予以扶持，单个企业在年度内享受前期费用扶持金额最多可达 800 万元。2013 年甘肃出台对《外投资合作专项资金管理实施细则》中明确规定对从事境外投资、境外农、林、牧、渔、矿业合作的企业，给予“合作资金对不超过项目中方投资额或合同

① http：//www.cnbayarea.org.cn/news/focus/content/post_ 272612.html.

② http：//www.fdi.gov.cn/1800000121_ 23_ 68469_ 0_ 7.htm.

③ http：//www.mof.gov.cn/zhengwuxinxi/caizhengwengao/caizhengbuwengao2000/caizhengbuwengao200011/200805/t20080519_ 21580.html.

④ http：//china.findlaw.cn/fagui/p_ 1/41174.html.

额15%的前期费用”资金支持，一个项目只能享受一次支持。

（三）中央与地方政府专项资金支持

1. 中央对外经济技术合作专项资金。2014年5月，财政部和商务部出台《外经贸发展专项资金管理办法》①，用于优化对外贸易结构、促进对外投资合作、改善外经贸公共服务等事项。资金的用于方向涵盖境外投资、对外承包工程、对外劳务合作、境外经济贸易合作区建设等对外投资合作业务，采取项目法分配资金（主要采取贷款贴息、保费补助、资本投入、事后奖补、先预拨后清算等方式）。

2. 北京市对外经济技术合作专项资金。2014年北京市财政局和商务委制定了《北京市对外投资合作专项资金管理办法实施细则》②。以中央财政资金与地方配套资金为主要资金来源，专项资金支持的对外经济技术合作业务范围包括：境外投资（包括农业、林业、牧业、渔业投资合作）、对外承包工程、对外劳务合作等对外投资合作业务。专项资金对企业从事上述对外投资合作业务采取贷款贴息、补助等方式给予支持。

专项资金贷款贴息的涉农的范围包括：用于支持对外投资合作项目的贷款贴息，不超过贷款实际支付利息；对于农业、林业、牧业、渔业投资额为1000万美元及以上的境外项目且项目在申报年度内累计完成80%以上的投资，给予额度不超过100万元人民币的一次性补助；对农业、林业、牧业、渔业、矿业投资合作的前期费用、资源回运运保费，结合年度重点工作给予一定比例的补助；对企业开展对外投资合作业务投保海外投资保险的保费，给予不超过申请企业实际支付费用50%的补助。

申请贷款贴息项目应具备以下基本条件：申请贴息贷款为一年以上（含一年）中长期境内商业性金融机构贷款；贷款用于对外投资合作项目的建设及运营；每一项目申请贴息的贷款累计不超过中方投资总额或合同总额；一个项目可获得累计不超过3年的贴息支持。

3. 浙江省“走出去”战略专项资金③。浙江省每年根据省政府批准的年度外经贸促进政策，从省财政内外贸发展资金中统筹安排专项资金。

① http：//ga. mofcom. gov. cn/article/zctz/201405/20140500575775. shtml.

② http：//sw. beijing. gov. cn/zt/dwhzzt/tzgg_ 1918/202203/t20220328_ 2641182. html.

③ http：//czt. zj. gov. cn/art/2011/8/23/art_ 1164176_ 712382. html.

支持的境外投资项目包括：

（1）对在境外投资设立生产加工、运输仓储、开展境外农、林、渔和矿业等合作开发，当年累计投资100万美元以上的给予一定资助。对境外资源合作开发企业，回运资源性产品所发生的自境外起运地至国内口岸间的运保费，按企业实际支付费用给予一定比例的资助。

（2）对企业在境外投资设立营销网络（含贸易机构、专卖店、贸易展示中心、售后服务机构、仓储物流中心等）发生的经营费用，包括当年租用办公或营业场地、仓库、专卖店发生的租金，按最高不超过实际发生费用的50%给予资助。

（3）对企业海外并购获取营销渠道、知名品牌、先进技术，当年累计投资1000万美元以上的给予一定资助。对在境外投资设立技术研发机构，当年累计投资100万美元以上的给予一定资助，对其境外获得专利技术的注册费按最高不超过实际发生费用的50%给予资助。

（4）对境外经贸合作区（工业园）承办企业，符合省商务厅、省财政厅颁布的《浙江省境外经贸合作区（工业园）管理办法》条件的，给予一定资助；对已享受中央相关资金资助的合作区，给予一定的配套资助。

（5）每家企业当年累计资助总额不超过其当年对外实际投资额的50%，对以人民币境外投资的，给予一定的奖励。

4. 广东省企业“走出去”专项资金①。广东省对企业（不含中央驻粤和深圳市企业）从事境外投资、境外资源开发和农林渔业合作、对外承包工程、对外劳务合作和对外设计咨询等对外经济合作业务给予资金扶持。

（1）前期费用。对境外投资设立企业（不含贸易公司）、设立经济贸易合作区或工业园和商品展销（示）中心，在项目所在国注册（登记）之前，从事境外农、林、渔业和矿业合作购买资源权证或签订权益资源开发协议之前，或对外承包工程，对外设计咨询签订合同（协议）之前，为获得项目而发生的相关费用，按照实际发生额给予一定比例的补助。前期费用包括：

①聘请具有专业资质的第三方中介机构所产生的法律、技术及商务咨询、评估等服务费。

---

① http：//czt. gd. gov. cn/zwgk/ls/content/post_ 183963. html.

②委托具有相应资格的专业机构编制的项目可行性研究报告编制费。

③项目（资源）勘察许可证、捕捞许可证、标书、技术资料、软件等规范性文件或资料的购买费，委托专业机构或人员翻译上述规范性文件或资料的翻译费。

④项目勘察费（不包括油气、矿产资源勘探费）、论证费和规划费，渔业资源探捕仪器购买费、捕捞证购买费、代理费、船舶注册费等。

前期费用的支持比例一般不超过企业实际支付费用的50%，一个项目只能享受一次支持。

（2）贷款贴息。对企业在境内银行取得的，用于境外生产基地和境外商品展销（示）中心建设、境外农林渔业和矿业合作或对外承包工程、对外设计咨询项目的，期限在一年以上（含一年）的贷款给予贴息。人民币贷款贴息率不超过同期中国人民银行公布执行的基准贷款利率，具体资助比例视全省申报情况确定。外币贷款年贴息率不超过3%，实际利率低于3%的，不超过实际利率。

项目贷款合同的签订和执行是项目申请单位或贷款企业与银行之间的经济行为，财政部门和外经贸部门不承担其任何债务偿还和担保责任。对贷款单位逾期不归还贷款产生的逾期利息、加息、罚息，不予贴息。

5. 重庆市商务发展专项资金（外经贸）[①]。根据《重庆市商务发展专项资金（外经贸）暂行管理办法》（渝财企〔2014〕362号）支持重庆企业对外投资。

（1）支持内容。前期费用是指企业为从事境外投资（不包括国内企业之间转让既有境外投资权益）、境外农、林、渔、矿业合作，在项目所在国注册（登记）、购买资源权证之前，或对外承包工程签订合同（协议）之前，为获得项目而发生的相关费用。

支持标准：专项资金对不超过项目中方投资额或合同额15%的前期费用给予支持，一个项目只能享受一次支持。增资项目不予支持。直接补助费用比例原则上不超过申请企业实际支付费用的50%。属于重庆市重点支持的以直接投资实施的境外研发中心及高新技术并购项目，国际能源资源勘探、开发和加工合作，国际化营销网络和知名品牌创建合作等，直

---

① http：//jcz. cq. gov. cn/html/content/13/06/401. shtml.

接补助费用比例原则上不超过申请企业实际支付费用的70%。

（2）贷款贴息。对重庆企业获得的重大对外投资（含资源性开发、建立工厂及海外并购等）项目贷款（项目实际投资金额500万美元以上）给予适当贴息资助。贷款可从境内银行取得，也可由重庆市企业在境外设立的控股企业从我国银行在境外的分支机构取得。人民币贷款年贴息率不高于同期中国人民银行公布的基准利率，外币贷款年贴息率不高于3%；贴息期限按实际贷款期限的公历月计算。项目享受贴息的年度最长不超过三年。

支持标准：项目实际投资金额500（含500万美元）至5000万美元，每个项目给予3年内实际支付贷款利息最高不超过50%，且最高不超过300万元人民币的贴息；项目实际投资金额5000万美元（含5000万美元）以上，每个项目给予3年内实际支付贷款利息最高不超过50%，且最高不超过500万元人民币的贴息。正常贷款之外的加息、罚款等不予贴息；贴息金额以人民币计算。

二、中国进出口银行专项贷款

（一）信贷类别

进出口银行支持对外农业合作项目贷款包括：境外投资贷款、农产品出口卖方信贷、进口信贷流动资金贷款、进口信贷固定资产贷款、出口企业固定资产投资贷款、出口基地建设贷款、小企业统借统还贷款等。主要贷款类别的涉农领域、贷款期限包括：

1. 农产品出口卖方信贷。

（1）支持涉农方向。可以满足借款人在农产品出口时采购、生产、加工、运输、销售等环节所需资金。

（2）期限。一般不超过3年。

（3）贷款比例。与商务合同挂钩。

（4）申请条件。经营状况良好，具有农产品出口资质，如GAP（良好农业规范）认证、GMP（良好作业规范）认证、有机产品质量认证等出口额不少于100万美元。

2. 设备出口卖方信贷。

（1）支持涉农方向。可以满足借款人出口农业设备时在采购、生产、运输、管理及对外提供设备相关技术服务环节所需资金。

（2）期限。一般不超过15年。

（3）贷款比例。与商务合同挂钩。

（4）申请条件。经营状况良好，符合《大型单机和成套设备出口项目协调管理办法》（2001年外经贸部33号部令）、单一商务合同金额不低于100万美元。

3. 出口买方信贷。

（1）支持涉农方向。可以支持境外借款人进口我国农业相关产品、技术和服务等（境外是指中国大陆以外的国家和地区，包括港澳台地区）。

（2）期限。一般不超过3年。

（3）贷款比例。最高不超过借款人出口资金需求。

（4）申请条件。所在国经济、政治状况相对稳定、借款人经营状况良好，出口产品、技术及服务符合我国及进口国有关规定。

4. 境外投资贷款。

（1）支持涉农方向。可以支持我国企业在境外开展农业投资项目所需资金（包括固定资产投资、股权投资、建设期利息、流动资金等，境外包括港澳台地区）。

（2）期限。一般不超过15年，前期费用贷款一般不超过1年。

（3）贷款比例。一般不超过境外投资项目中方应出资额的70%。

（4）申请条件。借款人经营管理良好，项目获得境内外有关政府部门批（核）准或备案通过，项目中方出资额不低于100万美元。

5. 对外承包工程贷款。

（1）支持涉农方向。可以支持我国企业对外承揽与农业相关的各类基础工程等。

（2）期限。单一商务合同贷款一般不超过15年，多个商务合同合并贷款一般不超过5年。

（3）贷款比例。与商务合同金额相关，一般不超过85%。

（4）申请条件。具有相应资质，对外承包工程商务合同已签订，商务合同金额（或合并申贷多个商务合同总金额）应不低于100万美元。

6. 转型升级贷款。

（1）支持涉农方向。用于支持农业出口加工基地、园区和台湾农民创业园建设，农业企业转型升级，农业企业横向、纵向兼并整合等。

（2）期限。固定资产类贷款一般不超过 20 年，整合贷款一般不超过 5 年。

（3）贷款比例。固定资产类贷款一般不超过项目投资总额的 80%，整合贷款不超过整合项目总投资额的 50%。

（4）申请条件。借款人经营管理良好，符合国家相关规定，整合贷款中整合各方应就整合项目达成的一系列相关合同文件。

（二）申贷条件

1. 申贷人需为国家级或省级农业产业化龙头企业，大中型国有及民营企业，或行业内显著影响力企业。

2. 申贷人经营管理、财务和资信状况良好，具备偿还贷款本息的能力。

3. 申贷人能够提供进出口银行认可的抵押担保措施。

4. 进出口银行认为必要的其他条件，不同贷款品种申贷条件详见《对外农业合作项目手册》。

（三）贷款流程

中国进出口银行农业对外合作项目专项贷款由农业部与进出口银行共同进行。首先由农业部进行项目征集与前期审核，再由农业部向进出口银行推荐，进出口银行对推荐企业进行评审并确定贷款发放事宜（见图 18－1）。

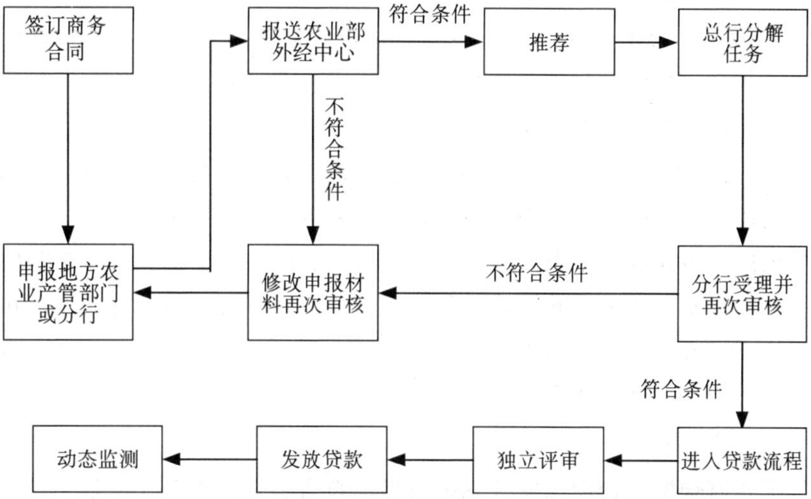

图 18－1　中国进出口银行农业对外合作专项贷款流程

三、国家开发银行专项贷款

（一）对外农业合作企业贷款

近年来，国家开发银行主要通过政府、金融机构（合作国政策性金融机构、区域开发性金融机构、商业银行等）和企业等3个平台，推出包括政府平台贷款、外国政府转贷款、农业产业化龙头企业贷款、农业中小企业贷款、农户小额贷款、农业生产经营流动资金贷款、农业国际贸易项下的流动资金贷款、农业领域的并购贷款以及农业生产设备融资租赁贷款等产品推进农业“走出去”。

1. 固定资产贷款。

（1）授信对象。经工商行政管理部门批准，依法登记注册，持有企业法人营业执照、生产经营许可证、贷款卡的企业；经国家有权审批机关批准成立并到登记管理机关依法登记的事业单位法人。

（2）贷款期限。固定资产贷款最长期限原则上不超过10年，其中，基本建设贷款一般为5—7年，技术改造贷款和科技开发贷款一般为3—5年。

（3）贷款利率。贷款利率按照中国人民银行规定的利率政策，根据贷款性质、币种、用途、方式、期限、风险等的不同来确定，其中外汇贷款利率分为浮动利率和固定利率。

2. 政府平台类贷款。政府平台类贷款是指借款主体属于政府投融资平台的贷款。政府类贷款解决政府投融资平台在开展大型工程和大型项目的投资建设时所产生的大额长期资金需求。

（1）适用客户和情形。政府投融资平台是指由各级政府出资设立，通过划拨土地、股权、规费、国债等资产或者以财政补贴、政府担保作为还款承诺，组建的一个资产和现金流均可达到融资标准的，政府实际控制的企事业、机关法人。政府投融资平台按融资功能可分为融资性平台和投融资平台，融资性平台只进行融资，而不具体进行项目运作；投融资平台兼具融资和投资的功能。

（2）业务流程。

①政府融资平台向国家开发银行提出政府类贷款申请。

②国家开发银行进行贷前调查和评估。

③签署借款合同和相关担保合同，按照约定条件落实和完善担保手续。

④国家开发银行发放贷款以及监控贷款资金支付。

⑤政府融资平台按约定归还贷款。

3. 农业产业化龙头企业贷款。

（1）贷款对象。农业产业化龙头企业贷款是指依据国家政策规定，对农业产业化龙头企业发放的，用于包括流动资金以及技术改造、仓储等农用设施建设和生产、加工基地建设所需的中长期贷款。

（2）贷款期限。农业产业化龙头企业贷款期限最长 12 年。

（3）贷款利率。按照人民银行贷款利率政策执行。

（4）支持领域。种植业、畜牧业、渔业、农副食品加工业等领域的农业项目实施建设。

（二）非洲中小企业发展专项贷款

非洲中小企业发展专项贷款（以下简称“专项贷款”）是中非合作论坛框架下中国政府促进对非合作新八项举措之一。贷款由国家开发银行独家承办，通过向非洲符合条件的中小企业发放贷款，旨在帮助非洲国家稳定就业、繁荣市场、发展经济，是中国促进对非金融合作的重要组成部分。

非洲中小企业发展专项贷款支持非洲农林牧渔（棉花、水稻种植，渔业捕捞）、加工制造（空调、电视、轴承、照明器具、棉纺织品、皮革制品、木材加工）、贸易流通（棉花采购）等与民生紧密相关的行业领域。专项贷款有两种操作模式，一是平台授信转贷，即国家开发银行向项目所在国政府认可的金融机构或其他符合条件的机构作为平台借款人，再由平台借款人审核当地中小企业贷款申请，国家开发银行核准通过后发放贷款。平台授信转贷的最低贷款额为 200 万美元，单个项目不低于 2 万美元，贷款期 5 年内。第二种方式是直贷，即由非洲当地注册的企业或其控股股东作为借款人，国家开发银行直接向借款人发放贷款，项目贷款金额一般不低于 100 万美元，贷款期限 5 年内。

截至 2018 年底，专项贷款业务覆盖非洲 32 个国家，累计项目开发入库金额达 61.3 亿美元，累计承诺贷款 45.8 亿美元，发放 19.7 亿美元。2020 年，该行克服疫情不利影响，积极回应大量融资需求，保障公共和私营部门项目良好融资水平，全年新批19个项目贷款，融资总额1860亿中非法郎（约合2.8亿欧元）。近10年来，专项贷款支持了非洲农林牧渔、加工制造、贸易流通等与民生紧密相关的行业领域，直接为当地创造就业机会10.8万个，间接使48.1万农户受益，带动贸易额20.7亿美元。陕西农垦集团在喀麦隆建设现代化水稻示范农场项目、津巴布韦中纺联棉花种植与采购项目、埃塞俄比亚中非洋皮革厂项目均是成功投资案例。

四、中国农业银行

（一）中国农业银行内保外贷业务

内保外贷业务即农业银行为境外投资企业提供融资性涉外担保业务，是指在境内企业（申请人）向农业银行出具无条件、不可撤销反担保的前提下，由中国农业银行境内分行为该企业在境外注册的全资附属企业（借款人）或参股企业向农业银行境外分行或境外代理行等（受益人）开立保函或备用信用证，由境外分行或境外代理行向借款人提供融资的业务。

内保外贷主要是为支持境内企业参与国际经济技术合作和竞争，促进投资便利化，有效解决中国境外投资企业融资难等问题。目前国家外汇管理局已为农业银行核准一定额度，在额度内，农业银行为内保外贷业务提供的涉外担保无须再逐笔向国家外管部门报批，程序相对简单、快捷。

（二）中国农业银行涉外担保业务

涉外担保是农业银行根据客户的请求，向受益人开立的书面承诺文件，保证在客户未能按与受益人协议履行其责任或义务时，中国农业银行作为担保行代其履行一定金额、一定期限范围内的某种支付责任或经济赔偿责任。

涉外担保包括保函和备用信用证两种保证形式。保函是指开立保函的银行对于保函申请人的违约按照保函的约定无条件地对保函受益人支付保函金额的一种承诺。备用信用证是开证行对备用信用证承担某项义务的承诺。开证行保证在开证申请人没有履行其应尽职责时，受益人只要按照备用信用证的规定向开证行出具汇票和开证申请人未履约的声明等单据即可得到开证行的偿付。

中国农业银行可办理保函/备用信用证开立、修改、撤销、通知、转开和索赔等业务。

第三节　农业对外合作项目贷款支持政策存在的问题

目前，影响我国农业“走出去”的一大制约因素依然是融资问题，金融支持政策成为推动“走出去”的关键。与美国、日本等发达国家相比，我国针对农业“走出去”的金融服务尚不完善，存在以下问题：

一、尚未制定系统的对外农业合作贷款贴息政策

我国逐步加大金融服务支持农业对外合作发展进程，金融支持框架已基本建立。农业“走出去”金融支持政策已经形成了包括贷款、风险管理以及外汇结算管理的整体框架，以有效提升我国农业“走出去”能力为目标，由国家开发银行、中国进出口银行、中国出口信用保险有限公司、中国农业银行等金融主体与政府部门作为对外农业合作金融服务的执行机构。除金融机构外，中国农业部也采取积极措施协助解决中国农业“走出去”融资问题。

目前开展农业对外合作贷款服务的金融主体仍参照商业贷款流程进行对外农业合作贷款发放，对外农业合作企业难以享受到优惠利率贷款，对于风险高、时间长、投资大的对外农业合作项目而言，商业利息负担成为其发展的一大制约因素。而目前我国对外农业合作贷款供给金融主体仍以政策性银行为主，受资金与渠道限制，影响了对外农业合作发展。

二、中小农业企业“走出去”融资难题突出

金融机构放贷条件较为严格，农业企业贷款难、贷款贵问题突出，尤其是中小型农业企业，甚至是国家级农业产业化龙头企业在融资过程中，也面临金融机构的放贷条件、严格的贷款审核程序和贷款担保要求，使得融资问题成为制约中国农业企业“走出去”的重要瓶颈。

农业部对外经济合作中心 2015 年对农业外事外经部门、农垦部门、中国进出口银行分支机构、对外合作企业代表的实地座谈与问卷调查发现，中国农业“走出去”面临的融资难比融资贵问题更为凸显，中国进出口银行贷款门槛高，商业银行出于自身风险管理要求，贷款难度更大，

导致农业企业利用金融市场融资难度极高。获得贷款支持的对象多为农业上市公司与国有农业企业。民营企业，尤其是中小型民营企业受融资问题制约，影响“走出去”步伐。

三、金融市场信息不对称影响政策效果

我国农业对外合作贷款发放过程中，银企信息不对称问题显著，使得现有金融支持效果未充分实现。外向型农业企业与金融机构之间信息沟通不充分，使得企业对国内对外农业合作金融服务体系框架缺乏了解，对目前对外农业合作金融服务业务类别、机构、流程、申请条件等认识的不足。而为防范企业贷款风险，往往需要大额资产或信用级别较高机构进行担保，很多农业企业难以获得有效担保，使得目前政策支持效果未充分显现，企业融资难问题难以有效缓解。

即使目前农业部与中国进出口银行签署的战略合作协议为农业企业对外投资提供了便捷条件，但受企业知识结构、获取信息渠道等因素制约，不能获得有效贷款资金。

国内金融机构缺乏横向联系与合作，无法在资本、技术、市场和信息资源方面实现共享与互补，我国农业对外合作金融支持体系仍然缺乏战略性、系统性和整体性，在贷款类别设定、贷款资格、投资别国等方面未实现有效分工与定位。

四、金融主体缺乏政府金融政策支持

首先，为我国农业对外合作项目提供政策性资金支持的中国进出口银行与国家开发银行均存在资本金补充渠道单一，贷款规模有限，且主要服务对象集中在国有大型企业以及能源、资源等战略领域。但现阶段我国农业“走出去”企业规模较小，市场占有分散，使得企业获得政策性贷款金额不足以满足投资需求。

其次，商业银行对农业“走出去”贷款动力不足。目前我国商业银行海外分支机构主要分布于发达国家与地区，但我国农业对外投资以非洲、拉丁美洲等地区和国家为主，由于当地缺少银行网点，商业银行难以把握企业账务状况和资金需求情况，为了保证自身资产的安全，商业银行往往通过限制贷款数额、提高抵押条件等方式限制贷款。另外，为农业对

外合作项目提供投资融资的商业性金融机构较少，缺乏竞争，导致企业在谈判过程中处于劣势地位，洽谈成本高。

五、对外合作项目贷款风险控制能力不足

目前我国尚未建立专业的农业境外投资风险评估机构，而金融机构内部的咨询服务部门也不能给予农业企业公正客观的意见，导致中小企业在进行海外投资时，过多关注生产成本与预期收益，对投资项目的风险普遍认识不足。

政策性信用保险与海外投资保险承保能力较低，企业风险控制能力不足。由于中国实施“走出去”战略时间较短，保险等风险管理手段发展尚未成熟。我国信用保险与对外投资的保险覆盖率仍较低，平均为5%，而韩国的对外合作项目保险覆盖率达到14%，日本高达50%。保险责任范围包括征收、战争、附加政治风险以及债务人宣告破产、倒闭的商业风险等外部因素导致的农产品出口受阻或投资损失进行赔偿，但对农业企业生产环节受自然灾害等因素造成的损失由企业承担，使企业无法实现全面风险管理。

第十九章　国际比较及我国农业对外合作贷款优惠政策优化建议

农业“走出去”是国家实施“走出去”战略的重要组成部分。但受境外农业投资项目投资资金量大、回收周期长、市场风险与政治风险大等因素影响，企业境外投资的融资需求难以得到满足。借鉴发达国家农业对外合作项目贷款贴息政策的先进经验，优化、创新我国农业对外投资合作企业优惠贷款政策，强化对农业对外合作项目发展的金融支持，构建多层次、多渠道的金融服务支持体系，对不同类型、不同发展阶段的农业对外合作企业提供针对性强的金融支持。

第一节　国际比较及启示

一、国际农业对外合作贷款优惠政策总体比较

表 19 - 1 综合对比了日本、韩国、美国、中国的农业对外合作贷款优惠政策体系。可以看出，美国已形成完备的对外农业合作项目贷款政策体系，在国际农产品贸易领域保持绝对优势。日本在海外农业投资领域支持体系完备，贷款利率优惠力度较大，在促进日本农业海外投资方面起到重要作用。中国与韩国目前正在逐步建立健全对外农业合作金融支持体系，支持农业对外合作项目发展意愿强烈。具体来看，各国对外农业合作的贷款优惠政策目标、政策工具偏好与执行机构、政策领域与优惠程度有共同点，也有比较明显的差异性。

表 19－1　　　　中、日、韩、美农业对外合作优惠贷款比较

国别 项目	中国	日本	韩国	美国
政策目标	充分利用国际国内两个市场、两种资源，发展现代农业，推进农业现代化	• 建立海外农业投资长期战略 • 创造良好投资环境 • 形成完整农业产业链	通过全球农业投资，保障粮食生产的地理安全布局	• 促进美国农产品出口 • 提高在国际农产品贸易中市场份额 • 完善农产品贸易链条
金融机构主体	• 中国进出口银行 • 国家开发银行 • 中国农业银行 • 中国出口信用保险公司	• 日本国际协力银行 • 日本政策金融公库 • 日本贸易保险公司	• 韩国进出口银行 • 韩国国际协力事业团 • 韩国贸易保险公司	• 美国进出口银行 • 美国海外私人投资公司
优惠贷款政策支持机构	• 中国农业部 • 中国商务部	• 日本贸易振兴机构 • 海外农业开发协会 • 日本农林水产省 • 日本外务省	• 韩国中小企业振兴机构 • 韩国农村发展局 • 韩国农业省	• 美国农业部 • 海外农业服务局(FAS) • 农产品信贷公司 • 美国小企业管理局
优惠贷款类别	• 中央与地方政府专项资金 • 中国进出口银行专项贷款 • 国家开发银行对外农业合作贷款 • 非洲中小企业发展专项贷款	• 政府开发援助贷款（ODA） • 境外经济合作基金援助贷款 • 对外直接投资外汇贷款 • 政策性金融机构优惠贷款	• 海外农业开发贷款基金 • 对外经济合作基金 • 韩国进出口银行海外投资贷款	• 海外市场开发计划 • 市场进入计划 • 新兴市场计划 • 出口信贷担保计划担保与优惠贷款 • 设施担保计划 • 美国进出口银行对外合作项目贷款 • 美国小企业管理局对外合作贷款 • 海外私人投资公司项目融资

续表

国别 项目	中国	日本	韩国	美国
风险保障机制	尚未建立专业的农业境外投资风险评估机构，海外投资保险覆盖率低	• 日本贸易保险公司提供海外投资保险，已开始对外农业合作贷款保险服务 • 日本全国信用保证协会联合会、中小企业信用保险公库为中小企业提供海外投资保险与债务担保	• 韩国进出口银行提供海外投资贷款担保 • 韩国海外投资保险赔付周期长，不向农业海外投资贷款提供担保	美国农产品出口信贷担保计划是推动美国农业对外合作的有力武器，它会通过资金信贷支持来促进农产品的国际贸易进程，调整农产品进出口结构，从而促进产业结构的优化升级
政策效果	有力促进了中国农业“走出去”进程	截至2018年底，日本已经拥有3倍于本国农田数量的海外农田，日本的海外农场遍及巴西、阿根廷、俄罗斯、乌克兰、中国、印度尼西亚、新西兰、美国等地	多年来未取得明显成果，缺乏事前调查以及没有一贯的政府支援是主要原因	完善的对外农业合作支持的制度优势帮助美国保持其农业国际竞争力

第一，从农业对外合作政策导向或目标来看，日本与韩国因为国内农业资源稀缺，因此以海外农业开发为主，且日本较早开始了海外农业开发道路。而美国作为农产品贸易大国，其对外农业合作更加注重海外农产品市场拓展，当然也不排除农业的海外投资。

第二，从政府在农业对外合作中的干预来看，美国似乎更为直接，农业部下设专门机构 FAS 和 CCC 负责海外市场拓展政策制定以及融资担保，国会安排专门预算支持海外市场开发与拓展。日本政府对海外农业开发的支持似乎更加隐蔽与间接，政府注重投资环境与信息发布，并通过政府对金融机构以及国内财团的支持或影响，间接支持企业走出去，因此更加强调市场主导的海外农业投资体制。

第三，从农业对外合作贷款优惠政策的执行机构来看，日本、韩国以政策性金融机构为主体，如日本协力银行、日本政策金融公库、韩国进出口银行等。而美国更加依赖政府下设机构或政府管理下的专业投资机构，美国进出口银行所起的作用日益被质疑，甚至在2015年被“关停”。

第四，从农业对外合作支持政策类别上看，日本韩国美国具有比较明显的趋同性，都设置了专项基金或专项贷款。其中美国的专项支持计划最为多样，其次为日本。

第五，从农业对外合作贷款支持政策工具来看，美国更加偏好于农产品贷款担保项目，在农产品担保贷款项目的具体操作中，政府的政策性担保在整个流程中发挥着关键作用，并且担保项目多，利率低，期限灵活。其次为保险支持，涵盖投资风险和政治风险，直接贷款地位逐渐降低。日本因为金融机构起政策支持主导作用，因此偏好直接贷款优惠政策。

第六，从农业对外合作贷款政策扶持对象来看，日、韩、美国都高度重视对中小企业的贷款支持，促进了中小企业的融资能力。

第七，从农业对外合作贷款优惠政策效果来看，美国依赖其完善的对外农业合作支持的制度优势帮助美国保持其农业国际竞争力，日本海外屯田规模日益加大，涉及到主要产粮国，而韩国从目前来看，政策效果似乎没有得到很好的显现。

分国家来看，日本与中国相似，均面临人多地少的资源禀赋限制，日本在海外农业合作推动过程中，一方面通过政府相关机构的辅助与日本政府通过政府开发援助、境外经济合作基金援助等项目为农业对外合作营造良好的投资环境；另一方面由日本政策金融公库、日本国际协力银行、日本贸易振兴机构、日本贸易保险为企业海外投资提供优惠贷款服务，使得日本海外农业开发成为成功典范。

韩国为促进海外农业开发，近年来在中央财政与金融方面出台一系列金融支持措施支持韩国企业对外合作。首先通过政府主导的海外农业开发贷款资金为企业提供融资服务。其次为扶持中小企业发展，一方面韩国中央银行对金融机构中小企业贷款规定最低限额；另一方面，韩国进出口银行也制定了专门的中小企业扶持政策。

美国为促进农业对外合作，政府在对外援助、海外投资和农产品出口方面制定了完善的贷款支持政策体系。首先，FAS 和 CCC 作为专门负责对外合作与贷款机构提供了高效的服务。FAS 制定了形式多样的海外市场促进计划（FMD、MAP、EMP、QSP、TASC），FAS 与 CCC 协作制定和实施出口信贷担保计划（GSM）、设施担保计划（FGP）、供应商信贷担保计划（SCGP）以保障海外市场促进计划的融资。这些政策性担保操作方便灵活，对市场资源配置功能的影响相对较小，且担保范围广泛，成为推动美国农业对外合作的有力武器。其次，美国进出口银行和海外私人投资公司对 90% 以上的商业风险以及政治风险提供信贷保险，并为外币支付、运货拒收等提供特殊保险服务，风险保障体系完善。最后，美国进出口银行和美国小企业管理局（SBA）也为小企业提供了更多的金融支持，例如出口快速贷款计划、出口流动资金贷款以及国际贸易贷款等，有效满足了美国中小企业对外合作的融资需求。

二、日本农业对外合作项目贷款政策启示

日本与中国相似，均面临人多地少的资源禀赋限制，为保证粮食安全，需要积极实施本国海外农业战略，而日本在海外农业合作推动中，一方面通过政策援助为农业开发营造良好的投资环境，另一方面为企业海外投资提供优惠贷款，使得日本海外农业开发成为成功典范。

（一）积极地对外开发援助改善投资环境

日本政府通过政府开发援助（ODA）、境外经济合作基金援助（OECF）向发展中国家提供长期、低息贷款，在促进发展中国家农业发展同时，改善本国企业的农业投资环境。而且贷款对象多为政府或由政府担保的大型项目，贷款风险较低，且随着近年来日元的持续升值，日元优惠贷款实际偿还金额持续增加。政府通过引导国内企业进行境外农业资源开发，良好的投资环境使对外农业合作企业获得高额利润。

（二）整合与明确国内政策性金融机构权责

政策性金融机构融资成本高，且投资大多从事于高风险项目且贷款利率较低，甚至会出现利率“倒挂”现象，造成机构连年亏损。为减轻财政压力，解决大规模政策性金融的非效率问题，日本将原来的“两行七库”合并为“日本金融公库”，政策性金融机制的融资规模降为原有规模的三分之一。日本输出入银行与海外经济协力基金并入日本国际协力银

行，统一负责日元贷款与海外经济合作业务。而政策性融资模式逐渐由长期贷款向风险投资、急转贷款、信托业务、投资银行业务等多种类型实现融资模式多样化，引入商业性金融逐步替代政策性金融。

（三）市场主导的海外投资体制提高企业竞争力

日本明确政府和企业在实施海外农业战略的角色。实施海外农业战略的主角是企业，政府不直接参与海外投资，政府的作用主要是营造良好的投资环境，通过相关机构起辅助和支持作用。为促进海外农业投资，日本政府通过对政策金融公库、日本国际协力银行、日本贸易振兴机构的资金支持，为企业提供优惠贷款。与此同时，日本政府建立了海外投资保险制度，日本贸易保险为日本企业提供国际贸易保险、海外投资保险；日本全国信用保证协会联合会为中小企业到海外发展提供债务担保；日本中小企业金融公库、中小企业信用保险公库为中小企业提供海外投资保险，提高企业海外投资主动性。

（四）政府提供完善的海外农业投资信息服务

日本政府及相关机构，通过建立综合支援窗口，强化同具有海外农业投资意愿的企业之间的沟通，帮助本国企业同被投资国建立密切合作关系。日本农林水产省下设海外农业开发协会，在海外投资农业的日本企业每年可获得政府一定的预算支持。日本民间企业有意投资海外农业，投资环境调查费用的50%由政府提供。日本政府每年还发行4期《海外农业开发》，向企业提供海外农业投资信息。日本政府、JICA、JBIC、日本贸易振兴机构（JETRO）以及NEXI积极向日本企业提供各种关于投资机会、区域发展、商业、政策、农业、技术等方面情报，以及各种关于投资地的研究报告，为日本企业制定“走出去”战略提供充分、详实的信息和参考建议。

三、韩国农业对外合作项目贷款政策启示

韩国海外投资始于20世纪70年代，为提高粮食自给率，海外屯田项目受到政府高度重视。但由于缺乏资金，未对海外市场进行系统调查以及忽视东道国政治风险等原因，韩国海外农业合作模式需要进一步完善。为促进海外农业开发，近年来，韩国在中央财政与金融方面出台一系列金融支持措施支持韩国企业对外合作。

（一）政府主导融资支持海外农业开发

2009 年韩国政府颁布“海外农业开发 10 年计划”，其中包括政府对农业提供 240 亿开发支援金。韩国农林水产省的海外农业开发贷款基金为海外投资企业提供长期低息贷款支持。由于海外农业开发风险较大，因此海外农业开发贷款基金规模有最高限制，且由政府与民间共同出资，根据经济发展需要适时推出或解散基金，灵活度较高。这种性质的政府开发基金，一方面解决政府资金有限问题，另一方面吸引民间资金进入，是促进海外农业开发的有益尝试。海外农业开发贷款基金对韩国农业企业，尤其是中小企业的海外农业投资提供融资支持，助力韩国企业海外扩展。

（二）中小企业融资支持提高投资竞争力

2008 之前，由于缺乏政府支援，韩国很多大企业中断了海外农业开发。为扶持中小企业发展，一方面韩国中央银行对金融机构中小企业贷款规定最低限额，另一方面，韩国进出口银行也制定了专门的中小企业扶持政策。不仅对中小企业施行优惠利率，当中小企业规模扩大不再符合优惠利率申请人标准时，仍可以在 5 年内获得优惠融资，这一优惠政策为韩国中小企业对外农业投资提供了发展空间。

（三）多渠道信息与技术支持海外农业投资

通过几次农业海外开发失败所获得的经验，韩国政府向对外农业合作企业提供信息支援与技术支持。韩国中小企业振兴公团是隶属于韩国中小企业厅的非营利性社团组织，其主要业务是向政府提交中小企业发展战略的意见和建议，执行国家中小企业发展基金，支持中小企业扩大出口，加强中小企业的国际合作，推动中小企业开拓海外市场。海外投资中小企业特别贷款由韩国中小企业振兴公团推荐筛选后，给予特别支持，此业务由外汇银行负责执行。韩国农村发展局作为韩国国家级农业研究机构，其主要职能是农业科学技术的研发、农业技术的推广、化肥、农药和农业机械等农用资料的品质管理、农业专业人员的培养和为农村生活改善提供指导等。从立项制定科研计划到经费划拨，以及实施推广、培训计划，均与现有的成果相结合，使得资源、经费获得充分利用，为韩国农业走出去提供完善的技术支持。

四、美国农业对外合作项目贷款政策启示

美国既是农业生产大国，也是农产品贸易强国，美国的对外农业合作以促进农产品出口以及对外直接与间接投资为主，目的是将其农业生产能力拓展到国际市场。为促进海外农业合作，美国政府在对外援助、海外投资和农产品出口方面制定的完善的扶持政策，发达的国内金融体系也有助于解决企业融资问题。

（一）由专门的政府机构负责农业对外合作并提供高效服务

美国在对外农业经济合作方面建立了完善的组织机构，其中农业部下属的海外农业服务局（FAS）和农产品信贷公司（CCC）是美国负责农业对外经济合作与对外援助的主要管理机构，并且 FAS 和美国政府控股的 CCC 通过相互功能渗透和有效协作共同服务于美国农业对外合作。FAS 通过负责海外市场促进、国际合作与发展、出口信贷担保等业务来促进美国农产品出口和海外农业发展。在出口信贷担保方面，FAS 每年针对不同的国家和不同产品确定不同的担保分配额度，并根据实际使用情况及时调整。CCC 负责出口信贷担保的具体实施，许多农业出口促进计划的信贷担保业务都是通过该公司执行的。CCC 由政府控股，CCC 雄厚的资金为实现 FAS 的农业对外合作促进战略提供了可能。同时，双方的合作和有效衔接为美国农业对外合作提供了更为高效的服务。

（二）政府制定专门的出口促进计划支持农业对外合作

在海外市场促进业务方面，海外农业服务局（FAS）大力支持构建、维护和扩大美国食品和农产品的海外市场。该机构负责制定和管理海外市场开发计划（FMD）、市场进入计划（MAP）、新兴市场计划（EMP）、质量样品计划（QSP）、特种作物技术支持计划（TASC），并报请农业部划拨专门经费。其中，MAP 和 FMD 贸易促进项目回报率达到 1:35，在美国对外农业经济合作中发挥重要促进作用。

（三）政府制定了完善的出口信贷担保机制和多样的担保计划

使用农产品出口信贷担保计划的国家主要是发达国家，如美国、澳大利亚、加拿大和欧盟，其中美国使用的农产品出口信贷担保计划最多。美国由政府对农产品出口提供信贷担保，且担保计划灵活多样、利率低、担保费用低，成为推动美国农业“走出去”的有力武器。美国国有农产品

信贷公司（CCC）承担出口风险，鼓励国外进口商在赊销情况下购买美国农产品，扩展美国海外市场。美国设立了出口信贷担保计划（GSM）、设施担保计划（FGP）、供应商信贷担保计划（SCGP）等担保项目，这些出口信贷担保项目由FAS负责实施，每年针对不同的国家和不同产品确定不同的担保分配额度，并根据实际使用情况及时调整。其中，短期出口信贷担保计划（GSM-102）覆盖范围广泛，适用于贷款年限不超过3年的政府贷款和私人贷款，最高可担保商品口岸价值的98%，对某些国家还包括运费和保险费在内。2015—2016年GSM-102的信贷担保达到54亿美元最高值，2019—2022年受新冠疫情的影响大幅下降，基本上在30亿美元左右。设施担保计划（FGP）的主要目标是提高新兴海外市场加工、储藏能力建设或运输从美国进口的农产品设备，其能够担保设施基础建设价值的95%，还包括融资利息。在FGP下，CCC通过担保外国银行对出口商或金融机构付款来降低贷方金融风险。FGP的使用一直都比较少，2020年预算授权仅为1亿美元。

（四）政策性银行提供了完善的出口信贷支持体系和优惠政策

美国发达的金融市场使得大型企业可以通过证券市场获得直接融资，而对于中小企业而言，美国政策性银行提供了比较完善的优惠贷款服务。具体来看，美国进出口银行通过直接信贷、信贷担保、营运资金担保等方式提供对外合作融资支持。其中直接信贷规模一般是美出口货物价值的85%，贷款期限在一年或一年以上；进出口银行为出口贷款的固定或浮动利率提供担保，信贷担保贷款一般可以达到出口货值的85%，还本付息的期限一般为一年或一年以上；营运资金担保计划中，美国进出口银行可提供100%的流动资金担保。另外，美国进出口银行的出口金融扶持政策偏好贷款担保，主要是长期信贷担保，占担保计划的一半以上，其次为营运资金担保。政策性银行的贷款担保支持与农业部的短期出口信贷担保（GSM-102）形成了互补。

（五）政府委托专门机构提供覆盖广泛的保险服务支持

美国进出口银行和海外私人投资公司是为促进出口提供保险服务的两大主要机构。海外私人投资公司虽然是公司化运作，根据市场原则自负盈亏，但本质是美国政府指导下的一个机构，其法定资本由国库拨款。美国进出口银行为90%以上的商业风险以及政治风险提供保险，并为外币支付、运货拒收等提供特殊保险服务，风险保障体系完善。美国海外私人投资公司主要提供涵盖政治风险保险、项目融资风险保险等业务，并且海外私人投资公司已逐步完成了由丰富多样的保险产品向完整健全的融资保险体系的蜕变，为美国企业的海外投资提供了强大的金融支持。

（六）政府制定了专门针对中小企业的出口融资支持措施

目前美国拥有占总企业数量98%的小企业，这些小企业是美国经济中最为活跃的一部分。在政策性金融体系中，美国进出口银行对中小企业的出口扶持力度较大，对中小企业授权业务占全部业务量的80%以上，有效满足了美国中小企业对外合作的融资需求。另外，美国政府下设的一个小型、独立的联邦机构——美国小企业管理局（SBA）也为小企业提供了更多的金融支持。SBA针对中小企业对外合作设定了3个计划项目：出口快速贷款计划、出口流动资金贷款以及国际贸易贷款。其中，出口快速贷款计划提供50万美元以内的融资，并且SBA将在36小时以内审核并进行贷款批准；出口流动资金贷款可以提供高达500万美元的采购订单融资，并且贷款担保费低，处理时间快；国际贸易贷款最高提供500万美元的贷款，支持出口企业用于固定资产和营运资金融资，也可用于现有贷款再融资。

第二节　政策建议

目前，我国农业对外合作的金融支持政策体系已形成了包括贷款、保险、外汇管理的整体框架，国家开发银行、中国进出口银行、中国出口信用保险有限公司等部门与机构成为促进农业对外合作的金融支持主体。先后设立了中小企业国际市场开拓专项资金、对外合作企业前期费用支持资金，另外，北京、浙江、广东、重庆先后设立了专项资金支持农业“走出去”。但是总体来看仍然存在中小农业企业“走出去”融资难、金融市场信息不对称等问题。在借鉴日本、韩国、美国农业对外合作贷款优惠政策的基础上，提出如下对策建议：

一、制定农业对外合作优惠贷款规划

虽然我国目前已初步形成了的农业对外合作金融支持框架，但针对

对外农业企业的优惠贷款框架仍不完善，农业对外投资贷款仍以政府援助贷款为主，贷款贵、贷款难问题突出。因此，建议农业农村部应该联合国家政策性金融机构、财政部根据当前的农业对外合作项目金融支持现状，综合分析农业各行业、各地方政府农业对外合作工作规划与设想，重点农业企业海外扩展计划与融资需求以及投资国政策法规要求，制定适合农业对外合作的优惠贷款支持体系。建立健全针对农产品优惠贷款等农业支持政策的制度安排，通过法律法规的形式，对政策工具、适用作物类别、运作流程、争议解决等关键内容进行规范，确定政策性金融机构、商业银行等主体优惠贷款的支持范围、区域、行业及客户等。同时，建立统一信息平台，使贷款申请企业与各项优惠金融支持政策有效对接，以便更合理、有效地利用优惠政策，扶持重点企业进行对外农业合作，使对外农业合作企业更合理、有效地利用现有政策，获得最优融资组合。

同时还应加强金融机构战略合作，在贷款规划框架内创新优惠信贷产品，增加信贷额度、放宽融资条件、创新担保形式，支持条例条件的企业在国内与国际金融市场进行直接融资，拓宽融资渠道。

二、建立政府主导的对外农业合作基金

中国农业对外合作贷款目前主要由政策性银行提供，作为主管农业对外投资的政府部门，农业农村部主要负责项目的征集与推荐，缺乏对金融供给决策权，且由于进出口银行贷款规模有限，难以满足企业融资需求，因此，需要进一步落实政银合作机制，为企业融资搭建平台。

可借鉴发达国家经验，由政府机构划拨专项资金对外农业合作项目提供资金扶持。建立中国农业农村部（或商务部）的海外农业开发贷款基金与海外农业资源开发基金，为海外投资企业提供长期低息贷款支持与前期开发费用补贴等。为减轻财政压力，可以一部分资金来自于财政拨款，另一部分来自于民间资金（可以通过发行长期政府债券的方式筹集资金），按照中国与世界经济形势确定基金规模，由政策性金融机构负责贷款的发放与回收，这一部分基金用于支持国家海外农业投资导向的对外农业合作企业融资。由地方农业部门推荐，农业农村部审批，中国进出口银行（或其他政策性银行）进行贷款发放。

三、推动商业银行对外投资业务创新

目前农业“走出去”领域，商业银行尚未发挥应有的金融支持效应，我国国有商业银行（尤其中国农业银行）在网点、资金、人员、信息、信贷产品开发、贷款审核机制等方面具有显著优势，在农业产业化企业“走出去”过程中，应该发挥更大作用。因此，首先，应加快银行业在境外设置分支机构的速度，在市场前景好、潜力大、金融资源不足，且中国农业企业大量投资的欠发达国家和新兴市场国家设立分支机构，扩大市场同时促进中国对外农业合作。其次，商业银行应适当放宽融资条件，针对对外农业合作企业特点，创新担保形式，解决对外投资农业企业融资困难，考虑到商业银行承担的高风险，应由政府提供适当贷款贴息进行补偿。

此外，商业银行应通过开发离岸金融服务、境外资产抵押贷款、项目贷款等多种形式业务品种，为农业对外合作提供融资服务。我国平安银行推出产业基金合作模式，是金融机构服务农业“走出去”的新型金融产品，产业基金可以进行股权投资、基础设施建设贷款、并购基金等业务，已成功设立中德产业基金、农用地流转产业基金，成为引入民间资本进行对外农业合作的新方向。

四、健全对外农业合作保险担保体系

目前我国进出口银行的担保业务主要是对出口和境外承包工程提供的担保服务，对境外直接投资的担保还处于刚起步阶段，建立中国境外担保制度迫在眉睫。而中国出口信用保险公司的海外投资项目担保业务受企业规模、投资领域等条件限制，海外投资保险投保率、保费费率与美国、日本等发达国家相比仍有较大差距，因此，应该建立健全对外农业合作保险担保体系。

首先，应建立境外投资风险评估机构，帮助企业有效判断境外农业投资的风险。其次，应将农业海外投资险的承保范围从征收、汇兑限制与战争风险延伸至种植养殖风险，并按照政策性保险的运营方式，制订对外农业投资种植养殖农业保险的保费补贴政策，防范企业生产经营风险，从而构成覆盖农业“走出去”全程的立体式产品设计。对连续多年无风险、

信誉较好的企业，在有意愿进行境外农业投资开发时，可适当降低费率，以此降低投保成本。再次，加大财政投入，支持农业发展银行、农业信用合作社等涉农金融服务机构建立相应信用评价体系和担保贷款平台，积极为农民的农产品贷款提供担保服务，鼓励相关金融机构开展农产品担保贷款的资产证券化等金融创新工作，将市场风险由承受能力较弱的农业产业转移至风险承受能力较强的金融市场当中，吸引更多的机构投资者参与。同时，积极鼓励商业性保险参与到农业“走出去”的保险体系建设中。

五、提高中小企业对外投资支持力度

中小企业尚不具备大规模进行对外投资的能力，基本上处于起步阶段，但中小企业经营机制灵活，市场适应能力强，是农业对外投资的重要力量。但中小企业受技术、信息、市场开拓等问题制约，我国政策性金融机构对中国的中小企业对外农业合作项目支持力度不够，使得缺乏资金支持成为制约中小企业海外农业投资的最大因素。虽然我国成立了《中小企业国际市场开拓资金》，但由于资金总量少，资金申请量大，分配指标有限，因此资金规定中小企业申请项目数在一年不得超过 10 个项目，每个中小企业得到国家的资金支持在 5 年内不得超过 50 万—70 万元，导致项目得不到充分支持，影响企业积极性。可以借鉴韩国中小企业振兴公团以及日本政策金融公库为中小企业海外投资提供的优惠贷款支持的国际经验，中央和地方财政共同扩大资金规模并增加扶持范围，让更多企业享受市场开拓资金支持。

参考文献

[1] 田维明．中国农产品价格政策分析模型［J］．农业技术经济，1991（4）：44－51.

[2] 朱希刚．农业经济与科技发展研究［M］．北京：中国农业出版社，1998：122－129.

[3] 关贸总协定与中国农业发展课题组．对我国农业保护现状的分析［J］．中国农村经济，1993（3）：1－14.

[4] 程国强．论世界贸易组织框架下中国农业与贸易政策的调整［J］．农业经济问题，1996（6）：9－13.

[5] 张莉琴．我国农业政策对农产品的有效保护效果分析［D］．中国农业大学博士论文，2001.

[6] 宗义湘，李先德．农业支持水平测算技术评析［J］．农业现代化研究，2005（26）：162－167.

[7] 王睿，蒋远胜．OECD 国家的农村发展政策调整及其对我国新农村建设的启示．［J］．乡镇经济，2008（11）：122－126.

[8] 李江帆，杨振宇．基于 OECD 数据的农业服务投入比较研究［J］．华南农业大学学报，2009（2）：43－50.

[9] 朱满洲，程国强．中国农业政策：支持水平补贴效应与结构特征［J］．管理世界，2011（7）：52－60.

[10] 孙玉竹，宗义湘．基于 OECD 数据的农业生产者支持比较研究［J］．贵州农业科学，2015，43（4）：211－216.

[11] 宗义湘，闫琰，李先德．巴西农业支持水平及支持政策分析——基于 OECD 最新农业政策分析框架．［J］．财贸研究，2011（2）：51－58.

[12] 卜爱华．中韩农业支持体系比较研究［D］．山东师范大

学，2011.

［13］马晓春，李先德．韩国粮食补贴政策的演变及启示［J］．世界农业，2010（1）：31－34.

［14］刘瑞涵，张怀波．俄罗斯农业支持及改革政策分析［J］．农业经济问题，2010（12）：105－109.

［15］宗义湘．日本农业现代化历程及对中国现代农业建设的启示［J］．农业经济，2011（4）：13－15.

［16］程国强．中国农业补贴的制度设计与政策选择［M］．北京：中国发展出版社，2011.

［17］张河函，郭晴．中国、日本、韩国农业政策对比研究［J］．世界农业．2014（1）：55－59.

［18］吕晓英，李先德．美国农业政策支持水平及改革走向［J］．农业经济问题，2014（2）：102－112.

［19］焦晓松，姚金安，张辰利．欧盟共同农业政策改革中直接支付内容变化研究［J］．世界农业，2014（7）：63－66.

［20］朱彦．欧盟共同农业政策的逻辑分析［J］．世界农业，2015（2）：64－68.

［21］Gulati A. Narayanan. Fertilizers and Power Subsidies in India", in (ed) Raj Kapila and Uma Kapila［J］. Indian Agriculture in the Changing Environment，Academic Foundation，Ghaziabad. 2002.

［22］Vyas V. S. Market Reforms in Indian Agriculture. Meeting of "The Dragon and the Elephant：Agricultural and Rural Reform in China and India"［R］. India Habitat Centre，New Delhi，2003（03）：25－26.

［23］Chaudhari D. P. Poverty and Equity Issues in Indian Agriculture.［J］. In Sustainable Agriculture，Poverty and Food Security. op. it，2002.

［24］Fred Gale，Bryan Lohmar，Francis Tuan. China's New farm subsidies［M］. February 2005，USDA－ERS WRS－05－01.

［25］OECD. Agricultural Policies in OECD Countries at a Glance［R］. OECD，2008.

［26］OECD. Agricultural Policies in OECD Countries：Monitoring and Evaluation［R］. OECD，2007.

［27］ OECD. Evolution of Agricultural Support in Real Terms in OECD Member Countries From 1986 to 1999：Methodlogical Aspects and Main Findings ［R］. OECD，2002.

［28］ OECD. Review of Agricultural Policies：China ［R］. OECD，2005.

［29］ OECD. Agricultural Policies in OECD Countries：Monitoring and Evaluation ［R］. OECD，2007.

［30］ OECD. Agricultural Policies in OECD Countries：Monitoring and Evaluation ［R］. OECD，2009.

［31］ OECD. Agricultural Policies in OECD Countries：Monitoring and Evaluation ［R］. OECD，2013.

［32］ OECD. Agricultural Policies in OECD Countries：Monitoring and Evaluation ［R］. OECD，2014.

［33］ OECD. Overview Of Agricultural Policies in OECD Countries ［R］. OECD，2015.

［34］ OECD. Overview Of Agricultural Policies in OECD Countries ［R］. OECD，2016.

［35］ OECD. Agricultural Policies in OECD Countries：Monitoring and Evaluation ［R］. OECD，2017.

［36］ 宗义湘，李先德. 中国农业政策对农业支持水平的评估 ［J］. 中国软科学，2006（7）：33－41.

［37］ 李先德，宗义湘. 中国农业支持水平衡量与评价 ［J］. 农业经济问题，2006（1）：19－26.

［38］ 钟真，孔祥智等. 中国粮食安全：现状、挑战与应对 ［J］. 中国粮食经济，2011（08）：15－17.

［39］ 马晓春. 中国与主要发达国家农业支持政策比较研究 ［D］. 中国农业科院，2010.

［40］ 木村真吾. 2011 年日本农业国内支持水平及政策变化 ［J］. 世界农业，2013（3）：82－84.

［41］ 程国强. 理性应对粮食价格波动 ［J］. 中国合作经济，2010（1）：8－10.

［42］ 秦富，王秀清，辛贤等. 国外农业支持政策 ［M］. 北京：中

国农业出版社，2003.

[43]［日］速水佑次郎，神门善久．沈金虎等（译）．农业经济论（新版）［M］．北京：经济管理出版社，2003.

[44] 李妍．美国新农业法中农产品贸易政策变化分析［J］．世界农业，2009（10）：29－32.

[45] 翟雪玲．中美农业支持比较研究［D］．中国农业大学博士论文，2004.

[46] 王东阳等译．美国粮食和农业政策［M］．北京：中国农业出版社，2003.

[47] 马欣，田志宏．巴西农业支持政策分析与借鉴［J］．经济问题探索，2015（03）：14－18.

[48] 王景文，任世平．欧盟新农业政策的特点［J］．全球科技经济网，2009（6）：24－25.

[49] 李先德．中日韩农民收入问题与政府政策［J］．农业经济导刊（人大书报复印资料），2006（1）：136－143.

[50] 尹红．日本小麦和大麦政策简介［J］．面粉通讯，2005（5）：40－42.

[51] 张锋．美国、欧盟农业补贴政策的演进与发展趋势［J］．山东省农业管理干部学院学报，2010（4）：54－56.

[52] 王宏广等著．中国粮食安全研究［M］．北京：中国农业出版社，2005.

[53] 王华巍．世界主要发达国家农业政策的比较研究［D］．吉林大学博士论文，2005.

[54] 乔翠霞．国外农业补贴改革比较分析及对我国的启示［J］．理论学刊，2009（2）：56－60.

[55] 朱满德，刘超．经济发展与农业补贴政策调整—日韩模式的经验［J］．价格理论与实践，2011（1）：21－22.

[56] 高强，刘同山，孔祥智．日本大米生产的发展历程及大米政策改革探析［J］．现代日本经济，2014（4）：85－94.

[57] 王士海，李先德．全球粮食危机与后危机时代的国际粮食市场［J］．郑州大学学报，2010（7）：146－150.

[58] 武拉平. 美国农业补贴对中国大豆产业的影响和展望 [J]. 农业展望, 2008 (1): 28-31.

[59] 李晓俐. 巴西大豆产业发展的启示 [J]. 宁夏农林科技, 2014 (04): 44-48.

[60] 原瑞玲, 田志宏. 自由贸易协定背景下的韩国农产品关税问题研究 [J]. 世界农业, 2014 (3): 84-90.

[61] 王济民. 我国的大豆经济: 供给与需求的重点分析 [D]. 华中农业大学, 2001.

[62] 王茂丽, 周德翼. 中美两国大豆政策比较分析 [J]. 产业观察, 2009 (6): 125-128.

[63] 闻学良. 试论国际粮价上涨对我国粮食安全的影响与对策 [J]. 江西农业学报, 2008 (11): 127-130.

[64] 李先德, 王士海. 国际粮食市场波动对中国的影响及政策思考 [J]. 农业经济问题, 2009 (9): 9-15.

[65] 杨莲娜. 农业贸易政策改革及对中国与欧盟农产品贸易的影响 [D]. 中国农业科学院博士论文, 2007.

[66] 安德鲁. OECD 视角下的中国农业政策改革 [N]. 农村工作通讯, 2013 (22): 43.

[67] 朱满德. 经济发展中的农业补贴政策调整: 国际经验与启示 [J] 华南农业大学学报 (社会科学版), 2011 (2): 23-32.

[68] 吕薇. 粮价要靠制度建设与价格管理 [J]. 中国人大, 2009 (2): 9.

[69] OECD. Overview of the Main Changes in the General Services Support Estimate (2014) [R]. OECD, 2014.

[70] 彭超. 美国 2014 年农业法案的市场化改革趋势 [J]. 世界农业, 2014 (5): 77-81.

[71] 詹琳. 美国农业政策的历史演变及启示 [J]. 世界农业, 2015 (6): 86-90.

[72] 刘文博, 张陆彪, 王锦标等. 欧盟共同农业政策新一轮改革特点解析 [J]. 世界农业, 2015 (5): 6+1-5.

[73] OECD. Overview Of Agricultural Policies in OECD Countries [R].

OECD, 2015.

[74] 李江帆，杨振宇．基于OECD数据的农业服务投入比较研究[J]．华南农业大学学报，2009 (2)：43-50.

[75] 李先德，宗义湘．农业补贴政策的国际比较（上、下册）[M]．北京：中国农业科学技术出版社，2012.

[76] 徐宏源等．近年来我国农产品贸易变化趋势特征分析 [J]．农业贸易研究，2012 (6)．

[77] 农业农村部．2014年《中国农业对外投资报告》．北京：农业农村部，2014.

[78] 程国强．境外农业资源利用的现状与问题，中国经济新闻网，2014-1.

[79] 2015年中央一号文件《中共中央国务院关于加大改革创新力度加快农业现代化建设的若干意见》．北京：中共中央国务院，2015.

[80] 朱丕荣．"引进来"与"走出去"：中国农业的对外交往与合作 [N]．农民日报，2013-11-9.

[81] 郭商．我国农业海外投资只占全部投资的3% [N]，粮油市场报，2012-5-2.

[82] 朱继东．日本海外农业战略的经验及启示——基于中国海外投资现状分析 [J]．世界农业，2014 (06)：122-125.

[83] 陶秀珍．日本海外经济协力基金简介 [J]．江苏水利，1991 (12)：77-78.

[84] 孙天琦．日本农业政策金融——农林渔业金融公库的基本情况与改革动向 [J]．西安金融，2006 (07)：12-14.

[85] 赵旭梅．日本政策性金融体系改革的制度设计及启示 [J]．日本学刊，2012 (04)：24-28.

[86] 何安华，陈洁．韩国保障粮食供给的战略及政策措施 [J]．世界农业，2014 (11)：53-58.

[87] 龙晓柏．韩国海外农业投资动因——政策及启示 [J]．国际贸易问题，2013 (05)：78-86.

[88] 朴振吾．韩国进出口政策性金融机构立法经验对中国的启示[D]．中国海洋大学硕士毕业论文，2008.

［89］安国俊．韩国海外投资的系列化支持制度［J］．上海企业，1996（06）：45－46.

［90］崔柏烈，郭化冰．韩国中小企业对外直接投资扶持政策及对中国的启示［J］．中国外资，2012（02）：16－21.

［91］陈晓东．看韩国出口保险体系［J］．辽宁行政学院学报，2008（10）：252－254.

［92］金明玉．韩国对外直接投资发展轨迹及其绩效研究［M］．北京：中国社会科学出版社，2015.

［93］梁佼正．韩国海外农业开发与韩中农业合作研究［D］．复旦大学硕士毕业论文，2011.

［94］全英实．韩国对外投资对我国的启示［D］．延边大学，2010.

［95］黄顺武．韩国海外投资保障制度的研究及对我国的启示［J］．亚太经济，2004（04）：36－38.

［96］美国农业部促进美国农业出口市场开放与扩张，2014年11月20日，http：//finance.sina.com.cn/money/forex/20141120/120320872720.shtml.

［97］邹国勇，刘晓敏．美国农产品出口信贷担保项目的合法性分析：以WTO法为视角［J］．时代法学，2015，13（1）：104－111.

［98］霍晓英．美国农产品出口信贷担保及对我国的启示［J］．山西财税，2008（10）：19－20.

［99］吉小雨．美国海外私人投资公司（OPIC）：对外直接投资保护的国内制度［D］．上海外国语大学，2012.

［100］韩俊．中国粮食安全与农业走出去战略研究［M］．北京：中国发展出版社，2014.

［101］张晨．金融服务支持农业“走出去”问题、原则与路径［J］．农村经济，2015（03）：69－73.

［102］杨光，张晨．农业“走出去”金融政策现状、问题及对策［J］．世界农业，2013（09）：11－18.

［103］经济参考报．落实中央一号文件 政策性信用保险支持农业“走出去”，http：//news.xinhuanet.com/house/cs/2015－03－20/c_1114702332.htm.

［104］段连全．进出口政策性金融支持企业“走出去”研究［J］．

区域金融研究，2014（01）：67－72.

［105］鲍丹等．国外农产品担保贷款政策对我国的启示［N］．期货日报，2015－08－12.

［106］吴奇修．构建绿色发展导向的新型农业补贴政策体系［J］．中国党政干部论坛，2019（07）：64－68.

［107］程国强．中国农业补贴：制度设计与政策选择［M］．北京：中国发展出版社，2011.

［108］张宇，朱立志．关于“乡村振兴”战略中绿色发展问题的思考［J］．新疆师范大学学报（哲学社会科学版），2019（01）：65－71.

［109］农业部．全国农业可持续发展规划（2015—2030年）北京：农业部，2015.

［110］郭丽楠，徐明，田志宏．WTO视角下农业国内保护水平测算指标的比较研究［J］．世界农业，2018（03）：63－70.

［111］Carney. Negotiating Policy in An Age of Globalization：Exploring Education ‘Policyscapes’ in Denmark，Nepal，and China［J］．Comparative Education Review，2009，53（1）：63－88.

［112］约翰．吉尔．案例研究：原理与实践［M］．黄海涛，刘丰，孙芳露译．重庆：重庆大学出版社，2017.

［113］焦翔．我国农业绿色发展现状、问题及对策［J］．农业经济，2019（7）：3－5.

［114］孙炜琳，王瑞波，姜茜等．农业绿色发展的内涵与评价研究［J］．中国农业资源与区划，2019，40（04）：14－21.

［115］党国英．农业绿色创新政策量化与经济效应——基于1992—2017年政策数据的研究［J］．新疆农垦经济，2018（10）：5－13.

［116］徐雪高，郑微微．农业绿色发展制度机制创新：浙江实践［J］．江苏农业科学，2018（16）：293－296.

［117］程秀梅．中国农业支持政策体系构建研究——基于低碳经济视角［D］．吉林大学，2011.

［118］叶初升，惠利．农业财政支出对中国农业绿色生产率的影响［J］．武汉大学学报：哲学社会科学版，2016（3）：48－55.

［119］刘福江，孙立新，毛世平．中国农业支持政策调整的结构趋

向研究 [J]. 世界农业, 2018 (07): 172 - 177.

[120] Baylis K, Peplow S, Rausser G and L. Agri - environmental policies in the EU and United States: A comparison [J]. Ecological Economics, 2008. 65 (4): 753 - 764.

[121] T. Rodríguez - Ortega, A. M. Olaizola, A. Bernués. A novel management - based system of payments for ecosystem services for targeted agri - environmental policy [J]. Ecosystem Services, 2018, 34.

[122] Broch S W, Vedel S E. Using Choice Experiments to Investigate the Policy Relevance of Heterogeneity in Farmer Agri - Environmental Contract Preferences [J]. Environmental and Resource Economics, 2012, 51 (4): 561 - 581.

[123] 马红坤, 毛世平. 欧盟共同农业政策的绿色生态转型: 政策演变、改革趋向及启示 [J]. 农业经济问题, 2019 (09): 134 - 144.

[124] 崔海霞, 宗义湘, 赵帮宏. 欧盟农业绿色发展支持政策体系演进分析——基于 OECD 农业政策评估系统 [J]. 农业经济问题, 2018 (05): 130 - 142.

[125] 王东阳. 20 世纪 80—90 年代欧洲有机农业政策回顾与探究 [J]. 世界农业, 2018 (07): 71 - 76 + 201 + 222.

[126] USDA. 1981, November. Fact Book of US Agriculture, Miscellaneous Publication 1063. Washington, DC: Government Printing Office.

[127] 奉沈. 美国农业补贴向农业污染补贴的演变——介绍美国农业绿色补贴计划 [J]. 全球科技经济瞭望, 1997 (03): 60 - 62.

[128] Norman Meyers, Jennifer Kent Perverse Subsidies. How Misused Tax Dollars Harm the Environment and the Economy [M]. Washington D. C: Island Press, 2001.

[129] Bertini C, Jr A S, Thompson R L. Modernizing America's Food and Farm Policy: Vision for a New Direction. 2006.

[130] Roger Claassen, Andrea Cattaneo, Robert Johansson. Cost - effective design of agri - environmental payment programs: U. S. experience in theory and practice [J]. Ecological Economics, 2007, 65 (4): 737 - 752.

[131] Lodoen K. Federal Farm Program Conservation Initiatives: Past,

Present, and Future [J]. Natural Resources & Environment, 1995, 9 (3): 17 - 19, 66 - 67.

[132] 孙浩. 美国农业环境补贴政策绩效评价与启示 [D]. 山东师范大学, 2018.

[133] 韩冬梅, 刘静, 金书秦. 中国农业农村环境保护政策四十年回顾与展望. 环境与可持续发展, 2019 (02): 16 - 21.

[134] 梁世夫, 姚惊波. 农业多功能性理论与我国农业补贴政策的改进 [J]. 调研世界, 2008 (04): 7 - 11 + 19.

[135] 金书秦, 邢晓旭. 农业面源污染的趋势研判、政策评述和对策建议 [J]. 中国农业科学, 2018, 51 (03): 593 - 600.

[136] 徐晓莉. 美国"黄箱"补贴政策应对 WTO 规则的经验及其启示. 对外贸易实务, 2019 (06): 36 - 39.

[137] 有机农业的未来 [EB/OL]. https: //ec. europa. eu/agriculture/organic/eu - funding/eu - funding - and - the - new - cap_en.

[138] 共同农业政策 [EB/OL]. https: //ec. europa. eu/agriculture/envir/cap_ en. 2018. 09.

[139] 交叉遵守制度 [EB/OL]. https: //ec. europa. eu/agriculture/envir/cross - compliance_ en. 2018. 12.

[140] Andrew K. Manderson, Alec D. Mackay, Alan P. Palmer. Environmental whole farm management plans: Their character, diversity, and use as agri - environmental indicators in New Zealand [J]. Journal of Environmental Management, 2005, 82 (3).

[141] Kim, C. G. Policy Development for Integrating Agriculture and the Environment [J]. Journal of Rural Development Seoul, 2001, 24 (2): 247 - 71.

[142] Francesco Tropea. Common Agricultural Policy 2014 - 2020: Direct payments [EB/OL]. http: //www. eprs. ep. parl. union. eu. 2016. 12.

[143] 宋洋. 欧盟农村发展支持政策研究 [D]. 河北农业大学, 2018.

[144] The CAP in perspective: from market intervention to policy innovation [EB/OL]. http: //ec. europa. eu/agriculture/analysis/perspec/index

_ en. htm. 2018. 04.

[145] Yano, Yuki. Incentives and Moral Hazard in Agri – Environmental Policy [D]. France: Penn State University, 2008.

[146] The CAP in perspective: from market intervention to policy innovation [EB/OL].

[147] http: //ec. europa. eu/agriculture/analysis/perspec/index _ en. htm. 2019. 02.

[148] LFA 支付计划 [EB/OL]. https: //ec. europa. eu/agriculture/rural – development – previous/2007 – 2013/less – favoured – areas – scheme_en. 2018. 07.

[149] 薛荣久. 国际贸易(第六版)[M]. 北京: 对外经济贸易大学出版社, 2016.

[150] 沈兴兴, 段晋苑, 朱守银. 农业绿色生产社会化服务模式探析 [J]. 中国农业资源与区划, 2019 (02): 15 – 20.

[151] 戴丽. 新中国成立以来农业生产方式演变及发展趋势 [J]. 大连海事大学学报(社会科学版), 2018, 17 (05): 107 – 113.

[152] 曾衍德. 推行绿色生产方式 增强农业可持续发展能力 [J]. 中国农技推广, 2018, 34 (01): 3 – 6.

[153] 韩平. 农业生态环境与可持续发展的分析 [J]. 新农业, 2018 (11): 61 – 63.

[154] 张弛, 席运官, 肖兴基. 有机农业推动绿色发展与面源污染防控 [J]. 世界环境, 2018 (04): 36 – 39.

[155] Osterburg B, Nitsch H, Gay S H. Landscape issues of the EU Common Agricultural Policy reform: implications for modelling [J]. Springer Berlin Heidelberg, 2007.

[156] Claassen R, Aillery M P, Nickerson C J. Integrating Commodity and Conservation Programs: Design Options and Outcomes [J]. Social Science Electronic Publishing, 2008.

[157] Mann, Stefan. Different Perspectives on Cross – Compliance [J]. Environmental Values, 2005 (04): 471 – 482.

[158] 杜辉. 论农产品价格支持新政及其对农业国际竞争力的影响

[J]. 江西财经大学学报, 2019 (04): 91 - 100.

[159] 董启锦. 欧盟青年农民支持政策的实施现状、绩效评价与启示 [J]. 内蒙古农业大学学报 (社会科学版), 2019, 21 (03): 1 - 7.

[160] 刘昕禹. 农业支持保护补贴政策的作用效果及影响因素研究 [D]. 四川农业大学, 2019.

[161] 刘海丽. 印度农业支持政策研究 [D]. 湘潭大学, 2019.

[162] 拉里·桑德斯, 王宇. 美国农业政策是如何制定的? [J]. 金融发展研究, 2019 (05): 34 - 37.

[163] 韩敏. 中高发展阶段下的农业支持水平与绩效比较分析 [D]. 中国农业科学院, 2019.

[164] 刘亚洲, 钟甫宁. 风险管理 VS 收入支持: 我国政策性农业保险的政策目标选择研究 [J]. 农业经济问题, 2019 (04): 130 - 139.

[165] 姚燕. 菲律宾农业支持政策及效应分析 [D]. 福建农林大学, 2019.

[166] 王军. 农业合作社支持政策: 来自美国的经验及启示 [J]. 新疆农垦经济, 2018 (11): 44 - 51.

[167] Provolo G, Sali G, Gandolfi C, Jang J, Cho Y and Magette W. Situation, Strategies and BMPS to Control Agricultural NPS Pollution In The European Union. Irrigation and Drainage, 2016, 65: 86 - 93.

[168] Wang n n, Luo l g, Pan y r and Ni x m. Use of discrete choice experiments to facilitate design of effective environmentally friendly agricultural policies [J]. Environment, Development and Sustainability, 2019, 21 (4): 1543 - 1559.

[169] Cooper, T., Hart, K. and Baldock, D. The Provision of Public Goods Through Agriculture in the European Union, Report Prepared for DG Agriculture and Rural Development, Contract No 30 - CE - 0233091/00 - 28, Institute for European Environmental Policy: London. 2009.

[170] 朱满德, 邓喻方. 农产品主要出口国农业支持保护政策调整动向及其启示? ——基于美国、巴西、加拿大、澳大利亚四国比较 [J]. 农业现代化研究, 2019, 40 (05): 764 - 773.

[171] 王宇. 美国农业政策支持系统: 金融与教育 [J]. 西部金融,

2019 (08): 3.

[172] 马红坤，毛世平．日本和欧盟农业支持政策的转型路径比较与启示［J］．华中农业大学学报（社会科学版），2019（05）：46－53＋166－167.

[173] 赵治国．一带一路背景下农业贸易自由化创新发展研究——评《农业贸易政策与支持措施的解析和主流化》［J］．中国食用菌，2019，38（08）：72.

[174] 周伟，石吉金，苏子龙，马朋林．耕地生态保护与补偿的国际经验启示——基于欧盟共同农业政策［J］．中国国土资源经济，2021，34（08）：37－43.

[175] 张晨．国际政治经济视角下的日本农业政策转向问题研究［D］．外交学院，2020.

[176] 成新轩．以国际视角探寻农业绿色发展的政策演进和选择规律——评《欧盟与美国农业绿色发展支持政策比较研究》［J］．世界农业，2022（03）：132.

[177] 陈诗华，王玥，王洪良，香宝．欧盟和美国的农业生态补偿政策及启示［J］．中国农业资源与区划，2022，43（01）：10－17.

[178] 韩杨．中美农业支持政策的演变与完善——基于WTO《农业协定》影响的对比［J］．国际经济评论，2021（06）：117－140＋7.

[179] 丁建军，余海鹏．西方发达国家农业转型的经验及对湖北的启示［J］．荆楚学刊，2020，21（03）：40－44.

[180] 张晨．国际政治经济视角下的日本农业政策转向问题研究［D］．外交学院，2020.

[181] 申乙婷，王长琴，周德．乡村振兴背景下江苏农业农村发展支持政策转型与国际经验比较研究［J］．江苏农业科学，2019，47（19）：34－39.

[182] 孙强，关银龙，谢宇．农业一般服务支持政策的国际比较分析［J］．经济问题，2019（04）：106－116.

[183] 刘超，邢怀浩，朱满德．亚洲发展中国家农业政策支持体系：总体水平、结构演进及其经验启示——中国、印度尼西亚、菲律宾、越南四国比较［J］．世界农业，2021（10）：4－13.

[184] 侯明月．中日农业支持政策与支持水平的比较分析 [D]．烟台大学，2021.

[185] 王一帆．安倍第二任期日本农业政策调整研究 [D]．中国政法大学，2021.

[186] 张庆萍，邓羽佳，罗晓琪．俄罗斯与哈萨克斯坦农业支持水平及支持政策比较研究 [J]．世界农业，2021 (02)：19 - 26 + 131.

[187] 周批改，周敏，刘海丽．印度农业支持水平分析——基于OECD统计数据 [J]．江西农业学报，2020，32 (01)：129 - 132.

[188] 刘海丽．印度农业支持政策研究 [D]．湘潭大学，2019.

[189] 徐亮，朱晶，王学君．中国主粮政策性农业保险：规则约束与政策优化 [J]．农业经济问题，2022 (02)：118 - 130.

[190] 吴琴斯．财税政策支持体系下循环农业的发展 [J]．山西农经，2022 (02)：184 - 186.

[191] 罗屹，宋雨河，武拉平．巴西农业信贷政策及其补贴水平测算——兼论中国农业信贷政策调整方向 [J]．农业经济问题，2020 (06)：75 - 86.

[192] 王毓彬．中国与巴西农业支持政策比较研究 [D]．湖南农业大学，2020.

[193] 杨芷晴，孔东民．我国农业补贴政策变迁、效应评估与制度优化 [J]．改革，2020 (10)：114 - 127.

[194] Garrett Graddy - Lovelace, Adam Diamond. From supply management to agricultural subsidies - - and back again? The U. S. Farm Bill & agrarian (in) viability [J]. Journal of Rural Studies 2017 (50): 70 - 83.

[195] J. P. Vesterager, P. Frederiksen, S. B. P. Kristensen et al. Dynamics in national agri - environmental policy implementation under changing EU policy priorities: Does one size fit all? [J]. Land Use Policy, 2016 (57): 764 - 776.

[196] Boschma R A, K Frenken. The Emerging Empirics of Evolutionary Economic Geography [J] . Journal of Economic Geography, 2011 (2): 295 - 307.

[197] Adam Reimer. Ecological modernization in U. S. agri - environmen-

tal programs: Trends in the 2014 Farm Bill [J]. Land Use Policy, 2015 (47): 209 - 217.

[198] 刘超，刘蓉，朱满德．高保护经济体农业支持政策调整动态及其涵义——基于欧盟、日本、韩国、瑞士、挪威、冰岛的考察 [J]. 世界农业，2020 (04): 13 - 22 + 30.

[199] 杨芷晴，孔东民．我国农业补贴政策变迁、效应评估与制度优化 [J]. 改革，2020 (10): 114 - 127.

[200] 邢怀浩，朱满德．价格支持亦或直接补贴：金砖国家农业政策改革趋向 [J]. 新疆农垦经济，2020 (05): 38 - 45.

[201] 朱满德，邓丽群，袁祥州．价格支持抑或直接补贴：中等收入经济体农业政策改革趋向——对墨西哥、土耳其、哥伦比亚、哥斯达黎加的考察与比较 [J]. 世界农业，2019 (12): 10 - 20 + 133.

[202] 高际香．俄罗斯农业发展战略调整与未来政策方向 [J]. 东北亚学刊，2020 (01): 86 - 94 + 148 - 149.

[203] 潘圆圆，张明．资本充裕度与国际投资体制的演变 [J]. 世界经济与政治，2022 (02): 77 - 103 + 158 - 159.

[204] 巩潇然，赵敏．"一带一路"是不发达国家的债务陷阱吗？——基于政治经济学的分析 [J]. 海派经济学，2021，19 (03): 87 - 104.

[205] 袁源．RCEP 加速中日贸易投资一体化 [N]．国际金融报，2022 - 01 - 31 (004)．

[206] 皇智尧，梁佳欣，朱磊磊．日本贸易振兴机构北京代表处所长高岛龙佑：期待 RCEP 为江门工业发展赋能 [N]．江门日报，2022 - 01 - 02 (A03)．

[207] 李燕玉．日本海外资源开发战略的推进措施研究 [D]. 吉林大学，2020.

[208] 沈丁心，李永强．中日数字经济合作的困境与前景分析 [J]. 现代日本经济，2020，39 (02): 58 - 71.

[209] 郭鸿炜．论"一带一路"实践对中国与周边新型国际关系的建构 [D]. 吉林大学，2021.

[210] 白瑞．日本对印度尼西亚政府开发援助研究 (1958—1997) [D]. 河北大学，2020.

[211] 杨洁勉，龙静．“一带一路”与中东欧［M］．上海外语教育出版社：2019.

[212] 姚丽娟，马跃进．国外家庭农场金融服务法律制度及对我国的启示［J］．财经理论与实践，2021，42（04）：152－160.

[213] 李世鹏．中国东北地区与东北亚国家产能合作研究［D］．辽宁大学，2021.

[214] 乔立娟，白睿，宗义湘，张倩．韩国对外农业合作金融支持政策及对中国的启示——以优惠贷款政策为例［J］．世界农业，2017（07）：62－66＋89.

[215] 陈沐阳．从中日对比看后发国家的基础设施投融资［J］．日本学刊，2021（S1）：175.

[216] 王建伟．EPC承包商“出口买方信贷融资方案”的整体量化探讨［J］．国际融资，2020（10）：59－62.

[217] 李红，秦佳萌．美欧在经贸与反补贴规则领域的新动向［J］．海外投资与出口信贷，2020（04）：41－44.

[218] 赵龚燕．出口信用保险的贸易效应研究［D］．西南大学，2020.

[219] 任晓晨．出口信用保险量单融资在美国地产项目中的实践研究［D］．北京交通大学，2020.

[220] 张帆，徐超．官方出口信贷机构国际比较及启示［J］．中国物价，2020（06）：45－47.

[221] 吕胜海，董慧莹．出口卖方信贷融资新尝试——中信保出口卖方信贷保险项下应收账款融资模式［J］．中国外资，2020（09）：94－95.

[222] 张梦珂．多边贸易体制下出口信贷法律问题研究［D］．西北大学，2020.

[223] 思文．泰国商业银行国际贸易融资业务发展研究［D］．哈尔滨师范大学，2020.

[224] 毛勤晶．中国出口信用保险的政策性及对出口贸易的影响［D］．西南财经大学，2020.

[225] 范鹏辉．中国与欧盟国家贸易补贴体系比较与启示［J］．中国经贸导刊，2019（24）：31－34.

[226] 刘页，罗凯，刘宇航，袁金凌．结构性货币政策的激励相容机制有效吗？——基于地方法人银行行为选择视角［J］．西南金融，2022，489（04）：44－58.

[227] 孙国峰．货币政策回顾与展望［J］．中国金融，2022（03）：21－24.

[228] 刘波．2021年货币政策灵活适度 支持实体经济力度稳固［N］．中国产经新闻，2022－01－22（002）．

[229] 刘燕春子．美联储政策尚未进入“急转弯”［N］．金融时报，2022－01－14（008）．

[230] 张欣然，范子萌．货币政策“以我为主”显自信精准调控渐入臻境［J］．大众投资指南，2022（01）：43－44.

[231] 杜川．为中小微减负 结构性货币政策将成主旋律［N］．第一财经日报，2021－11－24（A03）．

[232] 杜伟平．央行资产负债表视角下G20主要成员国应对疫情冲击的货币政策效应比较［J］．金融经济，2021（10）：80－88.

[233] 李诺，陈子涵．河北省创业金融政策研究［J］．中国储运，2021（10）：142－143.

[234] 崔佳．金融支持稳企业保就业政策传导的有效性研究——基于鄂尔多斯市基本情况分析［J］．北方金融，2021（09）：88－91.

[235] 李志伟，王韧．信贷资源配置机制与微观企业盈利能力——基于行业数据的实证研究［J］．当代金融研究，2021，4（Z3）：10－22.

[236] 李鹏飞．普惠性货币政策如何影响商业银行资产质量？——基于两个政策工具的实证分析［J］．银行家，2021（06）：133－136.

[237] 余春苗，任常青．农村金融支持产业发展：脱贫攻坚经验和乡村振兴启示［J］．经济学家，2021（02）：112－119.

[238] 刘国强．创新直达实体经济的货币政策工具［J］．中国金融，2020（24）：25－27.

[239] 谌争勇．新形势下民贸民品贷款贴息政策落实和金融支持面临的现实困境与优化策略［J］．中国内部审计，2020（11）：90－95.

[240] 张军伟，费建翔，徐永辰．金融支持对绿色农业发展的激励效应［J］．中南财经政法大学学报，2020（06）：91－98.

［241］谌争勇．新形势下我国民贸民品贷款贴息政策落实和金融支持面临的现实困境与优化策略——基于对湖南省益阳市的实证调查［J］．金融经济，2020（10）：67－72.

［242］周君芝．直达实体融资工具：稳健货币政策如何更加灵活适度［J］．中国货币市场，2020（08）：17－21.

［243］刘雪娇．中美创业企业担保贷款政策对比及启示［J］．中国财政，2020（14）：73－74.

［244］马腾跃．人民银行等五部门发布两项新货币政策工具 进一步对中小微企业贷款延期还本付息 加大小微企业信用贷款支持力度［J］．中国金融家，2020（06）：26.

［245］高伟东．美联储宽松政策难以奏效［N］．经济日报，2020－03－25（008）．

［246］张曼．CDNS银行企业战略与财务战略支持的研究［D］．电子科技大学，2019.

［247］农发行美国农业政策性金融研究课题组，李振仲，郭峰．美国商品信贷公司发展历程及启示［J］．农业发展与金融，2019（03）：93－97.

［248］郭敏，方梦然．美国金融监管改革成效及启示［J］．现代国际关系，2018（09）：27－34＋63.

［249］刘伟明．我国小额担保贷款政策实施的成效、存在的问题及对策——基于就业支持政策的视角［J］．西华大学学报（哲学社会科学版），2017，36（06）：48－55.

［250］Vernon H. J. Marshall's Scale Economies［J］．Journal of Urban Economics，2003，53（1）：1－28.

［251］Steiner Khamsi G. The Politics and Economics of Comparison［J］．Comparative Education Review，2010，54（3）：323－342.

［252］Meadows D H，Goldsmith E，Meadow P. The Limits to Growth［M］．New American Library，1972.

［253］Panayotou T. Empirical Tests and Policy Analysis of Environmental Degradation at Different Stages of Economic Development［J］．Pacific and Asian Journal of Energy，1993，4（1）．

[254] Singh R B. Environmental consequences of agricultural development: a case study from the Green Revolution state of Haryana, India [J]. Agriculture Ecosystems & Environment, 2000, 82 (1-3): 97-103.

[255] Li L. Research on the Sustainable Development of Agriculture and Rural Economy from the Perspective of Institutional Innovation [J]. Reformation & Strategy, 2016.

[256] 穆兴增. 国际农业绿色发展支持政策演进与镜鉴 [J]. 河北农业科学, 2022, 26 (01): 108.

[257] 卢璇屹. 2014-2020年欧盟共同农业政策的措施、成效与启示 [J]. 福建农业科技, 2021, 52 (12): 85-91.

[258] 虞昊. 借鉴美国有机农业政策 助推我国乡村振兴战略发展 [J]. 中国食品, 2021 (22): 24-27.

[259] 王宇. 美国农业政策: 法律基础、政策框架和支持系统 [J]. 中国经济报告, 2021 (06): 140-144.

[260] 耿仲钟. 我国农业国内支持政策的改革进程与演进特征 [J]. 农村经济与科技, 2021, 32 (19): 42-44.

[261] 林文声, 朱烈夫, 陈荣源. 欧美农业支持政策的资本化效应及其启示 [J]. 农村经济, 2021 (08): 138-144.

[262] 李登旺, 宋晨超. 欧美农业支持政策转型的经验与启示 [J]. 中国发展观察, 2021 (12): 56-59+28.

[263] 来蔓均. 日韩农业人才支持政策对我国乡村人力资源振兴的启示 [J]. 甘肃农业, 2021 (05): 32-37.

[264] 白静静, 李嫣资, 王健. 农业支持保护补贴实现政策目标的影响路径研究 [J]. 农业经济, 2021 (05): 102-104.

[265] 赵圃婕, 米锋, 何蒲明. 农业政策支持对粮食生产力的影响效应研究 [J]. 东北农业科学, 2021, 46 (03): 139-144.

[266] 王鑫, 夏英. 日本农业收入保险: 政策背景、制度设计与镜鉴 [J]. 现代经济探讨, 2021 (03): 118-125.

[267] 夏宇, 赵立军, 王士海. 欧盟青年农民支持政策及其启示 [J]. 世界农业, 2020 (12): 39-47+59.

[268] 郑军, 杨玉洁. 支持农业保险发展的税收政策探析 [J]. 山

西大同大学学报（社会科学版），2020，34（05）：106－111.

［269］周批改，刘海丽．印度农业支持政策的特点、成效与问题分析［J］．云南农业大学学报（社会科学），2020，14（04）：67－71＋87.

［270］Klostermann Judith，van de Sandt Kaj，Harley Mike et al. Towards a framework to assess，compare and develop monitoring and evaluation of climate change adaptation in Europe［J］．Mitigation and adaptation strategies for global change，2018，23（2）：187－209.

［271］Caroline Colnenne－David，Gilles Grandeau，Marie－Hélène Jeuffroy et al. Ambitious environmental and economic goals for the future of agriculture are unequally achieved by innovative cropping systems［J］．Field Crops Research，2017，210.

［272］伊藤顺一，倪镜，曹斌．日本大米支持政策的演变路径和特点研究［J］．日本研究，2020（02）：1－10.

［273］张云华，赵俊超，殷浩栋．欧盟农业政策转型趋势与启示［J］．世界农业，2020（05）：7－11.

［274］李俊松，李俊高．美日欧农业补贴制度历史嬗变与经验鉴镜——基于速水佑次郎“农业发展三阶段论”［J］．农村经济，2020（04）：134－142.

［275］孙强，刘璐．基于成本分析的中国农业支持与进口政策WTO合规性研究［J］．北方工业大学学报，2020，32（02）：20－28.

［276］刘锐金．新形势下我国农业支持制度改革研究［D］．中国社会科学院研究生院，2020.

［277］韩敏，罗尔呷．中高发展阶段下的农业支持绩效比较分析——基于OECD农业政策评估工具［J］．农业经济，2020（03）：9－11.

［278］Sasaki Hiroki，Katayama Naoki，Okubo Satoru，Viceisza Angelino，Williams Miesha. Are agricultural support policies harmful to the environment? Evidence from Japanese farm－level policy simulation［J］．Agricultural and Resource Economics Review，2021，50（3）．

［279］Lin Wensheng，Chen Rongyuan. The Capitalization Effect and Its Consequence of Agricultural Support Policies—Based on the Evidence of 800 Villages in China［J］．Sustainability，2021，13（14）．

[280] Guo Xiangdong, Lung Pei, Sui Jianli, Zhang Ruiping, Wang Chao. Agricultural Support Policies and China' s Cyclical Evolutionary Path of Agricultural Economic Growth [J]. Sustainability, 2021, 13 (11).

[281] 罗屹，武拉平. 乡村振兴阶段的农业支持政策调整：国际经验及启示 [J]. 现代经济探讨，2020 (03)：123 - 130.

[282] 马红坤，李言，毛世平. 提升小农竞争力：中国农业突围的现实选择及日韩典型经验 [J]. 经济学家，2020 (02)：99 - 108.

[283] 崔海霞，向华，宗义湘. 潜在环境影响视角的美国、欧盟农业支持政策演进分析——基于OECD农业政策评估系统 [J]. 农业经济问题，2019 (12)：129 - 142.

[284] Laborde David, Mamun Abdullah, Martin Will, Pineiro Valeria, Vos Rob. Modeling the Impacts of Agricultural Support Policies on Emissions from Agriculture [M]. World Bank: 2020.

[285] Xiaolin Tang, Jieqiong Wang, Biao Zhang, Lingxian Zhang. Application of the DEA on the performance evaluation of the agricultural support policy in China [J]. Agricultural Economics, 2017, 64.

[286] Farming; Data on Farming Reported by Researchers at Duke University (Agricultural support policy in Canada: What are the environmental consequences?) [J]. Ecology Environment & Conservation, 2016.

[287] 夏益国，谢凤杰，周丽. 美国农业安全网政策保险化：表现、动因与启示 [J]. 保险研究，2019 (11)：42 - 55.

[288] 方言. 中国特色农业支持保护之路——70年中国农业支持保护政策的轨迹与实践（上）[J]. 中国粮食经济，2019 (11)：47 - 53.

[289] 乔立群. 我国农业产业转型及政策支持策略研究 [J]. 黑龙江金融，2019 (10)：38 - 42.

[290] 魏腾达，张峭. 国内外农产品价格支持政策比较与启示 [J]. 农业展望，2019, 15 (10)：27 - 33.

[291] 马红坤，毛世平. 从防御到进攻：日本农业支持政策转型对中国未来选择的启示 [J]. 中国软科学，2019 (09)：18 - 30.

[292] 肖卫东. 美国日本财政支持乡村振兴的基本经验与有益启示 [J]. 理论学刊，2019 (05)：55 - 63.

参考网站

1. 日本贸易振兴机构全球网站：http：//www. jetro. go. jp/en/jetro/activities/members. html

2. 日本政策金融公库官网：http：//www. jfc. go. jp/n/english/pdf

3. 日本农林水产省英文官网：http：//www. maff. go. jp/e/index. html

4. 日本国际协力银行日文官网：http：//www. jbic. go. jp/en

5. 日本国际协力机构英文官网：http：//www. jica. go. jp/english/index. html

6. 日本贸易保险公司官网：http：//nexi. go. jp

7. 韩国进出口银行网站：http：//www. koreaexim. go. kr/

8. 韩国农林水产食品部官网：http：//www. mifaff. go. kr

9. 韩国农业部英文网站：http：//english. mafra. go. kr/main. jsp

10. 美国海外农业服务局网站：http：//www. fas. usda. gov/

11. 美国农业部网站：http：//www. fas. usda. gov/programs/

12. 美国进出口银行网站：http：//www. exim. gov/tools – for – exporters

13. 美国中小企业管理局网站：https：//www. sba. gov

14. 美国海外私人投资公司网站：https：//www. opic. gov/

15. 国家开发银行：http：//www. cdb. com. cn

16. 中国进出口银行：http：//www. eximbank. gov. cn/

17. 中国商务部网站：http：//www. mofcom. gov. cn/

18. 中国财政部网站：http：//www. mof. gov. cn/

19. 中国商务部投资促进局：http：//www. fdi. gov. cn/

20. 欧盟委员会：https：//www. consilium. europa. eu/en/

21. CAP 政策监测与评估：https：//ec. europa. eu/info/food – farming – fisheries/key – policies/common – agricultural – policy/cap – glance/cmef_ en

22. 欧盟委员会农业与农村发展：https：//ec. europa. eu/info

23. 中国与中东欧国家经贸合作网：http：//www. china – ceec. com/index. html

24. 欧盟农业和渔业理事会：http：//www. consilium. europa. eu/

25. 经济合作与发展组织（OECD）：http：//www. oecd. org/

26. 世界贸易组织（WTO）：http：//www. wto. org/index. htm

27. 世界银行数据库：https：//databank. shihang. org/databases